Klaus Hempel

Petra Mayerhofer, Christoph Spehr (Hg.)

Out of this world!

Beiträge zu Science-Fiction, Politik & Utopie

Argument Sonderband Neue Folge AS 288

Argument Verlag

Gedruckt mit freundlicher Unterstützung
der Rosa-Luxemburg-Stiftung

Die Deutsche Bibliothek – CIP-Einheitsaufnahme

Ein Titeldatensatz ist bei
Der Deutschen Bibliothek erhältlich

Eppendorfer Weg 95, 20259 Hamburg
Tel. 040/4018000 – Fax 040/40180020
www.argument.de
Satz: Harry Loges
Umschlaggestaltung: Iris Konopik
Umschlagbild: Franz Miklis
Druck: Difo-Druck, Bamberg
Gedruckt auf säure- und chlorfreiem Papier
Erste Auflage 2002
ISBN 3-88619-288-1

Inhalt

Einleitung

Christoph Spehr

Verbotene Planeten

Science Fiction zwischen Inszenierung und Subversion

»We're travelling forbidden planets.« (Usch Kiausch, *Soho Generation*)

Es ist der völlig falsche Planet. Ein bedauerlicher Irrtum.
Wir sollten gar nicht hier sein.

Warum hat es uns nur ausgerechnet hierher verschlagen – auf Terra? Einen Planeten, wo die Leute Geld dafür bezahlen, dass ihr Nummernschild »Otto 1« heißt, ihr Ledersessel die selbe Farbe hat wie der vom Chef, und dass sie die besten Bilder von der letzten Krönungszeremonie zu sehen kriegen? Wo die dominante Lebensform sich nach 6 Millionen Jahren immer noch nicht sicher ist, ob das mit dem aufrechten Gang wirklich eine gute Idee war? Eine Lebensform, die sich vor allem durch eine schier unüberwindlich hohe Duldungsschwelle gegenüber extremer Langeweile und sozialer Stumpfheit auszeichnet; die stolz darauf ist, dass ihre sozialen Großorganisationen vor allem auf den liebgewordenen patriarchalen und autoritären Gewohnheiten räuberischer Großsäuger beruhen? Die es für brandgefährlich hält, wenn jemand sein Haus in Zebrastreifen anmalt oder nicht seit drei Generationen im selben Dorf wohnt, die aber seit Jahrzehnten unverdrossen »Huhu!« ins All hinausschreit, anstatt sich wie andere, intelligentere Zivilisationen lieber ein bisschen vorsichtig zu verhalten?

Wenn wir schon aus Versehen irgendwo abgeworfen worden sind, hätte es nicht wenigstens Mokbor sein können, wo es diese irrsinnig leckeren Muffy-Flakes aus Quasi-Schokolade gibt? Oder sonst eine der »etwas entspannteren Zivilisationen am äußeren östlichen Rand der Galaxie«, wo man den Kindern den *Hitchhikers' Guide to the Galaxy* mit auf den Weg gibt statt ein gesundes, strohiges Schulbrot - weil ersteres unzweifelhaft besser auf alle Widrigkeiten des Tages vorbereitet? Oder Glorf, eine der ältesten anarchistischen Kulturen des bekannten Universums, wo die Leute blau anlaufen und in eine längere Reinigungsstarre verfallen, wenn ihre soziale Machtposition ein verträgliches Quantum übersteigt?

Gut, aber Jammern hilft nicht. Wir sind nun mal hier. Wir wohnen auf Terra. Und woher wir auch kommen, wir sind keine Gäste. Wir leben hier.

Aus welchen Gründen auch immer. Und raus aus dieser Welt, out of this world, kommen wir nur, indem wir diese hier umbauen. Ganz egal, ob das alles »bisher immer so gemacht worden ist«. 5000 Jahre Mord und Totschlag können nicht irren, frei nach dem Motto. Das hat schon seinen Sinn, dass du dich schlecht fühlst, und wie die Argumente terraner Selbstentblödung alle heißen. Es muss mehr geben, es muss Anderes geben als das, was uns hier als Normalität aufgetischt wird. Und um das herauszufinden, sehen wir uns um, bereisen in der Vorstellung mögliche Welten, andere Universen, experimentelle Realitäten. Jene verbotenen Planeten, die Orte sind für das, was wir bisher nicht denken, ausprobieren, sein durften, von denen wir für immer verändert wiederkommen. Weil das, was sich aus diesem Planeten hier vielleicht eines Tages noch machen lässt, bislang auch ein verborgener, ein verbotener Planet ist.

Out of this world, der Kongress, ist ein kleiner Beitrag auf diesem Weg, wie man sich einen Planeten wohnlich macht. Man kann, wenn man sich der Situation erst einmal gestellt hat, ja eigentlich nur drei Dinge machen: Science Fiction, Politik, oder Utopie. Am besten alles zusammen.

Denn das, was wir vorfinden, passt ja immer so schrecklich gut zusammen. Terranes Denken, terrane Träume, terrane Ellbogen. Deshalb gibt es natürlich genügend Science Fiction, die bloß patriarchale Omnipotenz-Träume inszeniert; genügend Politik als scheinradikales Überbieten der Verhältnisse: noch mal dasselbe in Größer und Effizienter; genügend Utopie als Vollstreckung. Es ist schwierig, das Andere zu suchen, was trotzdem das Eigene ist. Aber am Schnittpunkt der drei Bereiche wird es interessant. Da, wo die Suche nach emanzipativen Utopien, die Bereitschaft zu verändernder Politik, und das Experimentieren mit alternativen Welten auf nahe Distanz kommen, fallen sie zwar nicht in Eins zusammen, aber es springen Funken über. Sie verändern sich gegenseitig, sie entwickeln eine Kraft, die eine andere Welt vorstellbar macht. Eine mögliche, erreichbare Zukunft.

Science Fiction, Politik und Utopie lagen nahe beeinander in den 70er Jahren, der Zeit der großen utopischen SF-Romane, die meisten davon feministische: Ursula LeGuins *Planet der Habenichtse* (*The Dispossessed*), Joanna Russ' *Eine Weile entfernt* (*The Female Man*), die Bücher von Marge Piercy und Samuel R. Delany. Die Auseinandersetzung mit Feminismus und Science Fiction, damals und heute, stand im Zentrum einer der drei Sektionen des Kongresses; die Beiträge von Usch Kiausch, Petra Mayerhofer, Else Laudan, Dorothee Richter und Angelika Öhrlein sind hier dokumentiert.

Die zweite Sektion befasste sich mit dem Spannungsfeld von Politik und Anti-Politik, Utopie und Anti-Utopie als Thema von Science Fiction: welcher Platz bleibt dem Utopischen, dem Politischen? Nach aller Kritik an Politik und Utopie als gewaltförmig, ignorant, despotisch, verrückt, totalitär, wie sie in der Science Fiction ausgeführt ist – einer Kritik, die bisweilen einem billigen reaktionären Mainstream geschuldet ist (»fasst hier nichts an, Leute!«), die aber mindestens ebenso oft eine hellsichtige Bilanz historischer Erfahrung ist? Der Tagungsband enthält die Beiträge von Annette Schlemm, Christoph Spehr und Erik Simon. Der Beitrag von Richard Saage lässt sich in »Unendliche Weiten ... Star Trek zwischen Unterhaltung und Utopie« nachlesen; Dierk Spreen konnte leider nicht kommen.

Die widersprüchliche Rolle von Popkultur und populärer Science Fiction in Kino, Literatur und Spiel stand im Zentrum der dritten Sektion. Wo transportiert Science Fiction herrschende Ideologien, wo liegen ihre emanzipativen Unterströmungen, und wie verhalten wir uns mittendrin? Abgedruckt sind die Beiträge von H. J. Krysmanski, Ingrid Lohmann, Barbara Kirchner/Dietmer Dath, und von Kai Kaschinski. Klaus Theweleits Beitrag liegt nicht in schriftlicher Form vor – irgendeinen Grund muss es schließlich noch geben, dass man sich als TeilnehmerIn den Stress macht, physisch und live zu diesen Kongressen hinzufahren.

Out of this world geht weiter. In diesem Jahr findet *Out of this world 2* statt, wieder in Bremen (31.5.-2.6.2002). Wer mit diesem Tagungsband nicht genug hat, dem seien außerdem der Reader mit weiterführenden Texten empfohlen, der nach dem letzten Kongress entstand (das *Orange Book*), sowie die *alaska* zum letzten Kongress (Nr. 233) mit einer wunderschönen Geschichte von Usch Kiausch und einem (ebenfalls wunderschönen) Essay von Samuel Delany.

* * *

Ich möchte an dieser Stelle der *Rosa-Luxemburg-Stiftung* danken, die diesen Kongress durch ihre Unterstützung möglich gemacht hat. Mein Dank gilt ebenso den ReferentInnen, für ihre Beiträge und für ihre engagierte Debatte, sowie allen TeilnehmerInnen, die den zum Teil weiten Weg nach Bremen nicht gescheut haben, und die den Kongress in seiner Atmosphäre und seinem ›spirit‹ geprägt haben.

Rainer Rilling von der Stiftung stand der Idee zum Kongress Pate; Lutz Kirschner hat meine Abrechnungen ertragen. Die Redaktion der *alaska*, Claude und Kai, hat das Projekt über die volle Länge begleitet. Danke auch an Jörg Windzus von der *MedienCoop*; Thomas Settje vom *Cinema*; Uche Nduka und Tim Schomacker nebst Band für die *Alien Sounds-Performance*; Nina Albrecht für die Kinderbetreuung, die sich steigender Beliebtheit erfreute; allen die sonst auf dem Kongress geholfen haben; Else Laudan und Hiltrud Bontrup vom *Argument Verlag* für Geduld und stählerne Nerven; Andy Markovits und Norbert Schepers für die visuelle Umsetzung und

Netzpflege. Petra Mayerhofer hat den Kongress adoptiert, als er noch eine vage Idee war, und seinem feministischen Anspruch einen Weg in die Realität gebahnt. Out of this world hätte es sonst so nicht gegeben.

Und einen herzlichen Dank an alle Aliens, die mir von allen ReferentInnen nur Dierk Spreen am Kongress-Wochenende entführt haben. Ich hoffe auf weitere Kooperation beim nächsten Mal.

* * *

> »Die Universitäten sind voll von Leuten, die grundsätzlich keine Science Fiction lesen. Diese Leute leiden unter nichts Schlimmerem als Snobismus, und ihre Leiden interessieren mich wirklich nicht.« (Samuel R. Delany)

Alexandra Rainer

Und die Spirale der Gewalt dreht sich immer weiter

Kriegshetze in Unterhaltungsmedien

Dass sich viele US-Amerikaner in einen Krieg gegen das ›Böse‹ stürzen wollen, ist leider nicht überraschend. Die scheinbar so harmlose Unterhaltungsindustrie bereitet ihr Publikum längst geistig auf einen Krieg vor. In Propagandafilmen wie *Independence Day* ist das Fremde stets böse, die guten Amerikaner können sich nur dann retten, wenn sie ihre zuerst friedliche, abwartende Haltung aufgeben und zuschlagen. Auf diese Weise wird mehr oder weniger deutlich Ideologie verbreitet. Die Massen erwarten Unterhaltung und werden zu Kriegsbefürwortern erzogen.

Schweigeminuten werden abgehalten, das TV macht uns weis, wie entsetzt sogar kleine Kinder sind wegen des Anschlags in New York. Spendenkontos für die Opfer werden eingerichtet, die Medien sind voller Berichte über weinende Angehörige von Opfern. Die Geschichte des tapferen Vaters an Bord einer Maschine und seine letzten Worten trieben vielen ZuseherInnen Tränen in die Augen.

Der Anschlag war ein mediales Großereignis. Lauter Kameras waren auf das World Trade Center gerichtet, nachdem das erste Flugzeug hineingeflogen war. Nicht das Ausmaß der Katastrophe erschreckt, sondern die Bilder. Ein ähnliches Szenario war schon x-mal in Katastrophenfilmen zu sehen gewesen: Feinde/Terroristen/Aliens legen eine amerikanische Stadt in Schutt und Asche. Berichterstatter verglichen den Anschlag mit einem ›schlechten Film‹. Doch die Medien selbst machten aus dem Unglück erst diesen schlechten Film. Die Darstellung weinender Angehöriger, persönliche Betroffenheit erzeugen, individuelles Unglück öffentlich machen durch das Abspielen der letzten Worte von Opfern auf Anrufbeantwortern-das hat keinen Informationswert sondern erzeugt Emotionen bei den ZuseherInnen. Damit wird ein gefährlicher Mechanismus in Gang gesetzt: Die Leute fühlen sich bedroht, Terroristen werden zu einer diffusen Gefahr, die plötzlich und überall zuschlagen kann. Politiker und Medien reden den verunsicherten ZuseherInnen ein, nur eine völlige Vernichtung des Gegners sei die Lösung. Damit rückt nicht nur eine friedliche Lösung in weite Ferne, es wird auch ein spezieller Sündenbock kreiert, der ›arabische Terrorist‹.

Arabische Mitmenschen und alle, die nicht weiß und christlich erscheinen, sind nun mehr als zuvor all den aufgestauten Aggressionen ausgeliefert. In den USA gab es bereits 2 Tote, die wegen der Angst vor weiteren Terroranschlägen und dem ausbrechenden Hass ermordet wurden. Flugzeugkapitäne dürfen Passagiere, die ihnen verdächtig erscheinen, einfach aus dem Flugzeug weisen – Diese ›üblichen Verdächtigen‹ sind arabischer Herkunft.

Die Medien treiben Kriegshetze, es ist vom Krieg der Freien Welt gegen ›Schurkenstaaten‹ die Rede. Der Islam wird zum Sündenbock erklärt und damit auch alltägliche Angriffe gegen Moslems gerechtfertigt. Der ›Krieg‹ gegen den Terror rechtfertigt Putins neue Angriffe gegen Tschetschenien. Eine weitere Folge betrifft alle: Sicherheitsmaßnahmen werden verschärft, mehr Kontrolle verlangt, die Grenzen mehr denn je geschlossen. Rechte Politiker verlangen bereits Fingerprints und missachten das Asylrecht aufs gröbste.

Das abartige, böse Fremde

Im Film *Die Mumie* sind die Rollen perfekt verteilt, es gibt keine Zwischentöne. Der heldenhafte Abenteurer, die schöne Bibliothekarin, der fremde wilde Krieger, die machtgierige Mumie und die vielen, massenhaft auftretenden gefährlichen Ägypter. Bush spricht vom Kampf des Guten gegen das Böse, diese einseitige Rhetorik ist in einem Film wie diesem vorweggenommen: Die Mumie vereint rassistische, sexistische und faschistische Elemente. Das Fremde ist vorhanden in Form von im Gleichklang »Imhotep« skandierender Ägypter, die die guten Helden töten wollen. Gut sind Amerikaner und Engländer, böse alles andere. Ein ägyptischer Gegenspieler - feige lässt er den Helden in Stich - dient der Mumie, liefert die Frau aus, ist ein gieriger Grabräuber – härteste Todesstrafe für so viele Verbrechen. Er wird von Käfern aufgefressen. Imperialismus scheint gerechtfertigt bei einem Volk, das dem Bösen dient. 3000 Jahre lang konnte ein ägyptischer Geheimbund über den verfluchten Imhotep wachen, aber dann kommen weiße Ägyptologen und vernichten das Böse. Wie der Film mit Ägyptern umgeht, ist schon mehr als rassistisch. Ägypter scheinen eine mindere Rasse zu sein, ganz in faschistischer Linie sind die US-Amis und Engländer intellektueller, zivilisierter und ehrbarer.

Aus dem ›Bösen‹ Kapital schlagen

In einigen Jahren wird Hollywood aus dem Anschlag auf das World Trade Center einen sicher sehr unterhaltsamen, antiarabischen filmischen Megahit produzieren.[1] Das mag zynisch klingen, aber es gab immer Menschen, die durch das größte Unglück reich wurden. Aber es gibt momentan auch einige, die sich in den Hintern beißen, dass sie ihre millionenteuren Filme nicht einige Wochen früher auf den Markt geworfen haben. Hollywood verschob seine Filmstarts, darunter den neuesten Travolta Film und Schwarzeneggers *Collateral Damage*, in dem Terroristen eine Bombe zünden – ausgerechnet in einem Hochhaus. Es handelt sich nur um Filme, Travolta darf alles in Schutt und Asche legen, er bleibt der ›coole‹ Held, Vorbildfunktion erfüllt. Kriegshetze findet in Hollywood schon lange statt. Wie oft ist New York nicht schon im Film zerstört worden, von US-amerikanischen Tricktechnikern, die alle Schuld auf das Böse, Andere lenkten. Entsetzt meinten einige Leute, in Zukunft werde es Szenen wie aus *Independence Day* nicht mehr geben, in denen riesige Alienschiffe ganze Städte zerstören. Einige Wochen nach dem Anschlag müssen sie ihre Meinung langsam revidieren, um nicht zahlungskräftiges Publikum zu verlieren. Denn in den USA boomt gerade ein spezielles Verkaufsvideo von 1999: Im Film Ausnahmezustand gibt es mehrere Attentate auf New York. Auch ein ›besonderes‹ Computerspiel begeistert momentan: Die SpielerInnen können den Terroranschlag selbst nachstellen und ein Flugzeug in einen Turm des World Trade Centers fliegen lassen...

Antiarabische Propaganda

Präsident Bushs Rhetorik könnte direkt aus Katastrophenfilmen übernommen sein, wenn er behauptet, nun kämpfe das Gute gegen das Böse. Die Realität hat Hollywoods krasse Schwarz-Weiß-Malerei übernommen.

Filme werden nicht erst in naher Zukunft die US-amerikanische Interventionspolitik mit absolut bösen Arabern als Sündenbock unterstützen und als Propagandainstrument missbraucht werden, das tun sie schon längst. Die vielen Friedensbotschaften und -Emails, die nach dem Anschlag die Runde machen, sprechen davon, dass sich die Politik ändern muss. Dass eben diese Politik sich in einer Spirale der Gewalt verstrickt hat. Die Kriegshetze und der Hass, die Angst vor allem Fremden findet aber nicht erst jetzt statt, wo alle Emotionen aufgepeitscht sind. Ich halte die Unterhaltungsindustrie für einen nicht zu unterschätzenden Faktor als Manipulationsinstrument der Massen. Wer hinterfragt bei einem Film wie *Independence Day*, warum der Präsident als friedlicher Mann wohl sein Amt verliert und als ›Krücke‹ bezeichnet wird und später als ›heldenhafter‹, wild um sich feuernder Kampfflieger der verehrte Sieger ist. Warum in *Armageddon* so ganz nebenbei behauptet wird, der Präsident habe ›schlechte Berater‹, da er die Atombombe nicht einsetzen will. Im selben Film werden Aufrüstungsgegner und *Greenpeace* lächerlich gemacht. Das Überleben der US-Amerikaner hängt davon ab, ob die Bombe rechtzeitig und am richtigen Platz – der mitten drin im feindlichen Etwas ist – explodiert. Hier spielen verschiedene Filme das selbe Szenario durch. Der Araber ist ein diffuses Feindbild. Im Film wird jeder nur irgendwie arabisch aussehende Mensch zum Bösewicht stilisiert. Ein Terrorist ist meist arabischer Herkunft. In Schwarzeneggers neuem Film töten arabische Terroristen bei der Sprengung eines Hochhauses Arnis ganze Familie. In der verschobenen Verfilmung von *Das Echo aller Furcht* geht es um eine Atombombe, die von Arabern – wem sonst? – gezündet wird. Araber werden zum Sündenbock, der die nationale Identität der USA wieder zusammenschweißt, wenn die Amerikaner mit aller militärischer Stärke zurückschlagen. Soldaten sind wieder Helden, die Sängerin Mel C plant sogar ein Konzert für die US-amerikanischen Soldaten am Golf.

Eine Satire wie *Mars Attacks* kann daher in den USA nicht erfolgreich sein. Denn da versagen die Militärs, die Aliens sterben erst wegen des schlechten Geschmacks der Amis: Sie vertragen keine Countrymusik.

Friedliche Zeiten?

In *Star Trek: Voyager* wird das Thema Todesstrafe aufgegriffen. Absolut erschreckend. Die Voyager rettet ein Schiff, nur um dessen Auftrag auszuführen: Schwerverbrecher termingerecht abliefern zur Hinrichtung. Ein ganz ein Böser wird operiert, der Ärmste war nur ein wenig defekt, das Verbrechergen verschwindet und er ist plötzlich ein Guter. Und will die Todesstrafe, er will für seinen Mord büßen. Er hat die Tat begangen, Mama Captain tröstet die schöne Seven, die traurig wegen seiner Hinrichtung ist. Das amerikanische Rechtssystem wird nicht hinterfragt, nur bestätigt. Ein Wahnsinn ist die Nebenhandlung. Ein scheinbar netter Mann erzählt, dass er nur wegen seiner Rasse in der Todeszelle sitzt. Fast alle Getöteten sind von seiner Rasse, die Henker von einer anderen. Kritik daran, dass hauptsächlich Schwarze in der Todeszelle sitzen? Nein, eine Verteidigung genau dieses Systems. Die Worte des Mannes stellen sich zwar als wahr heraus, aber nun wird's rassistisch: Er ist doch ein Böser, diese aggressive Rasse sitzt zurecht in der Todeszelle. Die Botschaft der Episode: Die Todesstrafe gibt es auch noch in einigen hundert Jahren, und es hat schon irgendwie seine Richtigkeit, dass die Todeszellen mit Schwarzen bevölkert sind. Die Episode wurde gedreht, als sich Bush vehement für die Todesstrafe einsetzte. Gewalt mit Gewalt begegnen, und die Spirale der Gewalt setzt sich fort.

Sanfte Krieger

Auffällig oft sind moderne Filmhelden sehr sanft und scheinbar friedlich.

Der Held in *Der Patriot* wird erst durch äußere Umstände zum Kampf ›gezwungen‹. Das Kriegshetzerische an solchen Filmen ist die einseitige Darstellung: Die Helden scheinen nur eine Möglichkeit zu haben, den Frieden wieder herzustellen: Durch den Kampf.

In *RTL II* startete die neue lang beworbene Science Fiction Serie *Andromeda*. Kapitän Dylan Hunt ist – Überraschung – der starke Mann. Die Besetzung spricht für sich: Kevin Sorbo wurde als Herkulesdarsteller bekannt. Heterosexuelle Struktur wird von Beginn an bestätigt: Hunt beabsichtigt zu heiraten, er hat bereits Kinder. Frauen werden völlig antifeministisch nur als Ehefrau und schnell auch als Mutter definiert: »Der Mann ist für die Frau ein Hilfsmittel. Ihr Ziel ist immer das Kind.«

Die Figuren des Pilotfilms sind alle geschlechtsspezifisch getrennt, es gibt keine Anzeichen von Homo- oder Transsexualität. Captain Hunt ist ein blonder, kluger ›Halbgott‹. Er ist Captain des besten Schiffes (logisch!) des intergalaktischen Commonwealth und gehört zur Ehrengarde. Aber dieser Commonwealth wird von Feinden vernichtet, die Erklärung für das Scheitern der Guten ist faszinierend: Die Helden wollen Frieden, das machte sie schwach. »Wann hatten wir das letzte Mal Krieg?« Das ist über 1000 Jahre her, die Guten haben das Kämpfen verlernt. Die Ideologie dahinter ist nicht gerade pazifistisch: Frieden verweichlicht und liefert das Gute den Bösen aus. Aber da gibt es einen Mann... »Er ist der geborene Sieger«, stellt ein fast gleichstarker Untergebener fest. Dieser Sidekick ist ein farbiger Mann und ehemaliger Feind der Menschen. Er ordnet sich freiwillig unter, was einem Sieg des Captains/Amerikaners gleichkommt.

Andromeda ist im Vergleich zu früheren Science Fiction Serien rückschrittlich. Die von Star Trek so propagierte Multikulturalität ist verschwunden. Ein behaartes Alien, ein lila Girlie (eine weiße Blondine) und ein farbiger Mann sind das Fremde. Fünf Weiße stehen einem Schwarzen und einem undefinierbaren Alien gegenüber. Asiaten sind fett und böse, unweibliche Frauen gefährlich und sehr böse. Die guten Frauen sind weiche Figuren, eine Lolita, eine Sexbombe und eine schöne erfolgreiche Frau, um die Karrierefrauen unter den Fans zu besänftigen. ›Unweibliche‹ Frauen, Gender Crossing oder die Darstellung von Lesben und Schwulen sind in weite Ferne gerückt. Der weiße Mann kontrolliert alle. Auch hier gibt es eine Spirale. Wie könnte ein Film, der schon von der inneren Struktur her rassistisch und sexistisch ist, nach außen hin friedlich sein und Gleichberechtigung für alle Lebewesen jeder Abstammung und Religion zeigen? Und umgekehrt: Je kriegshetzerischer ein Film ist, desto mehr gehen feministische Forderungen unter.

Hunt ist ein ›guter‹ Mann. Er wollte immer nur Frieden, von selbst würde er nie Krieg beginnen. Die überlegene Stärke seines Schiffes verwendet er anscheinend nur, um die Schwachen zu schützen. Aber manchmal ›muss‹ eben ein Erstschlag sein, um die Feinde zu besiegen. Die Serie *Andromeda* spielt mit der Angst vor einer Überwältigung/Vernichtung durch das Fremde. Der Commonwealth ist vernichtet, weil die Menschheit (die USA) nicht mehr kriegsgeübt ist.

Kriegsbefürwortung

Frieden wird mit Schwäche gleichgesetzt. Umgesetzt auf die Realität lautet die Botschaft, zuviel Frieden schwächt die Kampfkraft. Wird die Nation angegriffen, so muss sie wie in den sehr beliebten und erfolgreichen Filmen und Serien vorgeführt zurückschlagen, um sich nicht als Verlierer zu fühlen. Eine friedliche Lösung wird nahezu unmöglich. Die ZuseherInnen lernen, dass friedliche Haltung erst zum Krieg führt. Das Fremde darf nicht willkommen geheißen werden wie zu Beginn von *Independence Day*. Das Mainstream Publikum erfährt, dass es besser ist, noch vor dem Fremden zuzuschlagen. Auf die Möglichkeit, dass andere Völker keinen Krieg wollen, geht Hollywood in seinen Megahits selten ein. Daher wird ein scheinbar friedlicher weißer Mann zum Kampf ›gezwungen‹. Hunt erwacht nach langem Schlaf in einer anderen Weltordnung, seine ist seit Jahrhunderten vergangen. Anpassen, das Neue akzeptieren, kennen lernen, integrieren? Sicher nicht, denn Frieden scheint nicht so lukrativ zu sein wie Krieg. Die Film- und Fernsehindustrie ist Kriegsbefürworterin, denn sie ist in der Hand der Mächtigen, die sehr gut von Krieg leben. Die ZuseherInnen suchen Unterhaltung und bekommen Ideologie serviert. Und wenn die USA die kleinste Minderheit ist wie ihr Captain Hunt in seinem Universum, die Botschaft der Medien lautet ganz der altbekannten Interventionspolitik gemäß: Lieber untergehen als eine neue Ordnung anerkennen, lieber Kampf als Frieden – und die Spirale der Gewalt dreht sich weiter.

Anmerkungen

1) Der Anschlag wird in den Medien häufig mit dem Angriff auf Pearl Habour verglichen. Und erst vor kurzem war der Film Pearl Habour ein Hollywoodhit.

Feminismus und Science Fiction:
Nach der Utopie?

Usch Kiausch

Science Fiction als Geschichte der Gesellschaften und Geschlechter

Science Fiction – das ist *Schöne neue Welt* und *Planet der Habenichtse*, das ist kulleräugige ›Barbarella‹ und umsichtige ›Ripley‹, das ist martialische ›Battle Tech‹ und mystische ›Shikasta‹, das ist Zeitreise vor und zurück und der Salto Mortale durch Alternativ-Geschichte oder Paralleluniversen, das ist Kalter Krieg und feministische Ökotopie, Technikeuphorie und Post-Doomsday-Didaktik.

Science Fiction – das sind dekadenübergreifende Traditionslinien und kurzlebige Modeströmungen, die – wie der Cyperpunk der 80er und 90er – heute schon wieder die Vergangenheit der Zukunft bilden, weil der Mainstream der materiellen und virtuellen Wirklichkeit sie eingeholt und aufgenommen hat.

Für manche Kritiker ist Science Fiction längst kein literarisches Genre mehr, sondern eine gigantische Industrie: Science Fiction ist alles, was sich unter diesem Etikett vermarkten lässt. Für andere, etwa Brian Aldiss in seiner kritischen Geschichte der Science Fiction, bleibt Science Fiction »die Suche nach einer Definition von Menschheit und ihrem Status im Universum, die unserem fortgeschrittenen, aber recht konfusen Wissen standhält«.

Ich will versuchen, aus dem Rundumschlagthema »Science Fiction als Geschichte der Gesellschaften und Geschlechter« zumindest vier einzelne Aspekte herauszugreifen, nämlich:

- Über was reden wir überhaupt, wenn wir von Science Fiction reden?
- Mit welchen realen und fiktionalen Entwicklungen haben wir es dabei zu tun?
- Welchen Paradigmenwechsel haben die Frauen dabei bewirkt?
- Was kann Science Fiction heute im gesellschaftlichen und literarischen Diskurs leisten? Leben wir in Post-Utopia? Wohin steuert die Science Fiction?

Ich behandle hier vor allem Themen und Traditionen der marktbeherrschenden anglo-amerikanischen Science Fiction, da ich in diesem zeitlichen Rahmen eine Untersuchung der osteuropäischen Science Fiction als Geschichte der Gesellschaften und Geschlechter – sie müsste ganz andere, eigenständige Entwicklungen berücksichtigen – nicht leisten kann.

Zu Punkt 1: Über was reden wir eigentlich, wenn wir über Science Fiction reden? Was unterscheidet Science Fiction von anderen Genres, die häufig in der Super-Kategorie nicht-realistisch oder fantastisch zusammengefasst werden? (Und zwar deshalb, weil sie nicht das wiedergeben, was gemeinhin als Realität unterstellt wird, so fiktiv das wiederum sein mag).

Ich will versuchen, unser Gebiet zumindest einzukreisen. Dazu ein paar Thesen zu den diversen Literaturen, die uns ›out of this world‹ katapultieren. Der Unterschied liegt in den Welten, in die sie uns hineinkatapultieren. Der magische Realismus entführt uns in Welten, deren Regeln sich gegenüber unserer eigenen ein ganz klein wenig geändert haben. Eine solche Welt ist in sich geschlossen und stimmig, aber von den handelnden Personen nicht zu durchschauen. Kafkas Josef K. kann ihre Schlösser im wahrsten Sinne des Wortes nicht knacken.

Fantastische Romane – etwa die Jonathan Carrolls – oder auch die meisten Horror-Romane Stephen Kings handeln zumeist vom Verrücken der Realitäten, von Brüchen im Welt- und Zeitgefüge, die bei den handelnden Personen Zögern, Zweifel, Irritationen auslösen. Über die gewohnte Matrix unserer Welt scheint sich eine zweite zu legen, die nach und nach alles durchdringt.

Postmoderne Romane dagegen – etwa die von Arturo Perez-Reverte – nutzen unterschiedliche Erzählmodi, um unseren Realitätssinn zu erschüttern. Sie spielen mit literarischen Genres wie Krimi oder Science Fiction, verweben Elemente des Realismus mit Mythen und Märchen oder der Bildzeitung, unterbrechen den Handlungsfaden schamlos, damit sich der Autor mit seinen Hauptfiguren streiten kann und so weiter. Das heißt: Sie entführen uns in die Welt reiner oder auch schmutziger Texte, hier ist nichts mehr Realität, hier ist ›alles Text‹.

Dagegen macht sich Tolkiens *Herr der Ringe* geradezu konservativ-brav aus: Das, was wir gemeinhin als Fantasy bezeichnen, trennt die fiktionale Welt meist vollständig von der uns bekannten ab, ohne dass diese Loslösung thematisiert wird. Sie wird bei Leserin und Leser schlichtweg vorausgesetzt. Mit der ersten Seite des Romans treten wir in diese zweite vorgestellte Welt ein, in der die Naturgesetze aufgehoben sind, Bäume und Tiere sich mitunter wie Menschen verhalten, – o je – und der Kampf zwischen Gut und Böse jenseits jeder Zeitrechnung tobt.

Und jetzt kommen wir endlich zur Science Fiction: Auch die Science Fiction – jedenfalls die früherer Dekaden – schafft Welten, die unter, über oder neben unserer eigenen angesiedelt sind und ihren eigenen Regeln gehorchen. Allerdings sind das andere Regeln als in der Welt der Fantasy. Im meist realistischem Erzählmodus geht es der Science Fiction – jedenfalls der interessanten – um Projektionen, manchmal auch Visionen, die unsere Wirklichkeit erhellen oder transzendieren.

Science Fiction als ›visionärer Realismus‹ – ich klaue hier einen Ausdruck des britischen Schriftstellers Christopher Priest – ist jedoch keine prognostische Literatur, sondern allenfalls eines vieler Fenster zur Zukunft. In meinem Verständnis von Science Fiction folge ich der pragmatischen Definition der *International Association for the Fantastic in the Arts*, deren Mitglied ich bin. Danach kann Science Fiction höchstens folgendes leisten:

- Sie isoliert und extrapoliert reale Tendenzen unserer Gegenwart, verfolgt sie weiter nach dem Motto ›was wäre, wenn‹.
- Sie trifft Aussagen über vorherrschende Tendenzen der Gegenwart, nicht einer wie immer gearteten Zukunft. Sie ist dem Anspruch nach nicht prognostisch, sondern sagt etwas über den Diskurs unserer Gegenwart aus.

Die Besonderheit von Science Fiction oder Wissenschaftsromanen liegt u.a. darin, dass ihre Stoffe und Handlungen – längst nicht immer, aber häufig – gegenwärtigen Annahmen und Erkenntnissen der Wissenschaft zumindest nicht widersprechen. Und dass sie diese Annahmen und Erkenntnisse – im Unterschied zur Nabelschau vieler Befindlichkeitsromane – auch ausdrücklich thematisiert.

Meiner Meinung nach werden sich die Grenzen zwischen phantastischen Romanen, sogenannten realistischen Mainstream-Romanen, postmodernen Romanen und Science Fiction-Romanen weiter verwischen und langfristig ganz verschwinden. Das liegt nicht an der Politik der Verlage, – sie vollziehen diese Entwicklung nur nach -, sondern an der chaotischen Wirklichkeit, die unsere eigene Erfahrung immer mehr auf einzelne Fraktale reduziert. Wenn die Wirklichkeit, wie der SF-Kritiker John Clute sagt, immer mehr zu einer Reihe von Optionen wird, wird das Genrehopping, literarisches Crossover zwangsläufig zum Normalfall. Vermutlich werden auch SF- Autorinnen und Autoren irgendwann in Massen dazu übergehen, mit der linearen, realistischen Erzählweise des 19. Jahrhunderts zu brechen. Dazu später.

Out of this world – in die Welt der Vergangenheit. Ich komme zum zweiten Teil meiner Anmerkungen. Mit welchen realen und fiktionalen Entwicklungen haben wir es in der Science Fiction zu tun? Und von welchen Dekaden reden wir, wenn wir versuchen, Science Fiction als Genre einzugrenzen?

In Abgrenzung zu manchen Kritkerinnen und Kritikern, die Utopien und Science Fiction in einen Topf werfen – folglich schon Platos *Republik* und Campanellas *Sonnenstaat* als Vorläufer der Science Fiction in Anspruch nehmen -, stimme ich mit Brian Alidss überein, wenn er den eigentlichen Beginn der Science Fiction mit der Erschütterung feudaler Verhältnisse, den Nachwehen der französischen Revolution, dem amerikanischen Unabhängigkeitskrieg und – vor allem – der Verunsicherung bestehender Verhältnisse durch die *industrielle Revolution* in Verbindung bringt. Science Fiction als Krisenliteratur, die tiefgreifende Ängste einer Gesellschaft im Wandel thematisiert. Nicht nur damals.

Für mich wie für Aldiss ist der Ursprung dieser Gattung weiblich:
1818 schreibt Mary Shelley (1797-1851) mit *Frankenstein or the Modern Prometheus* die erste Dystopie, in deren Mittelpunkt Triumph und Niederlage des wissenschaftlichen Fortschritts stehen; eine moderne Variation des Faust-Themas: Frankenstein, der Forscher, der Wissen, Macht und Selbsterfüllung sucht, muss erkennen, dass Wissen desintegrieren, menschliche Gemeinschaft sogar zerstören kann. Gleichzeitig beinhaltet *Frankenstein* auch die Kritik an Gesellschaft und familiärer Gemeinschaft selbst: Erst die verweigerte Gemeinschaft, die Ausgrenzung, macht Frankensteins humanoide Schöpfung zum Monster.

Es gibt viele Deutungen von Mary Shelleys *Frankenstein*, darunter auch diverse psychoanalytische, in denen, aufgrund von Shelleys Biografie, die Schöpfung des Frankensteinschen Monsters als Trauma des ungewollten Kindes oder als Bewältigung des Todestraumas interpretiert wird. Eine Interpretation aus feministischer Sicht gibt Bettina Roß 1998[1], wenn sie schreibt:

> »Der Frankenstein kann (...) als antipatriarchalische Dystopie gelesen werden, weil er die patriarchalische Familienideologie, Technikverherrlichung, Selbstherrlichkeit und den todbringenden Fanatismus auf die Spitze treibt und damit der industrialisierten Welt einen schauerlichen Spiegel vorhält. Sie betreibt jedoch keine essentialistische Verherrlichung eines dem »Männlichen« entgegengestellten, positiven »Weiblichen« (...) Keine der Hauptfiguren ist weiblich, Frauen treten nur in Bezug auf den Mann als Mutter, Schwester oder Geliebteauf. Die von Frankenstein am meisten verehrten Frauen werden allerdings als antitechnokratisch, sanft und antistreberisch beschrieben.«

Mit *Frankenstein* gelingt es Shelley, tiefgreifende persönliche und gesellschaftliche Ängste in Metaphern zu fassen – eine Eigenart, die Science Fiction über Dekaden gegenüber mikrokosmischen Szenarien anderer literarischer Gattungen auszeichnen wird.

Ich will versuchen, nur stichwortartig ein paar Tendenzen früher Science Fiction zu nennen, auch wenn es für viele hier im Saal nur ein Erinnern an Altbekanntes sein mag:
Zum Beispiel an Jules Verne (1828-1905), der – fasziniert von geografischen Entdeckungsreisen und dem damaligen Stand der naturwissenschaftlichen Forschung – 1864 die literarische *Reise zum Mittelpunkt der Erde* antritt, sich 1879 *20 000 Meilen unter den Meeresspiegel* begibt und später die *Reise zum Mond* schildert. Sein Anspruch ist weniger der eines Romanciers als der eines Enzyklopädisten, der astronomisches, geografisches und

biologisches Wissen seiner Zeit mit der Entdeckung und Eroberung von Neuland koppelt – ganz wie es dem Zeitalter des klassischen Kolonialismus entspricht.

Oder an Herbert George Wells (1868-1946), Autor von 120 Büchern, darunter *Die Zeitmaschine* (1895) oder *Der Krieg der Welten* (1897), der in seinen Romanen – wir brauchen nur an die Elois und Morlocks denken – sehr wohl die Klassenspaltung der heimischen Gesellschaft thematisiert. Und die Kolonialisierungspolitik des British Empire. Nicht zuletzt beschreibt er im *Krieg der Welten* how it feels to be colonized. Dass ausgerechnet die Marsianer am irdischen Horizont auftauchen, ist natürlich kein Zufall:
Ende des 19. Jahrhunderts führen die Forschungen des Italieners Schiaparelli, seine Oberflächenkartierung des Mars und die Entdeckung ominöser »Mars-Kanäle« zu einem Boom spekulativer Mars-Literatur. Auch der deutsche Mathematiker und Physiker Kurd Lasswitz (1848-1910) bewegt sich literarisch *Auf zwei Planeten*, Erstveröffentlichung 1897, und befördert mit liberalem Humanismus die friedliche Koexistenz zwischen Marsianern und Menschen. Damit unterscheidet er sich wohltuend von anderen Autoren aus Deutschland, beispielsweise vom Ingenieur Hans Dominik (1872-1945), der das Genie deutscher Erfinder fortwährend zur Bewahrung deutscher Vorherrschaft einsetzt und gegen den Ansturm feindseliger Mächte verteidigen muss.

Kleiner Exkurs zu Deutschland, ganz am Rande
Am Vorabend des Ersten Weltkriegs verwandeln sich ganze Batterien sogenannter technischer und wissenschaftlicher Utopien in ideologische Schlachtfelder. In ›Zukunftskriegsromanen‹, beispielsweise Michael Wagebalds *Europa in Flammen*, Berlin 1908, beweist die Deutsche Luftwaffe ihre technische Überlegenheit durch Vernichtung der nicht so flug-tüchtigen Feinde. Groschenhefte voller Zeppelins und fremder Zombies werden so populär, dass die Kirchen um die Seelen ihrer jugendlichen Schäfchen fürchten und Kampagnen gegen die sogenannte Schmutz- und Schundliteratur einleiten. Aber es gibt auch andere Stimmen, etwa die des Schriftstellers und Künstlers Paul Scheerbart (1863-1915), der – beispielsweise in seinem Asteroiden-Roman *Lesabendio* und anderen sogenannten kosmischen Fantasien – von einer mystische Welt ohne Nationen, Militär und Kriege träumt.

Während die frühe europäische Tradition der Science Fiction häufig zivsilisationskritische oder sozial-utopische Elemente enthält, hat die amerikanische Science Fiction ganz andere Wurzeln: Die Tradition liegt hier in der ›Boys Literature‹ – Abenteuergeschichten für Jungs, mit einfachen Erzähl strukturen, veröffentlicht in billigen Magazinen für wenig zahlungskräftige Käuferschichten.

1926 erscheint zum ersten Mal das Magazin *Amazing Stories*, herausgegeben von Hugo Gernsback (1894-1967). Gernsback, gebürtiger Luxemburger, 1904 in die USA ausgewandert, ist ein Technik-Freak, der eigentlich Radios bastelt und vertreibt. Sein Interesse als Autor (*A Romance of the Year 2660*) und Herausgeber liegt vorrangig in technischen Vorhersagen, weniger in den gesellschaftlichen Auswirkungen von Technologien. Bekanntermaßen schreibt man Gernsback auch die ursprüngliche Begriffskonstruktion ›Scientification‹ zu, aus der sich später der leichter zu sprechende Begriff der ›Science Fiction‹ entwickelte.

Gernsback, dessen naïve Technikeuphorie William Gibson später auch in der Erzählung *Das Gernsback Kontinuum* verewigt hat, vertritt eine Richtung der Science Fiction, die auf dem Hintergrund amerikanischer Verhältnisse und Ideologien gesehen werden muss. Im Unterschied zum alten Europa haben die Staaten sich nicht mit den Nachwehen des Feudalismus herumgeschlagen. Eine schnelle industrielle Entwicklung, Vertreibung/Unterdrückung der Ureinwohner und die ›new frontiers‹ mit jeder Menge Platz für die neuen Kolonialisten haben die Ideologie von ›Alle Macht dem Tüchtigen‹ begünstigt: Dieser tüchtige protestantische Weiße männlichen Geschlechts behauptet sich im Existenzkampf und nimmt alsbald die Eroberung, Besiedlung und Ausbeutung fremder Regionen in Angriff, erhält und verteidigt die persönliche Unabhängigkeit im Kampf Mann gegen Mann und greift – wie im Western *High Noon* – wenn´s denn sein soll zur Waffe, um das Gute zu erhalten.

Dieses Konglomerat aus Sozialdarwinismus, Sendungsbewusstsein, Technikeuphorie und Fortschrittsgläubigkeit schlägt sich auch im sogenannten ›Goldenen Zeitalter‹ der amerikanischen Science Fiction nieder, das man etwa vom Ende der 30er Jahre bis nach Ende des Zweiten Weltkriegs datiert. E. E. Doc Smith (1890-1965) entwickelt Visionen der Super-Science und der Super-Helden, die den Weltraum erobern und dabei Räuber und Gendarm spielen. Robert E. Heinlein lässt seine »Starship Troopers« fremde Territorien und insektenartige Aliens niederwalzen und feiert den Triumph von Macht und Militär.

Allerdings bleibt der Sieg der ›Starship Troopers‹ kein Sieg auf Dauer, sondern muss im Frost des ›Kalten Krieges‹ immer wieder neu ausgefochten werden. Der erste sowjetische Sputnik im Weltraum löst 1957 eine wahre Flut von Bedrohungsszenarien in Film und Literatur aus, in dem das, was über die amerikanische Welt hereinbricht, ebenso ›alien‹ ist wie Chruschtschows Schuhklopferei vor der UNO. Spinnen, Mutationen und Monster bevölkern amerikanische Kleinstädte und belagern die Vorgärten –

das ist die eine Seite.

Die andere Seite ist der Ausschuss für gänzlich unamerikanische Aktivitäten, Senator McCarthy, die Kommunistenhatz und Repression, wie sie etwa Ray Bradbury in *Fahrenheit 451* mit Gedankenpolizei und Bücherverbrennungen thematisiert hat.

Die 60er Jahre katapultieren uns vom Outer Space in den Inner Space – und vom Weltraum zurück in irdische Gefilde:
Laser-Entwicklung, bemannte Raumfahrt, Herztransplationen, Armstrongs erster Schritt auf dem Mond, Drogen, Beatles, Stones, Mothers of Invention, Mini-Mode, Swinging London, Anti-Autoritarismus und außerparlamentarische Opposition, weltweite Proteste gegen den Vietnam-Krieg: in Welt und Köpfen gerät einiges in Bewegung. Durch die ›New Wave‹ in der Science Fiction weht J.G. Ballards *Wind from Nowhere*, in London übernimmt Michael Moorcock das Magazin *New Worlds*, featuret abstrakte Szenarien irdischer Dekadenz wie Ballards *Kristallwelt*, versichert sich der Mitarbeit von Brian Aldiss. Aldiss schreibt in dieser Zeit seinen drogeninspirierten Innenwelt-Roman, den *Stream of Consciousness*, den er *Barefoot in the Head* betitelt. Die Dinge sind nicht, was sie scheinen, sagt auch Philip K. Dick und jongliert mit elektrischen Schafen, Realitätsbrüchen und Alternativwelten. Die Zeit ist – nicht nur bei Dick – aus den Fugen. Die 70er Jahre bescheren uns die weitere Desillusionierung von Allmachts- und Technikträumen, die USA knabbert auch literarisch am Trauma des Vietnamkriegs. In der Science Fiction tritt etwa der Vietnam-Veteran Joe Haldeman, seinerzeit wegen Tapferkeit vor dem Feind mit dem *Purple Heart-Orden* ausgezeichnet, mit seiner Vietnam-Reminiszenz *Der ewige Krieg* (1977) hervor.

Und wo bleiben in all diesen Gefechten die Frauen? Ich komme jetzt zu Punkt 3 meiner Anmerkungen, zur Frage: Welchen Paradigmenwechsel haben die Frauen in der Science Fiction bewirkt?

Dass die Frauen bisher kaum vorgekommen sind, ist kein Zufall: Bis in die 60er Jahre des 20. Jahrhunderts ist die offiziell registrierte und rezensierte Science Fiction weitgehend ein »Boys Club«, in dem die Jungs unter sich bleiben oder auch bleiben wollen. Die Handlungsträger sind in der Realität wie in der Fiktion in der Regel Männer. Wenn Frauen in den Romanen vorkommen, dann als sanfte Zierde, treue Hüterinnen von Kindern, Küche und Kirche, platinblonde Opfer und rabenschwarze Vamps, manchmal auch als grässlich humorlose Wissenschaftlerinnen. Diese stereotypen, oft auch sexistischen Frauenbilder sind insbesondere für eine literarische Gattung, die sich dem Wandel verschrieben hat, ein ziemliches Paradox.

Dabei hat es sie natürlich gegeben, die Frauen, die vor und nach Mary Shelley ihre gesellschaftlichen Visionen zu Papier gebracht haben, dazu später.

Mit Wiederaufleben und Neubeginn der Frauenbewegung der 70er Jahre entwickeln sich feministische Literaturtheorien, die auch die Science Fiction aufs Korn nehmen. Grob gesagt, kann man diesen theoretischen Diskurs in vier Phasen gliedern:

In *Phase 1* geht es vor allem um die Kritik patriarchalischer Verhältnisse in der Science Fiction und um das Herausarbeiten männlicher Stereotype. 1972 schreibt die Literaturwissenschaftlerin und Schriftstellerin Joanna Russ in *The Image of Women in Science Fiction* (S. 83, eigene Übersetzung):

> »Frauen sind wichtig als Belohnung des Helden oder auch dazu da, Handlungsanstöße zu geben (...) Dagegen sind Frauen, die selbst aktiv werden oder eigenen Ehrgeiz entwickeln, von Übel (...). Frauen sind übernatürlich schön (...) Frauen sind schwach und/oder werden von der Bühne des Handelns ferngehalten (...) Wenn Frauen Macht entwickeln, dann eine eher passive und unfreiwillige (...) Eigentlich konzentriert sich das Interesse aber überhaupt nicht auf Frauen.«

In *Phase 2* feministischer Literaturkritik geht es um die Revision des literarischen Kanons in der Science Fiction, um die Literaturgeschichte aus feministischer Perspektive, um die Wieder- und Neuentdeckung der Werke totgeschwiegener Autorinnen, dazu komme ich noch.

Phase 3 befasst sich mit dem weiblichen Schreiben selbst, mit erzählerisch-poetologischen Fragen. Gibt es so etwas wie Geschlechtsdifferenz im Akt des Schreibens? – fragen Literaturwissenschaftlerinnen wie Hélène Cixous oder Julia Kristeva. Schreiben Frauen anders, weil sie einer anderen Realität ausgesetzt sind? Ist die biologische Differenz entscheidend? Diese Phase, in der sich meiner Meinung nach auch so etwas wie eine biologische Mystifzierung des Weiblichen schlechthin entwickelt, wird in den 80er Jahren durch einen neuen Diskurs abgelöst.

Phase 4 stellt einen Übergang von der feministischen Theorie zur allgemeinen Geschlechtertheorie dar. An die Stelle der Analyse der weiblichen Opfer-Rolle tritt die Untersuchung beider Geschlechter-Rollen; im Mittelpunkt steht nicht mehr die biologische Differenz, sondern die soziale Zuweisung von Geschlechter-Rollen.

In den 70er Jahren werden die Frauen in der Science Fiction sichtbar und hörbar aktiv. Es sind die Frauen, die das einleiten, was ich als Paradigmenwechsel in der Science Fiction bezeichnen möchte. Die auffälligsten Merkmale dieses Wechsels sind für mich:

An die Stelle kollektiver Abziehbilder, die nichts anderes sind als Träger von Handlungen oder Ideen, treten wirkliche, differenzierte und glaubwürdige Charaktere.

An die Stelle technologischer Didaktik und Technik-Faszination treten die Fragen: Wohin führt uns diese Technologie? Welchen sozialen Wandel wird sie bewirken? Welche Art von Sexualität, familiärer und sozialer Organisation wird das mit sich bringen? Und nicht zuletzt: Wie werden wir mit dem Unterschied zwischen Arm und Reich umgehen? Wie werden wir mit der Erde und den natürlichen Ressourcen umgehen?

An die Stelle technik-verliebter Szenarien tritt ein Boom sozio-ökologischer Utopien.

Kurzer Exkurs zu Utopien

Ich folge Richard Saage, wenn er 1991 in »Politische Utopien der Neuzeit« (Darmstadt, S. 2ff.) schreibt: Es sind »Fiktionen innerweltlicher Gesellschaften (...), die sich entweder zu einem Wunsch- oder einem Furchtbild verdichten. Ihre Zielprojektion zeichnet sich durch eine präzise Kritik bestehender Institutionen und soziopolitischer Verhältnisse aus, der sie eine durchdachte und rational nachvollziehbare Alternative entgegenstellen.«

Das heißt: Science Fiction und Utopien sind nicht identisch. Während Science Fiction Gesellschaft, Kultur, Wissenschaft und Technik meist als Hintergrund bestimmter Einzelschicksale thematisiert, stellt die Utopie ihrem Anspruch nach eine Gesamtschau her.

In ihrer Untersuchung der politischen Utopien von Frauen hat die bereits zitierte Bettina Roß aufgezeigt, »daß es neben der heute verworfenen, autoritären Linie der Utopie andere Linien gab, die libertäre, frauenbezogene, widerständige und vor allem pluralere Elemente in die Utopie einbrachten.« (S. 224, aaO).

Diese verschüttete, verschollene oder ignorierte Tradition ist es, an die viele Science Fiction Autorinnen in den 70er Jahren anknüpfen können. Ich möchte an dieser Stelle nur ein paar frühe Werke nennen, die lange Zeit vergessen waren:

Da ist Christine de Pizans *Das Buch von der Stadt der Frauen* aus dem Jahre 1405,
Margareth Cavendishs *Description of a New World Called the Blazing Welt*, 1668,
Sarah Scotts *Description of Millenium Hall*, 1762,
Charlotte Perkins Gilmans *Herland* aus dem Jahre 1915.

Und es gibt viele andere Beispiele, denen vieles über die Jahrhunderte hinweg gemeinsam ist:

- Frauen, die eigenständig denken und handeln, teilweise auch ihre eigenen Gesellschaften bilden – nach dem Motto: Für Männer kein Zutritt
- Das Leben im Einklang mit der Natur

- Die Abwesenheit von Krieg
- Die Betonung von Freundschaft und Liebe als Grundlage sozialer Bindungen
- Die Betonung von Lernfähigkeit, Bildung und sozialer Erziehung
- Anti-Zentralismus und Abwesenheit totalitärer Kontrollen

Ebenso gibt es literarische Vorkämpferinnen, die Dystopien (oder Warn-Utopien) geschrieben haben, wie die Schwedin Karin Boye mit ihrem Roman *Kallocain* aus dem Jahre 1940. Ein Roman – vergleichbar am ehe-sten mit George Orwells *1984* oder Ray Bradburys *Fahrenheit 451* –, in dem sie aufgrund eigener Erfahrungen faschistische wie stalinistische Gesinnungskontrolle und Polizeistaat geißelt.

An solche Traditionslinien können viele SF-Autorinnen der späten 60er, 70er und 80er Jahre anknüpfen.

An erster Stelle ist hier Ursula LeGuin mit ihrem bahnbrechenden Roman *Winterplanet* (*The Left Hand of Darkness*) aus dem Jahre 1969 zu nennen – ihrer eigenen Aussage nach ein Gedankenexperiment der Androgynität: Was passiert mit einer Gesellschaft, in der die Trennung zwischen den Geschlechtern aufgehoben ist?

In ihrem Essay *Is Gender Necessary?* schreibt sie 1988 als Nachtrag dazu:

> »Wenn wir in sozialer Hinsicht zweigeschlechtlich wären, wenn Männer und Frauen in ihren sozialen Rollen völlig gleichgestellt wären, ebenso in rechtlicher und wirtschaftlicher Hinsicht, im Grad der Freiheit, Verantwort-lichkeit und im Selbstwertgefühl, dann sehe diese Gesellschaft völlig anders aus (…) Unser Fluch ist die Entfremdung und die Trennung des Yang vom Yin …« (S. 172)[2]

Ähnliche Gedankenexperimente mit der Beseitigung, Veränderung oder Umkehrung von Geschlechterrollen liegen in dieser Zeit sozusagen in der Luft. Auch Christa Wolf stellt sie in ihrer Erzählung *Selbstversuch*[3] an: Darin erfährt eine Wissenschaftlerin bei ihrer experimentellen Umwandlung in die männliche Versuchsperson mit dem schönen Namen »Anders« die emotionalen Defekte einer rein funtionkstüchtigen Gesellschaft »ohne Liebe«.

Doris Lessing widmet einen ganzen Band (*Die Ehe zwischen den Zonen Drei, Vier und Fünf*) ihres Roman-Zyklus *Canopus in Argos* der Frage, wie Yin und Yang so zusammenzubringen sind, dass eine höhere Stufe der menschlichen und gesellschaftlichen Entwicklung erreicht werden kann.

Anders als bei Joanna Russ oder Suzette Haden Elgin geht es hier nicht um einen Separatismus der Geschlechter, sondern um die Neudefinition beider Geschlechter-Rollen. Das ist auch Fazit von Elisabeth Vonarburgs feministischer Utopie/Dystopie *In the Mothers Land* (deutsch: *Die Maerlande-Chroniken*): Die Ausgrenzung der Männer aus dem Post-Katastrophen-Staat der Frauen wird am Ende aufgehoben.

Im Mittelpunkt anderer Romane dieser Zeit steht die Entdeckung der eigenen weiblichen Sprache als Mittel, sich aus patriarchalischen Zwängen zu lösen, etwa bei Suzette Haden Elgin oder Joanna Russ. Die Sprache der Frauen spielt aber auch in Margaret Atwood´s *Der Report der Magd* aus dem Jahre 1989 eine zentrale Rolle – sicherlich auch angeregt durch Texte der feministischen Kritikerinnen Hélène Cixous und Julia Kristeva. Bei Atwood kann der religiöse Fundamentalistenstaat »Gilead« seine Macht nur dadurch aufrechterhalten, dass den Frauen Schrift und Literatur – und damit das Wissen – verboten wird. »Sprache schafft Realität« heißt es bei Suzette Elgin.

Marge Piercy schafft mit ihrem Roman *Frau am Abgrund der Zeit* (London, Women´s Press, 1979; deutsche Ausgabe im Ariadne-Verlag) die Vision eines Gemeinwesens, das basisdemokratisch, anti-zentralistisch und nach ökologischen Prinzipien organisiert ist. Spezifische Geschlechterrollen sind darin aufgehoben.

Ich kann hier keine kritische Würdigung der einzelnen Werke vornehmen. Mir geht es hier nur darum, bestimmte Entwicklungslinien und Gemeinsamkeiten dieser Ansätze aufzuzeigen. Alle genannten Science Fiction-Romane enthalten utopische Elemente:

- Sie liegen in der Aufhebung starrer Geschlechterrollen
- Im Selbstbewusstsein der handelnden und denkenden Frauen
- In basisdemokratischen, dezentralen Strukturen
- In der ökologischen Ausrichtung der Gesellschaften
- Im Streben nach sozialer Gerechtigkeit
- In der Bejahung kultureller Vielfalt
- In der Lernfähigkeit der handelnden Personen und Gesellschaften

Sind diese Ansätze heute überholt? Leben wir nach der Bankrotterklärung sogenannter realsozialistischer Systeme in Post-Utopia? Ich komme jetzt zum letzten und schwierigsten Punkt meiner Anmerkungen. Und ich will ihn kurz halten, denn um dieses Thema geht´s ja auch noch in den folgenden Veranstaltungen. Was kann Science Fiction heute im gesellschaftlichen und literarischen Diskurs leisten?

Die ökotopische Strömung in der Science Fiction versiegt in den 90er Jahren mehr und mehr. Die Ereignisse in Osteuropa, die Auflösung der Sowjetunion, der Fall der Berliner Mauer, die deutsch-deutsche Vereinigung lösen zunächst einen ganz anderen Diskurs aus – den über das angebliche Ende der Geschichte. Ich stimme mit Kim Stanley Robinson überein, dem

Autor der *Mars-Trilogie*, der 1999 in einem Interview mit Sascha Mamzak und mir äußert:

> »Mit dem Zerfall alter Denkmodelle des Kalten Krieges ging diese lächerliche Diskussion einher, in der behauptet wurde, wir hätten das Ende aller Geschichte erreicht. Dabei handelte es sich ganz und gar nicht um das Ende der Geschichte, sondern lediglich um die Grenzen unserer Vorstellungskraft. Alle waren völlig befangen von den geistigen und politischen Modellen der Nachkriegszeit und darin steckengeblieben. Und als die nicht mehr zutrafen, mußte zwangsläufig die Frage kommen: Was sollen wir als nächstes machen?«[4]

Mit seinem dreiteiligen Epos unternimmt Robinson selbst den Versuch, Zeitgeschichte zu extrapolieren, indem er sie zum Mars exportiert. »Kann es sein«, fragt er, »daß (diese) sogenannten sanften Revolutionen zum Erfolg führen? Und falls ja: Was passiert danach? Gibt es Rückschläge? Und warum?« (aaO., S. 743)

Auch Brian Aldiss und der Physiker Roger Penrose gehen 1999 in *Weißer Mars – eine Utopie des 21. Jahrhunderts* der Frage nach, wie die Menschheit den »Aufbruch zur Vernunft« bewerkstelligen kann – bei ihnen ist es eine Revolution des Denkens, die alle Sektoren der Mars-Gesellschaft durchdringt und dann auch den Planeten Erde infiziert.

Octavia Butler schafft mit der *Parabel vom Sämann* (Heyne 1999), deren Schauplatz in einer USA der nahen Zukunft angesiedelt ist, eine Vision ökologischer Katastrophen und sozialen Zerfalls. Allerdings setzt sie diesem Szenario eine Hoffnungsträgerin entgegen: die junge schwarze Lauren Olamina, die mit ihrer nicht-religiösen Religionsgemeinschaft »Erdensaat« eine Bewegung des sozialen Aufbruchs schafft.

Kim Stanley Robinson, Brian Aldiss, Roger Penrose, Octavia Butler – sie alle haben bei aller Verschiedenheit der Ansätze Eines gemeinsam: Sie setzen auf die materielle Kraft menschlicher Vorstellungskraft. Die Art und Weise, wie wir unser Zusammenleben organisieren, sagt Robinson in dem genannten Interview, ist ein genauso wesentlicher Aspekt unseres Lebens wie der biologische.

»Die neue Organisation menschlichen Wissens«, sagt Karlheinz Steinmüller im September 2000 während der Wetzlarer Phantastiktage, »ermöglicht eine Vernetzung von Ideen und Konzepten. Denn es sind nicht nur die 'harten Fakten' der Wirtschaft, die unsere Wirklichkeit prägen, sondern auch unsere Vorstellungen und Projekte.«

Und Michel Houellebecq stellt seinem Roman *Elementarteilchen* (*DuMont*, Köln 1999, S. 7) das Credo voran, dass die Philosophie sehr wohl praktische Bedeutung erlangen kann:

»In Wirklichkeit bestimmt die unter den Mitgliedern einer Gesellschaft zu einem gegebenen Zeitpunkt am weitesten verbreitete Weltanschauung deren Wirtschaft, Politik und Sitten.«

Es scheint mir recht absurd, gerade jetzt, zu Beginn des dritten Jahrtausends, von Post-Utopia zu reden. Weder sind die gesellschaftlichen und politischen Fragen, die den Utopien der 70er und 80er Jahre zugrundelagen, in irgendeiner Weise gelöst, noch ist das Ausmaß neuer Fragen auch nur abzusehen – Fragen, die nicht zuletzt durch Gehirn- und Bewusstseinsforschung, Entschlüsselung des menschlichen Genoms, Entwicklung künstlicher Intelligenzen, die Suche nach dem sogenannten »Gottesteilchen« in der Quantenphysik usw. aufgeworfen werden. All das Fragen, die über die Art des Lebens und des Todes auf diesem Planeten und über Leben und Tod des Planeten selbst entscheiden werden.

Warum dieser *Out of this world*-Kongress und hundert andere Zukunftskonferenzen jenseits hochoffizieller Welt-Klima-Gipfel, die offenbar nur atmosphärische Störungen unter den Teilnehmerstaaten aufzuweisen haben? Weil Gedankenexperimente, um es mit der Werbung zu sagen, noch nie so wichtig waren wie heute. Die Evolution eines planetaren Bewusstsein, eines Bewusstseins der Interdependenz, heißt es im Manifest des *Clubs von Budapest*, »ist die Conditio sine qua non für das Überleben der Menschheit auf diesem Planeten.«

Die Nabelschau der Pop-Romane und die Frage, ob böse Mädchen wirklich überall hin kommen, sind angesichts der gegenwärtigen Umwälzung der Welt, wie wir sie kannten, nicht nur langweilig, sondern auch völlig anachronistisch. Als Literatur des Wandels kann Science Fiction Szenarien der Zukunft durchspielen. »Diese Szenarien«, sagt Robinson, »sind wie Gedankenexperimente in der Physik (...) Wenn man Science Fiction so versteht, dann ist diese Literatur mehr als nur billige Unterhaltung. Sie wird tatsächlich zu einem Instrument des Denkens, und für dieses Denken spielt die Utopie eine ganz wesentliche Rolle.« (aaO, S. 745).

Ich ziehe den Begriff des Gedankenexperiments dem der Utopie vor, weil Utopie allzu leicht Vorstellungen eines geschlossenen, hierarchischen, zentralistischen, eindimensionalen Systems heraufbeschwört. Für ein solches in sich geschlossenes Systemdenken ist uns die Welt, wie der Science Fiction-Kritiker John Clute feststellt, mit all ihren Wahlmöglichkeiten schon allzu nah auf den Leib gerückt:

»Wir können sie nicht in einen Rahmen fassen und sagen: Das ist die Welt der Gegenwart, und jetzt führen wir dieses ganz besondere, ausgefallene Experiment mit ihr durch. Die Welt ist einer allgemeinen Argumentation nicht mehr zugänglich, weil sie zu einem Ort geworden ist, an dem millionenfach und

> gleichzeitig von verschiedenen Standpunkten aus argumentiert wird (...) Anstatt in der Wirklichkeit leben wir in tausend Welten der Vorstellung.«[5]

Das heißt: Auch das Selbstverständnis der Science Fiction ist derzeit einem radikalen Wandel unterworfen. Schon jetzt zeichnet sich ab, in welche Richtung dieser Wandel gehen könnte. »Vielleicht«, überlegt der Science Fiction-Kritiker Gary Wolfe, »kann man sagen, daß die Sprache mit zunehmender Reife des Genres immer mehr in Richtung des Chaos weist.« (Heyne Science Fiction Jahr 1999, S. 612): Das Spiel mit verschiedensten Genres, die Aufhebung einer historisch bestimmten, linearen Zeit verwischt die Grenzen zwischen Science Fiction und postmodernem Roman. Romane wie Richard Powers *Galatea 2.2.*, Michel Houellebecqs *Elementarteilchen* oder Michael Springers *Leonardos Dilemma* sind Science Fiction der nahen Zukunft – zumindest enthalten sie Elemente davon – und erscheinen als Main Stream-Belletristik. Was kein Schaden ist, sondern uns als Autorinnen und Autoren neue Möglichkeiten eröffnet.

»Die Grenze zwischen Belletristik und Theorie«, sagt der Schriftsteller Alban Nikolai Herbst in einem Referat während der *Wetzlarer Phantastik-Tage 2000*, »muss geöffnet werden, will Literatur nicht bloß ein Ghetto für neurotisch Verlorene sein, sondern in die Gegenwart wirkend eingeflochten werden.«

So verstanden, kann Science Fiction den gegenwärtigen gesellschaftlichen, politischen, wissenschaftlichen und literarischen Diskurs nicht nur ankurbeln, sondern auch gegen den Strich bürsten. Die Suche nach einer Definition der Menschheit und ihrem Status in diesem Universum – das was Brian Aldiss »Science Fiction« nennt – geht weiter. Schließen möchte ich mit einem weisem Satz Octavia Butlers aus dem fiktiven Traktat *Erdensaat: Die Bücher der Lebenden*: »Das nimmt kein Ende, was eine lebende Welt von dir fordert.«[6]

Anmerkungen

1) Bettina Roß: Politische Utopien von Frauen, 1. Auflage 1998, edition ebersbach, Dortmund, S. 186
2) Is Gender Necessary?, in: Ursula LeGuin: The Language of the Night S.155-172, revidierte Fassung 1988, Women´s Press, London 1989; eigene Übersetzung des Zitats
3) Christa Wolf: Selbstversuch, in: Frauen in der DDR, 20 Erzählungen, München 1977
4) Das SF Jahr 2000, Heyne, München 2000, S. 744
5) Interview mit Usch Kiausch, Heyne Science Fiction Jahr 2000, S. 775
6) Die Parabel vom Sämann, Heyne 1999, S. 172

Petra Mayerhofer

Ten Thousand Light Years from the SF of 1970

Der Tiptree Award und die heutige feministische Science Fiction

Einleitung

In den siebziger Jahren kam es im Zuge der Frauenbewegung zu einem Umbruch in der Science Fiction[1], der für viele Jahre das Genre stark bestimmte. Nachdem SF-Autorinnen vor den siebziger Jahren eher die Ausnahme waren, eroberten sie sich nun eine beachtliche Stellung in der Science Fiction. Zahlreiche SF-Werke erschienen, die die bestehenden Geschlechterverhältnisse in Frage stellten, Gegenentwürfe entwickelten und die in der Science Fiction gängigen Stereotypen für weibliche Charaktere aufweichten.
Der feministische Umbruch war die Innovation in der Science Fiction der siebziger Jahren. Beispiele für feministische Science Fiction und feministische Utopien der damaligen Zeit sind – um nur einige der wichtigsten zu nennen – *The Left Hand of Darkness* (1969) und *The Dispossessed* (1974) von Ursula K. Le Guin, *The Female Man* (1975) von Joanna Russ, *Woman on the Edge of Time* (1976) von Marge Piercy und die *Holdfast*-Romane *Walk to the End of the World* (1974) und *Motherlines* (1978) von Suzy McKee Charnas.

Zwanzig bis dreißig Jahre später stellt sich die Frage, was aus der feministischen Science Fiction geworden ist. Gibt es sie immer noch oder handelte es sich nur um ein kurzes Strohfeuer ohne nachhaltige Wirkung? Der *Tiptree Award* für »gender-bending« Science Fiction, der seit zehn Jahren vergeben wird, ist ein Indikator dafür, dass die feministische Science Fiction zumindest in der US-amerikanischen SF-Szene noch eine Rolle spielt. Im folgenden werde ich diesen Literaturpreis und einige der damit ausgezeichneten Werke vorstellen, um einen groben Überblick über die heutige feministischen Science Fiction zu geben.

Die Darstellung beschränkt sich damit allerdings auf die englischsprachige SF-Literatur. Andere Medien (Fernsehserien, Kino, Comics, Rollen- und Videospiele) werden nicht einbezogen, und auch die Frage nach der deutschsprachigen feministischen Science Fiction wird nicht diskutiert.

Die Vorgeschichte

Der feministische Umbruch hatte sich in den siebziger Jahren auch auf die SF-Fanszene ausgewirkt. Auf Druck weiblicher Fans wurden bei SF-Cons (Kurzwort für Conventions, d.h. Kongress) immer wieder Foren zu Frauen in der Science Fiction angeboten, die lebhafte Diskussionen auslösten. Feministische Fanzines und Gruppen bildeten sich. 1976 gab es den ersten Con, der sich auf feministische Themen konzentrierte (*WisCon* in Madison, Wisconsin).

Eine Gegenreaktion konnte da wohl nicht ausbleiben. Die Frauenbewegung verlor im Laufe der achtziger Jahre an Schwung und Einigkeit, das Interesse an den ›Alibi‹-Veranstaltungen zur Frauenfrage ließ bei den SF-Cons nach, und sie wurden nach und nach aufgegeben, *WisCon* wurde weniger besucht, und die feministischen Fanzines wurden mit der Zeit eingestellt.

Die vielbeachtete Innovation in der Science Fiction war nun der Cyberpunk, dessen Autoren der Science Fiction der siebziger Jahre jegliche Neuerung absprachen und sie als langweilig abtaten (z.B. Charles Platt, Bruce Sterling) [1]. Im Cyberpunk wurde in erster Linie eine Welt weißer Männer geschaffen, diesmal eine Welt junger Rebellen, die die Loner-Figuren in den Krimis der Chandler-Tradition zitierten. Damit grenzte sich der Cyberpunk deutlich von der Bürgerrechts- und der Frauenbewegung der sechziger und siebziger Jahre ab [2]. Ende der achtziger Jahre ging die Sorge um, dass es der feministischen Science Fiction ähnlich ergehen könnte wie den feministischen Utopien des 19. Jahrhunderts, die vergessen und erst in den siebziger Jahren von feministischen Wissenschaftlerinnen wiederentdeckt wurden [1].

Die Entstehung des James Tiptree Jr. Awards

An diesem Tiefpunkt hatten Pat Murphy und Karen Joy Fowler die zündende Idee, einen Literaturpreis für feministische Science Fiction einzuführen, den sie ironischerweise nach James Tiptree Jr. benannten. Nachdem es eine Vielzahl von nach Männern benannten SF-Preisen gibt (z.B. *Hugo Award*, *Sturgeon Award*, *Campbell Award*, *Philip K. Dick Award*), ist der Tiptree der erste und einzige SF-Preis, der nach einer Frau benannt wurde, wobei ausgerechnet ihr männliches Pseudonym verwendet wird.

Pat Murphy gab die Einführung des *Tiptree Award* 1991 beim *WisCon15* bekannt. Sie begründete die Notwendigkeit des Preises mit der anhaltenden Marginalisierung der SF-Autorinnen und der weiblichen Charaktere in der Science Fiction [3]. Murphy erzählte eine Anekdote, in der ein begeisterter

Leser ihres Romans *The Falling Woman* (1986) diesem nur einen Fehler bescheinigte: es gäbe keine männlichen Charaktere. Die Bekanntgabe des neuen Preises löste beim Publikum des WisCon Freudengeschrei und ›Standing Ovations‹ aus. Spontan meldeten sich viele Freiwillige, die in irgendeiner Form zum Preis beitragen wollten, ein Zeichen dafür, dass die meisten Fans feministischer Science Fiction die Entwicklung des vorherigen Jahrzehnts bedenklich stimmte. Jeanne Gomoll nannte die Schaffung des Tiptree eine beeindruckende Antwort an all jene, die behaupteten, dass die feministische Science Fiction niemals Bedeutung gehabt hätte [4].

Nur wenige SF-Preise sind mit Geldgewinnen verbunden. Ausnahmen sind der *Philip K. Dick Award* (1000 $), der *Crawford Award* (100 $) und der *Arthur C. Clarke Award* (1000 $). Bei den wohl einflussreichsten Preisen, dem *Nebula* und dem *Hugo*, erhalten die Gewinner (in Anlehnung an den Oskar) eine Statue. Der *James Tiptree Jr. Award* ist mit 1000 $ dotiert, die – auch dies ist als ironische Brechung der Konventionen gedacht – über den Verkauf von Kuchen (»Tiptree Bakesales«) und Kochbüchern (*The Bakery Men Don't See, Her Smoke Rose Up From Supper*) bei SF-Cons finanziert werden.

Bis heute ist der Tiptree untrennbar mit dem WisCon verbunden, bei dem meistens auch die Preise verliehen werden (die Preisverleihung wird auch an andere Cons ›ausgeliehen‹, um den Bekanntheitsgrad des *Tiptree Award*s zu erhöhen). Entsprechend nehmen viele Beiträge der Anthologie *Women of Other Worlds*, die anlässlich des 20. Jahrestags des Cons erschien, auf den Tiptree Bezug [5].

Wer war James Tiptree Jr.?

1968 erschien die erste Erzählung von James Tiptree Jr. und bald galt er als der erfolgreichste Nachwuchsautor der siebziger Jahre. Tiptree blieb dabei vollkommen anonym. Er korrespondierte über eine Postfach-Adresse und nahm die zahlreichen Preise, mit denen sein Werk ausgezeichnet wurde, nie selbst entgegen. Dementsprechend wurde viel über seine Identität spekuliert (Wolfgang Jeschke bezeichnete es später als die »nervöse Irritation alter Profis« [6]).

Die wenigen Details aus Tiptrees Lebensgeschichte, die bekannt wurden (»er habe den größten Teil des Zweiten Weltkriegs in einem Kellerraum des Pentagon verbracht«, »ich war Organisationen beigetreten, zur Armee gegangen, war in den frühen Formen amerikanischer Linksbewegungen herumgeirrt«, er sei CIA-Agent gewesen und hätte den Yukatan bereist, ...), entsprachen voll den damaligen Vorstellungen einer männlichen Biographie, so dass trotz des feministischen Gehalts vieler seiner Kurzgeschichten nur selten bezweifelt wurde, dass Tiptree ein Mann sei [6, 7].

Berühmt wurde Robert Silverbergs Kommentar zur Diskussion um Tiptrees Geschlecht [6]: »Auch wurde gemutmaßt, Tiptree sei eine Frau. Diese Theorie finde ich absurd; denn Tiptrees Geschichten haben für mich etwas unverkennbar Maskulines. Ich glaube nicht, daß Jane Austens Romane von einem Mann hätten geschrieben werden können, oder Ernest Hemingways Stories von einer Frau; und im selben Sinne glaube ich, daß der Autor der James-Tiptree-Geschichten ein Mann ist.«

Er hatte sich geirrt. 1977 gab sich Tiptree als die 62-jährige Psychologin Alice Sheldon zu erkennen. Der ›Gender Fuck‹ löste unterschiedliche Reaktionen aus. Einige fühlten sich belogen, andere waren enttäuscht, wieder andere waren begeistert [7]. In jedem Fall war die Ansicht, es gäbe typisch weibliche und männliche Schreibstile, wie sie Silverberg vertreten hatte, ad absurdum geführt.

Tiptrees Erzählungen erschienen in den Sammlungen *Ten Thousand Light Years from Home* (1973), *Warm Worlds and Otherwise* (1975), *Out of the Everywhere and Other Extraordinary Visions* (1981), *Tales of the Quintana Roo* (1986) und *Crown of Stars* (1988). Daneben veröffentlichte sie zwei Romane: *Up the Walls of the World* (1978) und *Brightness Falls from the Air* (1985).

Das Auswahlverfahren

Der *Tiptree* wird alljährlich vergeben für von Frauen oder Männern geschriebene Science Fiction und Fantasy des Vorjahres, die die Rollen von Frauen und Männern untersuchen und erweitern (»science fiction or fantasy that explores and expands the roles of women and men for work by both women and men«). Auf die Definition und die Vergaberichtlinien wird im Anschluss noch näher eingegangen.

Jede kann Werke für den *Tiptree* vorschlagen (u.a. über die *Tiptree-Website*). Die Nominierungen werden von einer fünfköpfigen Jury, die jedes Jahr von Pat Murphy und Karen Joy Fowler neu bestimmt wird, gelesen und diskutiert. Im Unterschied zu vielen anderen SF-Preisen wird vor der Vergabe keine Nominierungsliste herausgegeben. Die Organisatorinnen wollen vermeiden, dass künstliche ›Verlierer‹ erzeugt werden. Statt dessen werden nach der Preisvergabe Short Lists (manchmal auch Long Lists) von Werken veröffentlicht, die nach Ansicht der Jury im Hinblick auf ›gender-bending‹ empfehlenswert sind.

Die Anzahl der Werke auf den jeweiligen Short und Long Lists variieren (s. Tabelle), was eher die unterschiedlichen Bewertungskriterien der einzelnen Jurys wiederspiegelt als das jährliche Auf und Ab an Werken, die ›gender-bending‹ Aspekte enthalten.

Vergaberichtlinien und Bewertungen der Jury

Der Definition nach ist der Tiptree nicht direkt ein Literaturpreis für »feministische Science Fiction«. Pat Murphy setzte den Tiptree-Jurys die Aufgabe [3 S. 348/9]:

> »nicht nach Werken zu suchen, die in eine enge Definition politischer Korrektheit passen, sondern eher nach Werken Ausschau zu halten, die nachdenklich stimmen, einfallsreich sind und vielleicht sogar wütend machten. Science Fiction ist eine Literatur der schöpferischen Vorstellungskraft und der Veränderung. Doch all zu oft beschränkt sich unsere Zukunftsperspektive der menschlichen Rollen auf die gegenwärtige Welt. Um die Art und Weise zu verändern, in der unsere Gesellschaft Frauen und Männer sieht, müssen wir Menschen in verschiedenen Rollen zeigen. Der Tiptree Award zeichnet jene aus, die mutig genug sind, über Veränderungen der Geschlechterrollen nachzudenken, die zu den grundlegenden Aspekten jeder Gesellschaft gehören.«[2]

Ansonsten schweigen sich Pat Murphy und Karen Fowler eher aus und weigern sich, der gegebenen Definition weitere Erläuterungen hinzufügen. Fruchtlose Grabenkämpfe in bezug darauf, was genau ›feministisch‹ ist, sollen wohl vermieden werden. Jede Jury ist also gezwungen, sich jeweils neu auf ihre Definition zu einigen, ein Aspekt, der von den Kommentatorinnen als wichtig und fruchtbar herausgestrichen wird [4, 8]. Was dabei herauskommt, hängt offensichtlich von der Zusammensetzung der jeweiligen Jury ab. Von dieser Diskussion dringt (abgesehen von persönlichen Gesprächen sowie einer eventuell geänderten Einstellung von Jury-Mitgliedern) nur eine Auswahl schriftlicher Kommentare der einzelnen Jurys ›nach draußen‹. Diese Kommentare, die i.a. aus dem Briefwechsel der JurorInnen miteinander stammen, werden u.a. auf der Website des *Tiptree Award* der Öffentlichkeit zugänglich gemacht[3]. Sie variieren stark in Länge und Differenziertheit. Zum Teil haben sich manche Jurys generell kurz gefasst, zum Teil gehen die Kommentare eher auf die literarische Qualität der Tiptrees als auf die feministischen Aspekte ein.

Candas Jane Dorsey, Mitglied der Jury des 1998 *Tiptree*, betonte in einem einleitenden Kommenatr, was ihrer Ansicht nach für einen Tiptree nicht ausreicht:

> »es reicht nicht aus, eine fremde Biologie zu postulieren noch eine andere Kultur, die auf dieser Biologie beruht – noch, würde ich hinzufügen, reicht es aus, eine dystopische Geschichte darüber zu erzählen, wie schlecht die Dinge stehen, noch eine reizende Prämisse zu verwenden, um einen interessanten Hintergrund hinzuzufügen, noch zukünftige Geschlechterkriege, biologische Mutationen, genetische Manipulationen, Utopien [...] zu postulieren, die An-

wesenheit eines ›gender-bending‹ Elements war nicht das einzige, was eine Geschichte für die Endrunde qualifizierte«

Dorsey führt zwei Bedingungen an, die einen Tiptree-Gewinner auszeichnen sollten:

»Die erste Bedingung für einen Tiptree-würdigen Texts ist für mich, wenn Wesen an der Schwelle zur Veränderung, Transformation, Herausforderung gezeigt werden – im Grenzgebiet der Fragen. Die zweite Bedingung, genauso wichtig, ist, dass die Geschichte mit herausragender Exzellenz erzählt wird.«

Von Dorsey wurden von allen Mitgliedern der bisherigen Jurys die ausführlichsten Kommentare veröffentlicht. Dorsey betont darin wiederholt, dass das, was früher einmal die Speerspitze der feministischen Science Fiction war, inzwischen Standard und Mainstream ist (Dorsey nennt es »the new mainstream of gender-conscious speculative fiction«), der *Tiptree* aber der jeweiligen ›Cutting Edge‹ vorbehalten bleiben sollte. Sie hat die Werke insbesondere der Long List immer wieder entsprechend kommentiert. Als Beispiel seien hier ihre Kommentare zu James Alan Gardners *Commitment Hour* (1998) angeführt, nicht weil dieses Werk in dieser Hinsicht besonders heraussticht, sondern weil Dorsey hier ihre Ansichten in dieser Hinsicht besonders geschlossen darlegt:

»Ein weiteres Beispiel für einen Typ von Erzählung, der sich mit Fragen beschäftigt, die für mich in unserem Feld inzwischen »mainstream« geworden sind. [...] Es reicht nicht länger aus, das Problem zu benennen, um den Tiptree zu gewinnen. Nachdem ich das gesagt habe, muss ich hinzufügen, dass ich die Bemühungen eines breiten Spektrums von AutorInnen willkommen heiße, sich mit dem Thema auseinanderzusetzen. Was mir, nachdem ich 27 Jahren lang Meilenstein-Texte auf diesem Gebiet gelesen habe, als Speerspitze erscheint ist eine Sache: die jungen konservativen Hetero-Männer, die Jim Gardner [...] lesen, werden dieses Werk als Speerspitze auffassen und [...] auf die Entwicklung ihres eigenen Lebens anwenden. Irgendjemand muss sie in diese Landschaft mitnehmen, die für sie, wenn auch nicht für uns, neu ist.«

Die Tiptrees

Die *Tiptrees*, d.h. die Werke, die bis jetzt mit dem *Tiptree* ausgezeichnet wurden, sind in der Tabelle zusammengestellt. Im folgenden werden einige ausgezeichnete Werke ausführlicher dargestellt, wobei auch einige Werke der Short Lists miteinbezogen werden. Diese Auswahl ist natürlich nicht repräsentativ für die *Tiptrees*. Sie ergab sich zum einen daraus, welche Werke mir zugänglich waren, zum anderen aus meinen persönlichen Präferenzen.

Werke, die mit dem Tiptree Award ausgezeichnet wurden
Erzählungen wurden noch nicht berücksichtigt. Eine vollständige Liste der *Tiptree*-Gewinner und Short Lists zusammen mit einer Bibliographie der deutschen Ausgaben findet sich auf der Website Feministische phantastisch-utopische Literatur.)

Jahr	Werke	Deutsche Ausgaben	Länge (Short List, Long List)
1991	Eleanor Arnason: A Woman of the Iron People	/	SL: 5; LL: /
	Gwyneth Jones: White Queen	Weiße Königin	/
1992	Maureen F. McHugh: China Mountain Zhang	ABC Zhang	SL: 7; LL: /
1993	Nicola Griffith: Ammonite	Ammonit	SL: 10; LL: 24
1994	Ursula K. Le Guin: The Matter of Seggri	/	SL: 14; LL: 27
	Nancy Springer: Larque on the Wing	/	/
1995	Elizabeth Hand: Waking the Moon	Mondgöttin erwacht	SL: 4; LL: 5
	Theodore Roszak: The Memoirs of Elizabeth Frankenstein	Die Memoiren der Elizabeth Frankenstein	/
1996	Ursula K. Le Guin: Mountain Ways	/	SL: 10; LL: 45
	Mary Doria Russell: The Sparrow	Sperling	/
1997	Candas Jane Dorsey: Black Wine	/	SL: 12; LL: /
	Kelly Link: Travels with the Snow Queen	/	/
1998	Raphael Carter: Congenital Agenesis of Gender Ideation	/	SL: 26; LL: 20
1999	Suzy McKee Charnas: The Conquerer's Child	/	SL: 7; LL: 12
2000	Molly Gloss: Wild Life	/	SL: 11; LL: /

Die Holdfast-Reihe von Suzy McKee Charnas

1996 wurde anlässlich des 20. *WisCon* ›rückwirkende‹ Preise für Werke vergeben, die vor 1991 veröffentlicht wurden. Ausgezeichnet wurden u.a. die beiden Holdfast-Romane von Suzy McKee Charnas *Walk to the End of the World* (1974) und *Motherlines* (1978), die zu den wichtigsten (und im Falle von *Motherlines* zu den beliebtesten) Beiträgen zur feministischen Science Fiction gehören. Nach fast fünfzehn Jahren erschien 1994 endlich der dritte Band *The Furies* (Short List 1994). Fünf Jahre später schloss Charnas dann die Reihe mit dem Roman *The Conquerer's Child* ab, der mit dem 1999 *Tiptree Award* ausgezeichnet wurde.

In *Walk to the End of the World* wurde das Konzept des Patriarchats, der Herrschaft der Väter, weiterentwickelt zu einer Herrschaft der alten Männer, die sich nicht mehr als Väter sehen. Nach einer zivilisationszerstörenden Katastrophe (»The Wasting«) herrschen in einer Enklave (»Holdfast«) die älteren Männer (»die Senioren«), die jüngeren Männer (»die Junioren«) arbeiten und die Frauen (»Fems«) sind ausgebeutete Sklaven, die als Untermenschen gesehen werden. Mit *Walk* wollte Charnas ursprünglich eine Satire auf den damaligen Ethos der Nixon-Ära schreiben: drei männliche Außenseiter suchen ihre Bestimmung in einer post-apokalyptischen Welt, in der Homosexualität, Drogenkonsum und Kommunalismus die Norm sind. Während des Schreibens wurde ihr der Sexismus der Geschichte immer bewusster, und unwillkürlich entwickelte sich ein zweiter Handlungsstrang um die Sklavin Alldera (Charnas 1981 zitiert nach [9], [10]). Am Ende von Walk flieht die schwangere Alldera allein in die Wildnis.

In *Motherlines* wird Alldera nach wochenlangem Herumirren von den Riding Women gerettet. Die Riding Women sind Nomaden, die sich unter Zuhilfenahme von Pferdesamen mittels Klonen fortpflanzen. Ihrer hierarchiefreien Gesellschaft wird die Gruppe ehemaliger Sklavinnen, die Free Fems, gegenübergestellt, die aus Holdfast fliehen aber die dort erlernten Verhaltensweisen nicht abstreifen konnten. Alldera lebt zuerst bei den Riding Women, dann bei den Free Fems und schließlich bei einer allein lebenden Free Fem, die sich der Kräuterkunde und den Ritualen eines selbstentwickelten Göttinnenkults verschrieben hat. Nach mehreren schwierigen Jahren gelingt es Alldera, eigene Pferde zu fangen und zuzureiten und bringt so schließlich die beiden Gruppen – die Riding Women und die Free Fems – einander näher. *Motherlines* ist wohl der erste Science Fiction (und vielleicht das erste Buch überhaupt), in dem kein einziger Mann in Erscheinung tritt. Dennoch ist, wie Sarah LeFanu [9, S. 164] betont, die gebotene Vision keine essentialistische: »Die Frage danach, wie Frauen und Männer von ›Natur‹ aus sind, stellt sich nicht; ausnahmsweise wurden Frauen – in der Literatur – aus gesellschaftlichen Beschränkungen befreit.«

Mit *Motherlines* galt die Geschichte von Holdfast jahrelang als abgeschlossen. Doch im dritten Holdfast-Roman setzt sich die Geschichte unerwartet (?) gewalttätig fort. In *The Furies* macht sich Allderas Armee aus Free Fems – verstärkt durch einige Riding Women – auf, die Fems in Holdfast zu befreien. Doch der Einmarsch der Befreiungsarmee ist so – wie eine Rezensentin schrieb –, »als ob eine Gruppe von Radikalfeministinnen der 70er auf einmal an einem heutigen Arbeitsplatz auftauchen und sich fragen würde, was denn zum Teufel all diese aufgedonnerten Frauen in den Management-Büros machen« [11]. Denn Holdfast hat sich verändert. Ein Bürgerkrieg hat die soziale Struktur geschwächt, die Männer sind stärker auf die Frauen angewiesen. Infolgedessen werden die Fems sehr viel besser behandelt als früher, obwohl sie immer noch Sklavinnen sind. So wollen längst nicht alle befreit werden, manche schlagen sich auf die Seite der Männer.

Allderas Armee siegt und nimmt blutige, grausame Rache. Danach stellt sich die Frage, wie die neue Gesellschaft aussehen soll. Männer müssen ein Teil davon sein, denn im Unterschied zu den Riding Women brauchen die Fems Männer, um Kinder zu bekommen. Außerdem sind einige Fems sexuell durchaus an Männern interessiert (Homosexualität ist in Holdfast bei Männern und Frauen die Norm). Die Frauen verfallen auf die »bewährten« Mittel Sklaverei und Willkür, wodurch sie sich durch die Vergangenheit gerechtfertigt fühlen. »Das Dogma des Ex-Sklaventums sagt ihnen, dass sie nie im Unrecht sein können« [12]. Es kommt zu Machtkämpfen und schließlich zu einem Putsch gegen Alldera, der erst im letzten Moment und mit Hilfe von Eyker, einem Mann aus Allderas Vergangenheit, vereitelt wird.

Furies schockiert durch seine Aggressivität und Gewalt, die im Laufe der Geschichte mehr und mehr eskaliert. *Furies* zeigt, wie schwer es ist, vergangenes Unrecht zu verzeihen und wie Unterdrückte zu Unterdrückern werden, da sie gar keine anderen Verhaltensweisen kennen. Die Darstellung greift dabei in vieler Hinsicht auf die Entwicklungen in den Ländern Afrikas und Südamerikas nach den verschiedenen Befreiungskriegen zurück. Die Erkenntnis des Buches scheint ganz klar: Frauen an der Macht verhalten sich nicht anders wie Männer an der Macht.

Furies endet mit einem zerbrechlichen Frieden und der vagen Hoffnung, dass die Frauen und Männer mit der Zeit eine bessere Gesellschaft aufbauen werden. *The Conquerer's Child* spielt zehn Jahre später. Die Holdfast-Gesellschaft wird von den Frauen beherrscht, die Männer sind Sklaven. Sie werden zwar besser behandelt, als die Fems früher, doch kommt es immer wieder zu willkürlichen Übergriffen – insbesondere durch Veteraninnen des

Freiheitskampfs –, die nicht oder nur wenig geahndet werden. Nachts werden die Männer in Gemeinschaftsunterkünften eingesperrt. Daneben gibt es privilegierte Männer, die als zuverlässig gelten und bestimmten Frauen zugeteilt sind, die für sie die Verantwortung tragen. Ständig wird diskutiert, wie mit den Männern umgegangen werden soll. Etliche Frauen haben Söhne geboren und wollen nicht, dass sie irgendwann mit allen möglichen Konsequenzen versklavt werden. Die Gemeinschaft in den Sümpfen von Bayo praktiziert »eine barbarisch einfache Lösung für [das] komplizierte Problem« (S. 92). Nach der Pubertät und nach einer Zeit als »Zuchthengst« werden dort die jungen Männer kastriert.

Nach mehr als zehnjährigem Herumirren in der Wildnis kehrt eine Gruppe Holdfast-Männer zurück. Sie bringen Frauen und Kindern mit, die sie im Norden von Holdfast bei einem Überfall auf die »Pool Towns« gefangengenommen haben. Dies bringt die Verhältnissen in Holdfast aus dem labilen Gleichgewicht, da die Männer eine Chance sehen, wieder die Oberhand zu bekommen. Wie sich zeigt, stellt die Gruppe zu keinem Zeitpunkt eine wirkliche Gefahr dar, doch wird die Loyalität von einigen auf eine schwere Probe gestellt, und etliche Menschen werden getötet. Für die Holdfast-Gesellschaft sind es kathartische Ereignisse. Die Männer realisieren, dass es für sie keinen Weg zurück gibt, und die Holdfast-Frauen werden mit den Frauen aus den Pool Towns konfrontiert, die an gemäßigte patriarchale Verhältnisse gewöhnt sind und Homosexualität für abnorm halten. Dazu kommt noch, dass die Pool Town-Frauen schwarz sind, während die Holdfaster durchweg weiß sind. Auch bei den Riding Women gibt es nur vereinzelt schwarze Frauen. Der Holdfast-Gesellschaft wird bewusst, dass es auch andere Unterschiede als die zwischen Männern und Frauen gibt, die zur Diskriminierung führen können. Die Holdfast-Reihe zeichnet sich dadurch aus, dass sie die Frauenbewe-gung über dreißig Jahre begleitet hat. Während im ersten Buch die sexistischen Verhältnisse zuerst gar nicht das Thema sein sollten, wurde im zweiten eine Gesellschaft starker, unabhängiger, kompetenter Frauen ein-geführt, die Unterdrückung und ihre Auswirkungen auf die Psyche nicht kannten und deshalb den Free Fems voller Unverständnis gegenüber stehen. Das wirkte Ende der siebziger Jahre befreiend und bestärkend, wes-halb Motherlines oft als feministische Utopie bezeichnet wurde, obwohl Charnas selbst diese Meinung nicht teilte. Doch ist es eine Utopie im von Joanna Russ definierten Sinne, dass diese Gesellschaft zwar nicht perfekt, aber aus feministischer Sicht allemal besser als die heutige ist [13]. The Furies führte vor, wie ein gewaltsamer Umbruch verlaufen könnte und wie schwierig es ist, gemeinsam eine neue Gesellschaft ohne die alten Mängel aufzubauen, wenn man vom erlittenen Unrecht durchdrungen ist und die alten Verhaltensweisen nicht wirklich in Frage stellen sondern nur umkehren möchte. *The Conquerer's Child* vertiefte die Analyse dieser Aspekte noch und zeigte, dass man Gewalt und Brutalität hinter sich lassen kann, auch wenn es schwer ist. Bezeichnenderweise endet *Child* damit, dass die Riding Women zusammen mit Alldera weiter nach Westen ziehen und in Holdfast zu einer Legende werden.

Ammonite von Nicola Griffith

Motherlines war der erste SF-Roman ohne Männer. *Ammonite* (1993) von Nicola Griffith ist der zweite und ist ähnlich beliebt. In *Ammonite* wird der Planet »GP« (»Jeep«) wiederentdeckt, auf dem sich mehrere hundert Jahre zuvor Menschen angesiedelt haben. Der von der übermächtigen Handelsgesellschaft »Company« ausgesandte Expeditionstrupp aus SoldatInnen und WissenschaftlerInnen stellt fest, dass auf Jeep nur Frauen leben. Bevor sie das Geheimnis näher untersuchen können, erkranken alle Expeditionsmitglieder schwer. Keiner der Männer und nur 75% der Frauen überleben die durch einen Virus hervorgerufene Krankheit. Jeep wird unter Quarantäne gestellt. Die Xenobiologin und Linguistin Marghe Taishan wird für sechs Monate als Versuchskaninchen für ein Gegenmittel auf den Planeten geschickt. Marghe hat in der Vergangenheit mehr als schlechte Erfahrungen mit der Company gemacht, doch sie lässt sich auf den Deal ein, da sie die Menschen auf Jeep erforschen möchte.

Auf Jeep naht der Winter, doch das hält Marghe nicht davon ab, ins ferne Ollfoss aufzubrechen, wo die Menschen von Jeep vermutlich ursprünglich gelandet sind. Auf ihrer Reise lernt sie die Gesellschaft von Jeep kennen, die völlig von Trata geprägt ist. Trata ist »Handel als der erste Schritt auf einer Reise, dessen Ergebnis unsicher war, ein Eröffnungszug in einem Spiel, das Generationen andauern könnte. Trata konnte zwischen zwei Personen, zwischen zwei oder mehr »kiths« [Großfamilien], zwischen verschiedenen Gemeinschaften bestehen; oft traf alles drei zu, wobei jeder Austausch auf andere im Netz zurückstrahlte.« (S. 62).

Auf ihrer Reise durch das Gebiet der Echraidhe, eines Reiter- und Herdenvolks, fällt Marghe in deren Hände. Sie wird verschleppt und zwangsweise in den Stamm integriert, der aufgrund einer nahenden Eiszeit immer mehr Schwierigkeiten hat, seine alte Lebensweise aufrechtzuerhalten. Uaithne, eine dem Wahnsinn verfallene Echraidhe, sieht in Marghe ein Zeichen der Todesgöttin für den heiligen Krieg. Beim Ausbruch der ersten Kämpfe mit dem Nachbarstamm gelingt Marghe die Flucht. Auf dem Weg durch die Eiswüste kommt sie während eines Blizzards fast ums Leben. Sie wird in letzter Minute gerettet und von einer Familie nahe Ollfoss gesund gepflegt. Nachdem sie ebenfalls die Viruskrankheit bekommen und überlebt hat, wird sie ein Mitglied der Familie. Wie ihre neue Geliebte Thenike wird sie eine viajera, eine Reisende, die Nachrichten weitervermittelt, Geschichten erzählt und Recht spricht. Zusammen mit Thenike gelingt es ihr, den Krieg, den Uaithne mit den Echraidhe inzwischen gegen die anderen Völkern auf Jeep führt, zu beenden.

Jeep wird nicht als nostalgisch verklärte utopische Frauengesellschaft dargestellt. Frauen aller Couleur werden präsentiert: weise Führerinnen, geschäftige Handelsfrauen, gutmütige Wirtinnen, überforderte Kommandantinnen, Diebinnen und Mörderinnen. Ein Thema zieht sich durch das ganze Buch: die Bedeutung von Netzwerken. Marghe als auch die verbleibenden Mitglieder der Expedition als auch die Echraidhe wollen sich nicht als Teil eines Netzes gegenseitiger Abhängigkeiten sehen. Die Company-Expedition sieht sich als technologisch Überlegene und kann keinen Vorteil im Rahmen von Trata für sich entdecken. Die Echraidhe haben sich von den anderen Gruppen auf Jeep isoliert und praktizieren ebenfalls kein Trata. Marghe wird zu Beginn als Außenseiterin dargestellt. Professionelle Distanz ist ihre Überlebensstrategie. Sie müssen alle im Laufe des Romans ihre Einzelgänger-Position aufgeben, um überleben zu können.

Ammonite ist feministische Science Fiction im klassischen Stil, doch ist es ein unauffälliger, zurückhaltender Feminismus. Im Unterschied zu früherer feministischen Science Fiction wie z.B. *Walk to the End of the World* oder *The Female Man* sehen die Frauen Männer nicht als Unterdrücker (es ist allerdings nicht so, dass in der Welt der Company die Gleichstellung erreicht ist, die Verhältnisse ähneln vielmehr den heutigen). Die Tatsache, dass keiner der Männer des Expeditionstrupps überlebte, wird von den Frauen nicht bejubelt, sondern als geschlechterfragen-unabhängiges Problem gesehen. Das hat den Effekt, dass – wie Gwyneth Jones es formulierte – »die Welt ohne Männer im gleichen Maße zu einer Welt ohne Frauen wird« [14]. ›Frauen sind Menschen‹ könnte man als Botschaft des Romans zusammenfassen. Die *Tiptree*-Jurorin Ursula Le Guin drückte es so aus: *Ammonite* »beantwortet die Frage ›Wenn man das Geschlecht wegnimmt, was bleibt übrig?‹ (eine ganze Welt, ist die Antwort)«. *Ammonite* wurde oft mit *The Left Hand of Darkness* verglichen [15]. Parallelen sind insbesondere die Reise durch die Eiswüste, die Botschafter oder AnthropologInnen, die allein auf den Planeten geschickt werden, sowie die vom »Erdenstandard« abweichende Geschlechterbiologie. Die beiden letzteren Punkte treffen auch auf *The Woman of the Iron People* (1991) von Eleanor Arnason zu.

The Woman of the Iron People von Eleanor Arnason

Nia, eine Schmiedin, ist die Frau des »Eisen-Volkes«, eine von mehreren

Gemeinschaften, die auf einem erdähnlichen Planeten im Sternsystem Sigma Draconis leben – 18,2 Lichtjahre von der Erde entfernt. Die Eingeborenen dieses Planeten leben in kleinen Dörfern zusammen und betreiben einen regen Tauschhandel. Doch halt, nicht alle leben in den Dörfern. Sobald sie in die Pubertät kommen, müssen die Jungen die Gemeinschaft verlassen, da sie zu aggressiv, zu asozial werden und nicht mehr in Gruppen zusammenleben können. Bis sie alt sind und ihr Sexualtrieb erloschen ist, leben sie als Einsiedler verstreut um die Dörfer der Frauen, Kinder und Alten. Im Frühjahr kommen die Frauen in Hitze, sie gehen in die Wildnis, bis sie auf einen Mann treffen, mit dem sie sich paaren. Sex ist ein rein triebgesteuerter Vorgang und hat nichts mit Liebe zu tun.

Mehrere AnthropologInnen eines Expeditionsschiffs von der Erde machen sich auf, die Eingeborenen zu erforschen. Eine davon ist Lixia, die auf Nia trifft, die als Perverse (sie lebte als Paar mit einem Mann zusammen) von ihrem Dorf verbannt wurde. Auf ihrer gemeinsamen Reise, auf der sich ihnen bald noch ein Anthropologe sowie ein eingeborener Mann anschließen, lernen sie die verschiedensten Eingeborenen – Frauen und Männer – kennen, alle mit ihrer eigenen Lebensweise und Geschichte. Zusammengenommen zeigen sie, dass dieses Volk doch nicht so homogen und so biologisch festgelegt ist, wie es auf den ersten Blick scheint.

Dem Planetenvolk gegenübergestellt sind die Menschen des Expeditionsschiffs, die von der Erde des 22. Jahrhundert zu diesem Sternensystem gereist sind. Die Gesellschaft der Erde hat sich nach der globalen Umweltkatastrophe am eigenen Schopf aus dem Sumpf gezogen und kommt einer pluralistischen, sozialistischen Utopie recht nahe. Die offensichtliche Überzeugung der Expeditionsmitglieder, am natürlichen End- (und Höhe-) Punkt einer geschichtlichen Entwicklung zu stehen, irritiert, doch wird sie in den letzten Kapiteln als Illusion entlarvt.

Dieser eher handlungsarme, anthropologische Science Fiction-Roman überzeugt durch seine detaillierte und konsistente »Weltenschöpfung« (world-building). Die erste Tiptree-Jury lobte den Humor und den Einfallsreichtum der Geschichte und würdigte die Analyse der Auswirkungen eines »mammalian psycho-sexual wiring« mit dem 1991 *Tiptree*.

The Matter of Seggri von Ursula K. Le Guin

Die Meisterin der anthropologischen Science Fiction ist natürlich Ursula Le Guin. Ihre Erzählung *The Matter of Seggri*, die in Le Guins Hainish-Universum spielt, ist eine Zusammenstellung mehrerer Texte, die die sich wandelnden Geschlechterverhältnisse auf dem Planeten »Seggri« im Verlauf mehrerer Jahrhunderte beschreiben. Da gibt es den Bericht des kurzen ersten Kontakts zwischen Seggri und einem Nomaden-Raumschiff, den Bericht der ersten Ekumen-Anthropologin, die Seggri bereist, die Memoiren einer Seggri-Frau, die Kurzgeschichte einer Autorin der Seggri und abschließend die autobiographische Skizze eines Seggri-Mannes, der ein Gesandter der Ekumen wurde.

Seggri ist ein Matriarchat, in dem die zahlenmäßig unterlegenen Männer in hierarchisch organisierten Burgen zusammenleben. Sie werden von den Frauen mit allen materiellen Dingen versorgt, doch dürfen sie die Burgen nicht verlassen, und abgesehen vom Zeugen von Kindern in den »Fuckeries« haben sie keine Aufgabe. Sie verbringen ihre Zeit mit Schönheitspflege, sportlichen Wettkämpfen, Intrigen und Kämpfen um die Macht innerhalb ihrer Burg. Ironischerweise werden sie von den Männern des Raumschiffes, das als erstes Kontakt mit Seggri hat, aufgrund ihrer prächtigen Gewänder und ihres repräsentativen Auftretens als die Herrscher angesehen, während die Frauen in ihrem Bericht als graue Arbeitstiere dargestellt werden, die den Park der Männer nicht betreten dürfen. Im Laufe der verschiedenen Berichte wird offensichtlich, wie falsch dieses Bild ist. Endgültig werden der Leserin die Augen durch die Erzählung des späteren Ekumen-Gesandten geöffnet, der in einem der Männerhäuser aufwuchs.

The Matter of Seggri wurde mit dem 1994 *Tiptree Award* ausgezeichnet. Die Tiptree-Jury bezeichnete die Erzählung als »ein Tor – einen mentalen Hypertext – zu vielen anderen Geschichten [der feministischen Science Fiction]« (Brian Attebery) und als »Benutzerhandbuch dafür, wie Geschlechterthemen mittels Science Fiction untersucht werden können« (Ellen Kushner).

China Mountain Zhang von Maureen F. McHugh

Doch beschränkt sich die »Untersuchung von Geschlechterthemen in der Science Fiction« bei den *Tiptrees* nicht nur auf die Analyse von Gesellschaften mit einer anderen Geschlechter-Biologie oder -Arbeitsteilung. Oftmals werden vielmehr Frauen und Männer in nicht traditionellen Rollen dargestellt. Ein Beispiel dafür ist *China Mountain Zhang* (1992) von Maureen F. McHugh.

China Mountain Zhang spielt im 22. Jahrhundert, in dem China die USA schon lange als Weltmacht abgelöst hat. Die USA ist zu einem Satellitenstaat des sozialistischen Chinas abgesunken. Der Episodenroman erzählt, wie sich der »American Born Chinese« (= »ABC«) Zhang zuerst als Bautechniker in New York, dann auf einer Forschungsstation am Polarkreis, später beim Studium in China und danach wieder in New York durchs Leben schlägt. Dabei muss er verbergen, dass er schwul ist, denn diese Zukunft ist homophob und schickt ihre schwulen Männer ins Arbeitslager zur Umerziehung.

Zu Beginn des Romans ist Zhang ein passiv veranlagter, entfremdeter Protagonist mit einem geringen Selbstwertgefühl. Zum Wendepunkt wird für ihn der Aufenthalt in der Arktis, bei dem er im Laufe der monatelangen Nacht mehr und mehr der Depression verfällt. Erst als er bei einem Außengang fast ums Leben kommt, wird er aufgerüttelt. Von diesem Moment an beginnt Zhang sein Leben aktiver zu gestalten. Er verlängert den Arktisaufenthalt und erwirbt so das Anrecht auf einen Studienplatz im technologisch fortgeschrittenen China. Dort erlernt er »organisches Ingenieurswesen«, eine vom Taoismus geprägte holistische Methode der Architektur, die den zu planenden Bau als Organismus mit Nervensystem, Zirkulation und Muskulatur auffasst (S. 244-5).

Doch dreht sich die Geschichte nicht nur um Zhang, sondern es werden auch Episoden aus dem Leben anderer Personen geschildert: z.B. von Engel, der Drachenfliegerin, von Sanxiang, einer jungen Frau, deren Leben aufgrund einer seltenen Knochenkrankheit von ihrer Hässlichkeit bestimmt wird, und von Martine, Alexi und Theresa, die in einer Kommune auf dem Mars leben.

Die beschriebene Zukunft ist sozial wie technologisch detailliert und konsistent extrapoliert und gehört in diesem Sinne zur »harten« Science Fiction [16]. Dominiert wird die Erzählung jedoch von den einfühlsam gezeichneten Charakteren. Die handelnden Personen sind keineswegs »Shakers and Movers«, sondern einfache Menschen, die mit ihrem jeweiligen Schicksal fertigwerden müssen, ohne das Rad der Geschichte beeinflussen zu können.

Larque on the Wing von Nancy Springer

Ganz anders wird die Entwicklung eines Charakters und dessen Selbstverwirklichung von Nancy Springer in *Larque on the Wing* (1994) dargestellt. Larque lebt mit ihrem Mann Hoot und ihren drei Söhnen in einer amerikanischen Kleinstadt. Ihren Lebensunterhalt verdient sie mit dem Malen kitschiger Bilder, die in Souvenirläden an Touristen verkauft werden. Sie ist gerade vierzig geworden und ihre Midlife-Crisis äußert sich darin, dass sie eine Doppelgängerin von sich selbst »herbeidenkt«. Ihre Doppelgängerin (Skylark) ist sie als rotznäsige Zehnjährige, die lautstark und penetrant ihre Unzufriedenheit mit ihrem jetzigen Leben zum Ausdruck bringt.

Larque ist nicht die einzige in der Familie mit ungewöhnlichen Fähigkeiten. Ihre Mutter Flonnie ignoriert alles, was nicht in ihr enges Weltbild passt. Dabei ist ihre Wahrnehmung so bestimmend, dass sie unbewusst durch

Augenblinzeln die Personen um sich herum in für sie akzeptable Charaktere verwandelt. Larques schwuler Vater Argent hat vor Jahren ihre Mutter verlassen, nachdem er bei einem Treffpunkt für schnelle und heimliche Sexualkontakte den schönen Cowboy Shadow kennenlernte, der ihn ebenfalls in einen schönen Cowboy verwandelt hat und mit dem er jetzt in der »Popular Street« lebt. Popular Street ist zum einen das Ghetto der Schwulen und Andersartigen der Stadt, zum anderen das verwunschene Land, das Kleinstadtspießern verschlossen bleibt.

Auch Larque wird von Shadow während eines »Magic Makeovers« in einen jungen Mann, Lark, verwandelt. Larques Sehnsucht danach, ein Mann zu sein, entspringt ihrer Erfahrung, als Frau keine Entfaltungsmöglichkeiten zu haben und statt dessen auf eine enge Rolle festgelegt zu sein. Lark ist von der Veränderung begeistert, ihr Mann Hoot weniger. Während Lark Popular Street unsicher macht, lebt eine weitere ihrer Doppelgängerinnen, von Larks Mutter in das Stereotyp einer spießigen Hausfrau verwandelt, bei ihrer Familie und zettelt schließlich eine Demo »anständiger Bürgerinnen« gegen die Popular Street an. Schließlich löst sich alles auf. Larque – nun wieder in eine Frau, wenn auch eine schlanke, verwandelt – klärt das Verhältnis zu ihrer Mutter, findet sich selbst und kehrt in ihre dankbare Familie zurück. Shadow findet heraus, woher er kommt, und Argent verwandelt sich wieder in einen älteren Mann.

Der Juror Brian Attebery schrieb über Larque:

> »Was Fantasy am besten kann, ist das Innere der Dinge zu nehmen und sie als das Äußere auszudrücken. Ein Ent ist das Innere eines Baums, eine Bestie ist das Innere eines Prinzen (und umgekehrt). Nancy Springer hat diese Eigenschaft der Fantasy genutzt, um das Innere von Geschlecht und Sexualität darzustellen. Sie zeigt, dass das Innere der Intoleranz die Furcht ist, das Innere der Kunst das Erzählen der Wahrheit und das Innere einer Frau eine ganze Besetzung an Charakteren jeglichen Alters und Geschlechts.«

Black Wine von Candas Jane Dorsey

Ganz anders gelagert ist *Black Wine* von Candas Jane Dorsey. Der Dreh- und Angelpunkt dieser komplexen Geschichte sind über fünf Generationen die Beziehungen zwischen Tochter und Mutter. Der Roman besteht aus zwei bis drei Handlungssträngen, die nicht chronologisch erzählt sondern wie ein Zopf ineinander verwoben sind. Eine Sklavin, die ihr Gedächtnis verloren hat, kommt in den Palast des Regenten, der dafür bekannt ist, seine SklavInnen in grausamen und abartigen Sexspielchen zu missbrauchen. Dort hat sie eine Liebesbeziehung zu einem anderen Sklaven. In einem anderen

Handlungsstrang sucht eine junge Frau ihre Mutter und reist dafür von Land zu Land. In den »Remarkable Mountains« verliebt sie sich und geht eine Dreierbeziehung mit einem Mann und einer Frau ein, wie es dort nicht unüblich ist. Doch sie kann ihre Suche nicht aufgeben, zieht weiter und wird schließlich von einer feindseligen Mannschaft aus einem Luftschiff geworfen.

Im dritten Handlungsstrang wachsen zwei Schwestern im Palast der Herrscherin, ihrer Großmutter, auf, die sie bei grausamen und abartigen Sex beobachten. Sie fliehen, finden eine neue Heimat, heiraten und müssen schließlich weiterziehen, um die Tochter der einen (die sie zurücklassen) zu beschützen. Erst relativ spät in der Geschichte wird klar, dass die Sklavin mit Amnesie die junge Frau ist, die ihre Mutter suchte und aus dem Luftschiff fiel. Ihre Mutter ist eine der Schwestern, die vor ihrer Großmutter floh. Die junge Frau ist jetzt nach dem Tod ihrer Urgroßmutter die eigentliche Herrscherin des Landes. Ihr Auftauchen und ihre Geschichte lösen eine Revolution aus, doch sie verlässt das Land wieder und findet schließlich ihre Mutter, die inzwischen wahnsinnig ist, weil man ihre Schwester vor ihren Augen gekreuzigt hat.

Der Leserin wird von diesem Buch viel abverlangt, da sie die Bedeutungen, Beziehungen, und Personen und die Handlung »wie ein Puzzle« zusammensetzen muss [17]. Zur Verwirrung trägt dabei noch bei (abgesehen davon, dass einige Personen nicht mehr wissen, wer sie sind), dass viele Figuren erst relativ spät im Buch einen Namen bekommen. Zuerst werden sie nur nach ihrer Funktion oder Rolle benannt (»waif«, »old woman«, »regent«, »trader«). Nur Personen, die eine Identität entwickelt haben, werden beim Namen genannt [18].

Die Gewalt in diesem Buch, auch die sexuelle Gewalt, ist im Vergleich zu dem, was heute generell gezeigt oder beschrieben wird, nichts ungewöhnliches. Doch kann sich die Leserin nur schwer von der Erzählung distanzieren, daher haben die Gewaltszenen eine starke emotionale Wirkung [18]. Selten auch wurden in der Science Fiction Sexszenen – gewalttätige wie einvernehmliche – so explizit beschrieben.

Es fällt schwer, dieses Buch auf einen Nenner zu bringen. Dysfunktionale Beziehungen zwischen Müttern und Töchtern wie auch Liebe und Verlassenwerden sind zentrale Themen. Ein Rezensent bezeichnete Black Wine als »sehr weibliches Buch«, da alle Personen, aus deren Perspektive die Geschichte jeweils erzählt wird, Frauen sind und die Themen und Probleme, mit denen sie sich auseinandersetzen müssen, in der Regel Männer weniger betreffen [18].

Dorsey meinte dazu: »Mir wurde im nachhinein klar, dass der Grund, aus dem Black Wines Generationen nur aus Frauen bestehen, der war, das

Geschlecht selbst unsichtbar zu machen, so dass ich andere Kräfte betrachten konnte. Daher sind alle Generationen von Essas Familie Frauen, so dass Themen wie Gut und Böse, Aktivität und Passivität, etc. vom Geschlecht befreit würden« [19]. Interessanterweise hat Dorsey also einen ähnlichen Effekt wie in Ammonite angestrebt, nämlich Frauen jenseits ihres Geschlechts darzustellen.

Chroniques du pays des mères von Élisabeth Vonarburg

Eines der Themen der Frauenbewegung wie auch der feministischen Science Fiction in den siebziger Jahren war die geschlechtsgerechte Sprache. Ursula Le Guin wurde kritisiert, weil sie für die »Zwittermenschen« in *Left Hand of Darkness* männliche Pronomen verwendete [20, 21]. Marge Piercy kreierte in ihrer Utopie *Woman on the Edge of Time* das geschlechtsneutrale Pronomen »per«. Und in Suzette Haden Elgins *Native Tongue* (1984) wurde eine Frauensprache geschaffen, die schließlich die Welt veränderte. In *Chroniques du pays des mères* (1992) drehte Élisabeth Vonarburg (Short List 1992) den Sexismus der Sprache um. In der Gesellschaft von »Chroniques« gibt es nur wenige Männer, die auf die Rolle von Samenspendern reduziert sind. Entsprechend ist in der Sprache die weibliche Form die dominante für alle Sprachelemente (Substantive, Pronomen, Partizipien, etc.). So heißt es nur dann »ils«, wenn ausschließlich Männer gemeint sind, sonst wird »elles« verwendet; »l'enfante« ersetzt »l'enfant« (Kind) usw. [22]. In der deutschen Übersetzung ist diese Feminisierung der Sprache weniger offensichtlich als im Original. Die Übersetzerin ins relativ geschlechtsneutrale Englisch, Jane Brierley, behalf sich mit der Schaffung neuer femininer Endungen für Substantive (z.B. »childe«) [23].

Weitere Aspekte

Auch feministische Märchen finden sich auf den Short Lists. Besonders bemerkenswert ist dabei *Kissing the Witch* (1997) von Emma Donoghue (Short List 1997), die die klassischen Märchen neu interpretierte. Dabei wird die jeweilige Geschichte entweder aus einer anderen Sicht – z.B. der der bösen Stiefschwester – erzählt oder der Geschichte eine ganz neue Wendung gegeben, wenn z.B. Aschenbrödel zum Schluss nicht den Prinzen heiratet, sondern sich in die gute Fee verliebt und sich mit ihr davon macht.

Auch die so genannte »alternative Geschichte« ist vertreten. In *Ash: A Secret History* (2000) zeigt Mary Gentle (Short List 2000) zum Beispiel Frauen des Mittelalters, die nicht nur als Burgfräuleins und Marketenderinnen in Erscheinung treten, sondern auch als Söldnerinnen mitmischen.

Ash, die ein Söldnerheer anführt, ist die Antwort auf das Klischee der jungfräulichen und vom Glauben durchdrungenen Jeanne d'Arc. Sie ist schön, aber vernarbt und verlaust, hat sich als Kind als Prostituierte durchgeschlagen, flucht und tötet ohne Gewissensbisse und hat Charisma für drei.

Wie bereits kurz dargestellt wird der Cyberpunk von vielen als »maskulinistisches« Projekt mit wenigen starken weiblichen Charakteren betrachtet [24]. Die Jury des 1991 *Tiptree* teilte offensichtlich diese Meinung und wertete *White Queen*, *Sarah Canary* von Karen Joy Fowler und *He, She, and It* von Marge Piercy als »feministische Antwort« auf acht Jahre Cyberpunk. Von diesen drei Romanen kann aber nur *He, She, and It* zum Cyberpunk gezählt werden. Die Jury attestierte Piercy, dass sie die Protagonistinnen nicht als »sleazoid-underworld-street-samurai« darstellte, sondern dass ihre Version des Cyberpunk die Fragen der Frauen an die Zukunft beantworten würden. Die Liste der Cyberpunk-Tiptrees kann sonst nur noch um *Trouble and her Friends* (1994) von Melissa Scott (Short List 1994) erweitert werden. Interessanterweise zählte Karen Cadora in ihrem Artikel zum feministischen Cyberpunk noch *China Mountain Zhang* dazu, doch ist das nur möglich, wenn man dieses Subgenre sehr weit fasst [24].

»Richtige« Utopien à la *Woman on the Edge of Time* finden sich bei den *Tiptrees* nur wenige. Ein Beispiel ist *The Dazzle of Day* (1997) von Molly Gloss (Short List 1997) über eine Quaker-Gesellschaft in einem Raumschiff auf der Suche nach einem besiedelbaren Planeten. Auch *Red Mars* (1992) von Kim Stanley Robinson (Short List 1992) beschreibt zum Teil den Versuch, auf dem Mars eine neue, utopische Gesellschaft zu gründen. 1998 erschien die Anthologie *Flying Cups and Saucers* [25], in der (mit einer Ausnahme) alle Erzählungen und Kurzromane der ersten fünf Jahre des *Tiptree* (Gewinner und Short List) versammelt sind. Es fällt auf, das darin vier von 13 Geschichten von zweigeschlechtlichen Wesen handeln. Nalo Hopkinson wies darauf hin, dass dieses Übergewicht ein Hinweis darauf sein könnte, dass nicht nur die Geschlechterrollen neu gedacht werden, sondern das Geschlecht an sich in Frage gestellt wird [26].

Die Tiptrees in der Gesamtschau

Der *Tiptree* bezieht sich auf Veröffentlichungen des Vorjahres in englischer Sprache. Dabei werden im Prinzip auch Übersetzungen berücksichtigt, doch kam dies bisher nur wenig zum Tragen. Beispiele waren bisher der Roman *Chroniques du pays des mères* der Franko-Kanadierin Élisabeth Vonarburg und die Erzählsammlung *The Woman with the Flying Head and Other Stories* von Yumiko Kurahashi, die 1999 aus dem Japanischen ins Englische übersetzt wurde.

Wie auch die Science Fiction an sich werden die *Tiptrees* von den US-AmerikanerInnen dominiert. Von 15 *Tiptrees* gingen zwei an Britinnen (Gwyneth Jones, Nicola Griffith) und einer an eine Anglo-Kanadierin (Candas Jane Dorsey). Bei den Short Lists beträgt der britische Anteil fast ein Viertel, der kanadische ein Zehntel und der australische ein Zwanzigstel.

Bisher wurde nur ein Mann mit dem *Tiptree* ausgezeichnet (1995 Theodore Roszak). Raphael Carter (1998 *Tiptree*) hat klargestellt, dass er/sie sich keinem Geschlecht zuordnen lässt [27]. Auf den Short Lists sind Autoren zu fast einem Drittel vertreten, aber bisher gaben die Tiptree-Jurys den Autorinnen fast immer den Vorzug.

Nur Ursula Le Guin hat den *Tiptree* bisher mehrfach erhalten, doch finden sich die meisten Gewinner wiederholt auf den Short Lists. Überhaupt tauchen einige Namen immer wieder auf. Spitzenreiterinnen sind neben Le Guin (5) Eleanor Arnason (4), Gwyneth Jones (4), Suzy McKee Charnas (3), L. Timmel Duchamp (3), Kit Reed (3), Lisa Tuttle (3) und Nalo Hopkinson (3).

Wenn man nur grob zwischen Science Fiction und Fantasy unterscheidet, sind fast alle der ausgezeichneten Werke[4] der Science Fiction zuzuordnen. *Larque on the Wing*, *Waking the Moon* und *Wild Life* sind Fantasy. Interessanterweise gehören die ersten beiden zur Subgruppe »zeitgenössische« Fantasy, wogegen *Wild Life* im »Wilden Westen« spielt. *Black Wine* wird zwar als Fantasy verkauft, doch gibt es tatsächlich nur ein vereinzeltes phantastisches Element. Die sonst so populäre »keltische« Fantasy, die sich in Nachfolge von Bradleys Bestseller *The Mists of Avalon* entwickelt hat, wie auch die sonst dominierende »Sword and Sorcery«-Fantasy treten bei den *Tiptrees* überhaupt nicht in Erscheinung. Entweder bietet die Fantasy – insbesondere die beiden letzteren Varianten – den AutorInnen weniger Möglichkeiten, »gender-bending«-Werke zu schreiben oder die AutorInnen haben das Potential dazu noch nicht genutzt oder die Tiptree-Jurys haben keinen Zugang zu den feministischen Elementen in der veröffentlichten Fantasy gefunden.

Die mit dem *Tiptree* ausgezeichneten Werke haben zu einem beträchtlichen Teil auch andere SF-Preise erhalten (7 von 15) oder wurden zumindest für diese nominiert (10 von 15). Dies kann als Beleg für die hohe Qualität der ausgezeichneten Werke oder zumindest ihre Popularität gelten. Von der SF-Gemeinde sonst gar nicht beachtet wurden *Larque on the Wing*, *The Memoirs of Elizabeth Frankenstein*, *Travels with the Snow Queen*, *The Conquerer's Child sowie Wild Life*. Diese Werke sind alle in SF-Kreisen weniger bekannt und populär (wichtige Gesichtspunkte für z.B. *Hugo* und *Locus Poll Award*) oder werden nicht als Science Fiction betrachtet (*The Memoirs of Elizabeth Frankenstein*).

China Mountain Zhang und *Ammonite* wurden beide auch mit dem *Lambda Award* für homosexuelle Science Fiction bedacht. Darüberhinaus wurden *China Mountain Zhang* und *The Sparrow* in die »Hall of Fame« des *Gaylactic Network Spectrum Awards* aufgenommen. Etliche Werke der Tiptree Short Lists wurden für diese beiden Preise für homosexuelle Science Fiction nominiert. Dies zeigt, dass es zwischen den beiden Feldern naturgemäß Parallelen gibt, aber auch wichtige Unterscheidungen.

Eine erste Kontroverse

Es wird interessant sein zu beobachten, welche Tiptree-Gewinner sich über die Jahre in den Annalen der (englischsprachigen) feministischen Science Fiction halten werden. Vielleicht werden einige Werke der Short und Long Liste in einigen Jahren in dieser Hinsicht als bedeutsamer eingeschätzt werden. Und vielleicht werden dann Romane und Erzählungen als wesentlich für die feministische Science Fiction diskutiert, die weder bei den Tiptree-Gewinnern noch bei den Short und Long Lists auftauchen. Dies wird die Zeit weisen.

Bisher gibt es erst einen SF-Roman, der in dieser Hinsicht wieder und wieder diskutiert wird[5]: der Roman *Glory Season* (1993) von David Brin. Brin hatte die Auszeichnung anscheinend erwartet und hat sich seitdem mehrere Male enttäuscht geäußert, dass *Glory Season* lediglich in die Long List aufgenommen wurde.

In *Glory Season* wird ein Matriarchat beschrieben, wobei Brin für etliche der dortigen Städte und Gruppen Namen wie »Ursulaburg«, »Vondaites«, »Tiamatians«, »Perkites«, »Herlandia« verwendete, sich also direkt auf Autorinnen und Werke der feministischen Science Fiction bezog (Ursula Le Guin, Vonda McIntyre, Charlotte Gilman Perkins, Herland, The Snow Queen mit dem Planeten Tiamat). Doch erinnerte sein Entwurf zu sehr an die ›Matriarchate‹ der frühen Science Fiction (vgl. dazu [28]), wie die Jury in ihren Kommentaren erläuterte. Jeanne Gomoll schrieb erbost:

> »Brins Hauptthese scheint zu sein, dass feministische Utopien die Vorstellung unterstützen, dass Technologie schlecht und eine pastorale Kultur die einzig gute Kultur ist. [...] Brin sagt in dem Roman immer wieder aus, dass pastorale Kulturen nur auf Kosten der Menschlichkeit, der Geschichte und schließlich des Überlebens aufrechterhalten werden können. Er sagt implizit (durch all diese Städte und Gruppen von Frauen, die nach bekannten feministischen SF-Autorinnen benannt sind), dass die feministische SF-Literatur eine gegen die Humanität, Geschichte und das Überleben gerichtete Ethik vertritt. Wenn irgendetwas, dann verstärkt Brin die bekannten Geschlechter-Annahmen nur. Es gibt nur wenig ›gender-bending‹ in diesem Roman.«

Auch Ursula Le Guin äußerte sich verärgert:

> »Ein sehr ambitioniertes Buch mit einem beherzten Programm zur Untersuchung von Geschlechterthemen, dass jedoch durch die Abneigung oder das Misstrauen des Autors gegenüber seiner eigenen Erfindung stark geschwächt wird. Es lohnt sich zu fragen, warum männliche Autoren, die eine Frauengesellschaft erfinden, dazu neigen, die Frauen alle gleich zu machen [...]. Es lohnt sich zu fragen, warum Männer so oft davon ausgehen, dass eine Gesellschaft, die wirklich von Frauen geführt wird [...], statisch, rigide und Änderungen und neuen Ideen gegenüber abgeneigt sein würde und vor sich selbst von einem Mann gerettet werden müsste. Und es lohnt sich zu fragen, warum männliche Autoren so oft Frauen als inhärent feindlich gegenüber Technik darstellen. [...] Diese Frauenwelt ist völlig männerzentriert. Trotz seines hervorragenden Apparats aus Klonen, Klans und sexuellen Jahreszeiten hat Brin uns nicht wirklich weiter gebracht als 1955.«

Die Zukunft des Tiptree und der feministischen Science Fiction

Wie wichtig ist der *Tiptree*? Darüber kann man geteilter Meinung sein. In Deutschland ist dieser Literaturpreis (wie abgesehen von *Hugo* und *Nebula* die meisten SF-Preise) kaum bekannt. Im deutschen Sprachraum können die *Tiptrees* auch nur eine begrenzte Wirkung entfalten, denn nur jedes vierte Buch der Gewinner und Short Lists (jedes dritte der Gewinner) wurde bisher übersetzt.

Aber auch in den USA wird mit dem *Tiptree* nur ein Teil der SF-Gemeinde erreicht. Jedoch reicht dies bereits aus, dass in einzelnen Fällen die Verlage neue Bücher mit früheren Tiptree-Auszeichnungen der AutorInnen bewerben. Ein Beispiel dafür ist die Erzählsammlung *Wired Women, Weird Women* (1998) von Kit Reed, auf dessen Klappentext auf die »Tiptree-Nominierung« von Reeds Roman *Little Sisters of the Apocalypse* (1994) verwiesen wird. Kit Reed wird primär von denen gelesen, die sich für feministische Science Fiction interessieren.

Das Thema »Frauen in der Science Fiction« wurde in den USA anhaltend diskutiert (im Unterschied zu gelegentlichen Strohfeuern in Deutschland). In den USA hat sich eine (Fan) Szene entwickelt, die sich insbesondere mit der feministischen Science Fiction bzw. der Darstellung von Frauen in der Science Fiction in ihren verschiedenen Ausformungen beschäftigt. Für diese Fans hat sich der *Tiptree Award* zu einem Kristallisationspunkt entwickelt.

Die feministische Science Fiction hat seit den siebziger Jahren einen weiten Weg (»ten thousand light years«) zurückgelegt. Sie ist heute einerseits nur noch eine weitere Nische innerhalb des breit gefächerten SF-Feldes, und sie wird kaum noch als ›Cutting Edge‹ angesehen, andererseits ist die Kategorie ›Geschlecht‹ fest in der Science Fiction etabliert. Einerseits gibt es eine Nachhut von SF-AutorInnen, die in ihren Werken Geschlechterfragen untersuchen, wenn sie auch nicht unbedingt neue Blickwinkel hinzufügen. Andererseits wird die Kategorie Geschlecht ganz selbstverständlich indirekt oder als Teil des Hintergrunds behandelt. Das war auch das Fazit der Tiptree-Jurorin Kate Schaefer in ihren einführenden Kommentaren zum *Tiptree* 1998:

> »Viele AutorInnen sprechen das Thema Geschlecht indirekt an, verwenden es als Metapher für andere Themen, oder behandeln es als ein Problem der Vergangenheit. [...] Es gibt [...] sehr viel Science Fiction und Fantasy, die Geschlechterfragen nicht ignorieren, aber sie ganz selbstverständlich als nebensächliches Element berücksichtigen, während sie sich auf andere Dinge konzentrieren.«

Das heißt, es werden nicht mehr – wie insbesondere in den fünfziger Jahren aber auch noch in den siebzigern – die bestehenden Geschlechterverhältnisse als selbstverständlich und unveränderlich dargestellt. Ein Fortschritt, der klar benannt werden sollte.

Zum Abschluss noch einmal Candas Jane Dorsey:

> »Beim Tiptree Award geht es um die Speerspitze der Behandlung von Geschlechterthemen. Wenn das kein Thema mehr sein wird, weil die Kategorie ›Geschlecht‹ das Denken der Menschen nicht mehr so beherrscht, dann wird der Tiptree-Preis auch verschwinden.«

Vor diesem Hintergrund kann man sich nur wünschen, dass der Tiptree bald Geschichte ist.

Anmerkungen

1) Ich verwende hier und in weiten Teilen dieses Beitrags die Begriffe SF und Science Fiction als Überbegriff für phantastische Literatur im allgemeinen: Science Fiction, Fantasy und Horror.
2) Dieses und alle weiteren Zitate wurden von mir selbst ins Deutsche übertragen.
3) Die Kommentare zum 2000 Tiptree Award sind noch nicht veröffentlicht.
4) Für Travels with the Snow Queen (1997) stehen mir diesbezüglich keine Informationen zur Verfügung.
5) Es war z.B. ein Programmpunkt beim WisCon 24 (s. WisCon-Website).

Literatur

Gelesene Ausgaben der im Text ausführlicher besprochenen Texte. Falls vorhanden wird auch eine deutsche Ausgabe (DA) angegeben (OA = Originalausgabe, OJ = Erscheinungsjahr des Originals, OT = Titel des Originals, KDA = keine deutsche Ausgabe).

Arnason, Eleanor (1991) A Woman Of The Iron People. Morrow, New York. (OA. KDA)

Brin, David (1998) Die Clans von Stratos. Heyne Science Fiction & Fantasy 5931, Heyne, München. (OJ 1993, OT Glory Season)

Charnas, Suzy McKee (1995) Walk to the End of the World & Motherlines. The Women's Press, London. (OJ 1974 & 1978. DA Tochter der Apokalypse. Knaur Science Fiction/Fantasy 5770, Knaur, München, 1983 (Walk to the End of the World) & Alldera und die Amazonen. Knaur Science Fiction/Fantasy 5772, Knaur, München, 1984 (Motherlines))

Charnas, Suzy McKee (1995) The Furies. The Women's Press, London. (OJ 1994. KDA)

Charnas, Suzy McKee (2000) The Conquerer's Child. Tor, New York. (OJ 1999. KDA)

Donoghue, Emma (1999) Kissing The Witch: Old Tales In New Skins. HarperCollins, New York. (OJ 1997. KDA)

Dorsey, Candas Jane (1998) Black Wine. Tor, New York. (OJ 1997. KDA)

Elgin, Suzette Haden (1984) Native Tongue. Daw, New York. (OA. DA Amerika der Männer. Heyne Science Fiction 4412, Heyne, München.)

Gentle, Mary (1999) A Secret History – The Book of Ash, #1. Avon Eos, New York. (OA. Die britische Ausgabe erschien gleichzeitig in einem Band mit dem Titel Ash: A Secret History. KDA)

Gentle, Mary (2000) Carthage Ascendant – The Book of Ash, #2. Avon Eos, New York.

Gentle, Mary (2000) The Wild Machines – The Book of Ash, #3. HarperCollins/Eos, New York.

Gentle, Mary (2000) Lost Burgundy – The Book of Ash, #4. HarperCollins/Eos, New York.

Gloss, Molly (1998) The Dazzle of Day. Tor, New York. (OJ 1997. KDA)

Griffith, Nicola (1993) Ammonite. Grafton, London. (OJ 1993. DA Ammonit. Heyne Science Fiction & Fantasy 5646, Heyne, München, 1997.)

Jones, Gwyneth (1992) White Queen. Gollancz, London. (OJ 1991. DA Weiße Königin. Heyne Science Fiction & Fantasy 5484, Heyne, München, 1996.)

Le Guin, Ursula K. (1984) Winterplanet. 6. Aufl., Heyne Science Fiction 3400, Heyne, München. (OJ 1969, OT The Left Hand of Darkness. Weiterer deutscher Titel: Die linke Hand der Dunkelheit)

Le Guin, Ursula K. (1998) The Matter of Seggri. In: D. Notkin, The Secret Feminist Cabal (Hrsg.) Flying Cups and Saucers: Gender Explorations in Science Fiction and Fantasy. Edgewood Press, Cambridge, USA (OJ 1994. KDA)

McHugh, Maureen F. (2000) ABC Zhang. Social Fantasies 2053, Argument, Hamburg. (OJ 1992, OT China Mountain Zhang)

Piercy, Marge (1986) Die Frau am Abgrund der Zeit. Heyne Science Fiction 4286, Heyne, München. (OJ 1976, OT Woman on the Edge of Time)

Robinson, Kim Stanley (1993) Red Mars. HarperCollins, London. (OJ 1992. DA Roter Mars. Heyne Science Fiction & Fantasy 5361, Heyne, München, 1997.)

Springer, Nancy (1995) Larque on the Wing. AvoNova, New York. (OJ 1994. KDA)

Vonarburg, Élisabeth (1997) Die Maerlande Chroniken. Heyne Science Fiction & Fantasy 5888, Heyne, München. (OJ 1992, OT Chroniques du pays des mères)

Sekundärliteratur

[1] Gomoll, J. (1991) An Open Letter to Joanna Russ. Fanthology 87 (1991) (erstmals 1987 veröffentlicht) (http://www.geocities.com/Athens/8720/letter.htm, ausgedruckt am 4.1.01).

[2] Browning, T. (1997) Protohistories and Protofeminists: Women and Science Fiction. Hugo Gernback's Forecast (http://www.twd.net/ird/forecast/browning.html).

[3] Murphy, P. (1999) Illusion and expectation: the baking of an SF award. In: H. Merrick, T. Williams (Hrsg.) Women of Other Worlds: Excursions through science fic-tion and feminism. University of Western Australia Press, Nedlands, Australia. S. 342-350.

[4] Gomoll, J. (1999) Introduction. In: H. Merrick, T. Williams (Hrsg.) Women of Other Worlds: Excursions through science fiction and feminism. University of Western Australia Press, Nedlands, Australia. S. 1-11.

[5] Merrick, H., T. Williams (Hrsg.) (1999) Women of Other Worlds: Excursions through science fiction and feminism. University of Western Australia Press, Nedlands, Australia.

[6] Silverberg, R. (1981) Einleitung: Wer, was ist Tiptree? In: J. Tiptree Jr. (Hrsg.) Warme Welten und andere. Heyne, München. S. 7-16.

[7] Notkin, D. (1998) Why have a Tiptree Award? In: D. Notkin, The Secret Feminist Cabal (Hrsg.) Flying Cups and Saucers: Gender Explorations in Science Fiction and Fantasy. Edgewood Press, Cambridge, USA. S. IX-XIII.

[8] Merrick, H. (1999) From female man to feminist fan: uncovering herstory in the annals of SF fandom. In: H. Merrick, T. Williams (Hrsg.) Women of Other Worlds: Excursions through science fiction and feminism. University of Western Australia Press, Nedlands, Australia. S. 116-139.

[9] LeFanu, S. (Hrsg.) (1988) In the Chinks of the World Machine: Feminism and Science Fiction. The Women's Press, London.

[10] Charnas, S.M. (1999) Re: [*FSF-L*] Slave and Free. Email an FEMINISTSF-LIT@LISTSERV.UIC.EDU 23.9.1999 13:07:12 -0700 (http://www.geocities.com/Area51/Comet/1304/archives/bdg_slaveandfree.txt).

[11] Morgan, C. (1999) Herstory (Rezension). Emerald City 47 – Juli 1999 (http://www.emcit.com/emcit047.shtml#Herstory, ausgedruckt am 21.10.01).

[12] Jones, G. (ca. 1994) The Furies by Suzy McKee Charnas (Rezension). Gopher, abgerufen 22.10.2001 (http://gopher.well.sf.ca.us:70/0/Publications/authors/gwyn/furies.jones).

[13] Russ, J. (1995) Recent Feminist Utopias. In: J. Russ (Hrsg.) To Write Like a Woman: Essays in Feminism and Science Fiction. University of Indiana Press, Bloomington. S. 133-148.

[14] Jones, G. (1993) Ammonite by Nicola Griffith. The New York Review of Science Fiction 54 (http://gopher.well.sf.ca.us:70/0/Publications/authors/gwyn/jones.ammonite).

[15] van de Kruisweg, R. (1994) Interview with Nicola Griffith. Holland SF (http://sf.www.lysator.liu.se/sf_archive/sf-texts/authors/G/Griffith,Nicola.mbox).

[16] Samuelson, D.N. (1993) Modes of Extrapolation: The Formulas of Hard Science Fiction. Science Fiction Studies 20 (60) (http://www.uiowa.edu/~sfs/a60.htm).

[17] Schellenberg, J. (2000) Review of Candas Jane Dorsey's Black Wine. Challen-ging Destiny 10 (http://home.golden.net/~csp/reviews/blackwine.htm, ausgedruckt am 17.10.2001).

[18] von Thorn, A. (1998) Black Wine (Rezension). SF Site 4b (http://www.sfsite.com/04b/blac31.htm, ausgedruckt am 17.10.2001).

[19] Schellenberg, J., D.M. Switzer (2000) Interview with Candas Jane Dorsey. Challenging Destiny 10 (http://home.golden.net/~csp/interviews/dorsey.htm, längere Version des Zeitschriftenartikels, ausgedruckt am 17.10.2001).

[20] Russ, J. (1986) Das Frauenbild in der Science Fiction. In: B. Holland-Cunz (Hrsg.) Feministische Utopien – Aufbruch in die postpatriarchale Gesellschaft. Corian, Meitingen. S. 13-28.

[21] Le Guin, U. (1986) Brauchen wir das Geschlecht? In: B. Holland-Cunz (Hrsg.) Feministische Utopien – Aufbruch in die postpatriarchale Gesellschaft. Corian, Meitingen. S. 167-176.

[22] Bucci, E. (2000) [*FSF-L*] Vonarburg Mother's Country French version. Email an Emailliste FEMINISTSF-LIT@LISTSERV.UIC.EDU 26.04.2001 12:48:06 -0400.

[23] Reith, R. (2000) Re: [*FSF-L*] Vonarburg Mother's Country French version. Email an Emailliste FEMINISTSF-LIT@LISTSERV.UIC.EDU 26.04.2001 13:50:23 -0400.

[24] Cadora, K. (1995) Feminist cyberpunk. Science Fiction Studies 22 (67), 357-372.

[25] Notkin, D., The Secret Feminist Cabal (Hrsg.) (1998) Flying Cups and Saucers: Gender Explorations in Science Fiction and Fantasy. Edgewood Press, Cambridge, USA.

[26] Hopkinson, N. (1998) Flying Cups and Saucers: Gender Explorations in Science Fiction and Fantasy (Rezension). WWW, abgerufen 27.10.2001 (http://www.scifi.com/sfw/issue90/books.html).

[27] Carter, R. (1998) Androgyny RAQ (Rarely Asked Questions), abgerufen (http://www.chaparraltree.com/raq/).

[28] Russ, J. (1995) Amor Vincit Foeminam: The Battle of the Sexes in Science Fic-tion. In: J. Russ (Hrsg.) To Write Like a Woman: Essays in Feminism and Science Fiction. University of Indiana Press, Bloomington. S. 41-59.

Webseiten

The James Tiptree Jr. Award: http://www.tiptree.org, alles um den Tiptree Award inkl. der Gewinner, Short und Long Lists und der Kommentare der Jurys

WisCon – The Gathering of the Feminist SF Community: http://www.sf3.org/wiscon/, nach eigener Aussage ist diese Convention die wichtigste weltweit zu feministischer Science Fiction. Die Convention findet jedes Jahr im Mai in Madison, Wisconsin, statt

Feministische phantastisch-utopische Literatur: http://www.feministische-sf.de/, u.a. mit vollständiger Bibliographie der deutschen Ausgaben der Tiptrees (Gewinner und Short Lists)

Else Laudan

Hightech, Lowlife und eine Lanze für ein besseres Morgen

Politik des Kulturellen mit Social Fiction/Social Fantasies

Ein SF-Literaturprojekt mit theoretischem Hintergrund: Die Buchreihe *Social Fantasies* folgt einem soziologisch-politisch hergeleiteten Ansatz. Systemkritische Entwürfe der Politischen Soziologie und die alltägliche Lust am visionären Schmökern verbinden sich zum verlegerischen Konzept politischer Science Fiction. Warum Genre-Literatur mit theoretischem Hintergrund? Fredric Jameson nennt Genres oder Gattungen »im Wesentlichen literarische Institutionen oder Gesellschaftsverträge zwischen einem Schriftsteller und einer Öffentlichkeit« (Jameson 1988: *Das politische Unbewusste*, 105). Der Soziologe Pierre Bourdieu markierte den Bereich der populären Kultur als Reproduktionsstätte sozialer Hierarchien. »Terroristisch sind die symbolischen Handstreiche, mit denen die Herrschenden – man vergleiche nur Männer- und Frauenzeitschriften – ihre Lebensweise aufzuzwingen versuchen« (Bourdieu 1989, 797). Kultur zählt zu den elementaren Bedürfnissen jedes Subjekts und ist ihrer Möglichkeit nach so vergnüglich wie kollektiv. Aber Science Fiction?

SF-Romane gelten allgemein als Trivialliteratur. Innerhalb der Science Fiction wird vielleicht noch unterschieden zwischen ›Sci-Fi-Trash‹, also Schund, auf der einen Seite und ›wertvoller‹ Literatur, die sich ›zufällig‹ mit SF-Themen befasst, auf der anderen Seite. Um nun ja nicht zum Trash gerechnet zu werden, bemüht man sich, statt Science Fiction alternative Bezeichnungen zu suchen, ein intellektuell akzeptableres Etikett zu kreieren. ›Speculative Fiction‹, utopische Literatur, ›gehobene Phantastik‹ sind einige der Begriffe, die auch den Sinn haben, sich möglichst weit weg vom Trivialen zu verorten. Was aber ist eigentlich Trivialliteratur? Ein Literaturhandbuch lehrt Folgendes: »Trivialliteratur ist Gebrauchsliteratur, Literatur, die in der Regel einmal gelesen und dann weitergegeben oder weggeworfen wird. Infolgedessen gelten für sie die Gesetze des Konsums, nicht der Ästhetik: die Qualität liegt in der Verkaufsquote, die sie erzielt, nicht in der Ware selbst. (...) Charakteristika der Gattung: Konservativismus, Klischees, Abwechslungsreichtum, Ersatzbefriedigung.« Diese Definition strotzt nur so von Konnotationen. In der flüchtigen diskursanalytischen Zuspitzung liest sich das so: Gebrauch-wegwerfen-Konsum-unästhetisch-Verkaufsquote-Ware-Klischee-Ersatz. Niemand würde hinter dieser Beschreibung Literatur vermuten, eher einen sehr miesen Cheeseburger.

Die Lektorate der Großverlage mit bekannten, gut eingeführten SF-Segmenten werden aber seit jeher, in den letzten Jahren noch massiver, im Sinne ökonomischer Erfolgskriterien mit eben solchen Trivialitätsmaßstäben gegängelt. Ein Grandseigneur des SF-Genres, der über Dekaden wesentliche Innovationsanstöße ins Deutsche bringen ließ, während er parallel dazu den nötigen finanziellen Erfolg durch Massenseller sicherzustellen verstand, verlor seine letzten Illusionen anlässlich der Geschäftsführungsdevise »Schluss mit der Mischkalkulation der Reihe«, was im Klartext hieß, schmeiß den experimentellen und literarischen Kram raus und mach Geld mit Schund, sonst nichts. Na, wenn das keine Weichen stellt – ein Prost auf die deutschsprachige SF-Kultur und ihre Zukunft. Die ökonomische Maxime goutiert das Triviale um seiner Trivialität willen ganz wie oben definiert: Konsum, Verkaufsquote, Ware, Klischee, Ersatz. Zur »guten Literatur« aber kann eine so definierte Ware allenfalls eine abschreckende Beziehung haben. Anscheinend ist Trivialliteratur nichts für denkende Menschen – was übrigens unterstellt, dass es Dumme in Hülle und Fülle geben muss (sonst klappt das mit der Verkaufsquote nicht). Als passionierte Leserin von Genreliteratur kann mich die Definition nicht befriedigen, höchstens ergrimmen – falls es mir gelingt, mich nicht zu genieren. Ich konsultiere ein Produkt aus dem Hause Brockhaus, Meyers Großes Taschenlexikon: »Trivialliteratur, am häufigsten verwendeter Begriff für Unterhaltungsliteratur zur Bezeichnung einer aus den verschiedensten Gründen abgewerteten Literatur. Im herkömml. Sinn werden mit T. literar. Erzeugnisse bezeichnet, die inhaltl. und sprachl.-stilist. nicht den geltenden Normen der »hohen« Literatur entsprechen. Je nach moral.-ideolog. Einstellung wird T. noch [wertend] differenziert nach Kitsch-, Schmutz-, und Schundliteratur. (...) In der neueren Literaturwiss. wird das Zweischichtenmodell (Unterscheidung zw. T. und »hoher« Literatur) immer nachdrücklicher in Frage gestellt« (Meyer 22, S. 222). Dann folgt leider nur eine rein formale, keine inhaltliche Begründung. – Schon bei der Definition zeigt sich: Trivialliteratur ist eine unreflektiert verächtlich betrachtete Kategorie voller Widersprüche. Sie ist als Element der »gewöhnlichen Massenkultur« und des »vulgären Geschmacks« zugleich auch ein Ort, wo mehr Herrschaft wiedergespiegelt, aber auch reproduziert wird, als auf den ersten Blick zu sehen ist.

Pierre Bourdieu, der in seinem Buch *Die Feinen Unterschiede* die Abgrenzungen zwischen der »hohen« Kultur für den »feinen Geschmack«

und der konsumierbaren, nicht exklusiven, also der trivialen, der »Massenkultur« für den »gewöhnlichen Geschmack« in ihrer Bedeutung als Legitimatoren sozialer Unterschiede untersucht hat, weist eben jenen Geschmack als gut funktionierende Klassenschranke nach: »Die Negation des niederen, groben, wohlfeilen, sklavischen, mit einem Wort: natürlichen Genusses, diese Negation, in der sich das Heilige der Kultur verdichtet, beinhaltet zugleich die Affirmation der Überlegenheit derjenigen, die sich sublimierte, raffinierte, interesselose, zweckfreie, distinguierte, dem Profanen auf ewig untersagte Vergnügen zu verschaffen wissen.« (Bourdieu 1989, 27) Das überrascht nun noch nicht weiter, haben wir doch, zumindest in Bezug auf Champagner, Golf und Rosenzucht, immer gewusst, dass es sich um Elitespiele handelt. Aber die feinen Geschmacksunterschiede haben weitergehende Bedeutung: Bourdieu benennt die Distinktion, die feinen Geschmacksunterschiede als stabilisierende Wegweiser dafür, wie die Menschen sich selbst sowie ihre Ziele und Erwartungen in der Gesellschaft einordnen sollen. »Als eine Art gesellschaftlicher Orientierungssinn, als ein praktisches Vermögen des Umgangs mit sozialen Differenzen, nämlich zu spüren oder zu erahnen, was (...) einem bestimmten Individuum entspricht und was nicht, lenkt der Geschmack die Individuen (...) sowohl auf die auf ihre Eigenschaften zugeschnittenen sozialen Positionen als auch auf die praktischen Handlungen, Aktivitäten und Güter, die ihnen als Inhaber derartiger Positionen entsprechen, zu ihnen passen« (ebd., 728). Der Geschmack sorgt also dafür, dass ein gesellschaftliches Subjekt sich für die »ihm angemessenen«, zu seiner sozialen Position gehörigen Dinge und Wege entscheidet. So wird nicht nur gesellschaftlicher »Konsens«, sondern werden auch die »Vorlieben« und Entscheidungen der Einzelnen zum unmittelbaren Stabilisator der herrschenden Ordnung.

Ein Hinweis auf den die sozialen Verhältnisse stabilisierenden Gehalt von Trivialliteratur (hier auch als »Konformliteratur« und »massenhaft verbreitete Literatur« bezeichnet) findet sich übrigens auch ganz beiläufig innerhalb der Definition in *Meyers Großes Taschenlexikon*: »T. vermittelt nicht krit. Distanz zur Gesellschaft, sondern leistet in erster Linie Anpassung der Leser an ihre soziale Situation.« Forsch, diese implizierte Forderung an Literatur, die dem Anspruch nach nicht konform sein, sondern kritische Distanz vermitteln soll. Interessant, dass so ein Anspruch nicht für die »massenhaft verbreitete« Literatur gilt. Bis heute werden – gerade in der Literaturkritik – »guter Geschmack« und die »schönen Künste« gern als naturgegebene Elite, nämlich als gesamtgesellschaftlich wertvolle und angeblich allgemein verfügbare objektive Hochkultur ausgegeben. Bourdieu kratzt an dieser ehrwürdigen Patina: »Kunst ist der Bereich der Verleugnung der sozialen Welt schlechthin.« Er verwendet den Begriff »kulturelles Kapital« als einen wesentlichen Faktor bei der Platzierung des Subjekts im »sozialen Raum«: »Das Prinzip der primären, die Hauptklassen der Lebensbedingungen konstituierenden Unterschiede liegt im Gesamtvolumen des Kapitals als Summe aller effektiv aufwendbaren Ressourcen und Machtpotentiale, also ökonomisches, kulturelles und soziales Kapital.« Bourdieu führt weiter vor, wie die Grenzen zwischen »stilvoll« und vulgär, zwischen »Anspruch« und Trivialität zementiert werden, wie die Herrschenden das kulturelle Kapital dazu nutzen, »sich selbst zur Herrschaft über andere prädisponierende Selbstbeherrschung zuzuschreiben, seelische wie geistige Stärke, die ermächtigt, das Verhältnis zu den Beherrschten, zum Volk, zu den Frauen wie zu den Jugendlichen als eines von Seele und Körper, Verstand und Sinnlichkeit, Kultur und Natur zu begreifen«. Das gelingt nach wie vor, es ist selbst als radikale Utopie kaum denkbar, dass der vulgäre »Leib« der Gesellschaft das Land regiert oder gar Bibliotheken und Museen einrichtet. Stilsicherheit und »guter Geschmack« gehen einher mit einer gehobenen Position in der sozialen Hierarchie.

»Dafür, dass die soziale Ordnung sich fortschreitend in den Köpfen und Gehirnen der Menschen festsetzt, sorgen neben den mit den jeweiligen sozialen Verhältnissen gegebenen unterschiedlichen und Unterschiede produzierenden Konditionierungsprozessen die der Sozialstruktur und deren strukturierender Wirkung zugrundeliegenden Ein- und Ausschließungen, die Vereinigungen (Heiraten, emotionale Bindungen, Zweckbündnisse etc.) und Trennungen (Unvereinbarkeiten, Brüche, Auseinandersetzungen, Kämpfe etc.), sorgen all die Rangordnungen und Klassifikationssysteme, die den – zumal kulturellen – Objekten, den Institutionen oder auch der Sprache eingebunden sind« (Bourdieu 1989, 734). Und das Erlernen dieser »Reproduktionsvehikel« hat für die Einzelnen die Gestalt von Erkenntnis, es verspricht Kompetenz und Wissen – bloß dass dieses Wissen den Kern der Sache verschweigt, nämlich das eigentliche Produkt der erworbenen Kompetenz, die freiwillige, ja bereitwillige, aber nicht autonome Einordnung in und Stabilisierung von hierarchischen Strukturen. Das Wissen, wo man hin gehört, ist der Lohn, also ein sicherer Platz auf der Leiter. (An ihr rütteln hieße das Risiko eingehen, herunterzufallen!) »Weit entfernt, bloße mechanische Widerspiegelung zu sein, stellt die Primärwahrnehmung von sozialer Welt vielmehr immer auch schon eine erste Erkenntnisleistung dar, in die Konstruktionsprinzipien eingehen, welche dem konstruierten Objekt in seiner Unmittelbarkeit äußerlich sind; einen Akt der Erkenntnis und zugleich doch auch einen die höchste Form der Anerkennung der Sozialordnung implizierenden Akt der Verkennung, da sich ihr jene Prinzipien wie deren Zusammenhang mit der von ihnen reproduzierten sozialen Ordnung entziehen.« (ebd., 735)

Jeder politische Ansatz, jeder wissenschaftliche Diskurs zu Kultur, der diese als Verortung von Herrschaft, als Reproduktionsstätte sozialer Unterschiede anrührt, muss allen, die die herrschenden kulturellen Maßstäbe als objektiv proklamieren und sie zum jenseits von sozialer Macht allgemein gültigen Ästhetikverständnis erklären, »zwangsläufig als vulgär erscheinen (...), weil er den Bannkreis überschreitet, der das hehre Reich der Kunst und Kultur abhebt von der minderen Sphäre des Politischen und Sozialen, jene Unterscheidung, welche den Auswirkungen symbolischer Herrschaft zugrunde liegt, die von der Kultur oder in ihrem Namen ausgeübt wird« (ebd., 796). Dabei geht diese herrschende Konnotation von Kunst, also das, was Bourdieu als »Bereich der Verleugnung der sozialen Welt schlechthin« bezeichnet, mit einer zum Teil missbräuchlichen Vereinnahmung derjenigen Künstler einher, die sich mit ihrer Kunst gegen vorhandene Herrschaftsstrukturen richten und ›dennoch‹ zu großer Popularität gelangen. Ich erinnere in diesem Zusammenhang an die Künstler des spanischen Widerstandes (vgl. Peter Weiss' *Ästhetik des Widerstands*) sowie Beckmann und Kollwitz; auch Picassos *Guernica*, so sehr und so offiziell konsenspflichtig gefeiert, dass die Stoßkraft heute oft ins Leere geht, weil ohnehin »alle völlig dafür sind«; oder das weite Feld der großen Rebellen der populären Musik, deren politische, kritische Schärfe, die lästigerweise nicht mit den so gut anprangerbaren und als jugendfeindlich entlarvenden Drogenphasen zusammen ihr Ende fand, sich heute ganz elegant dadurch abmildern lässt, dass man sie zu »epochentypischen« Künstlern erklärt, wodurch ihre Aussagen zu nostalgisch-spleeniger, exzentrischer Poetenphilosophie verharmlost werden (Bob Dylan, Neil Young, Peter Gabriel, Lou Reed) – am allerbesten geht das natürlich, wenn sie sich nichts mehr verbitten können (Lennon, Hendrix, Joplin, Lynott), dann sind sie nämlich Legenden, und Legenden passen wunderbar in die hehren Sphären der höheren Kultur, auch wenn das in den Augen meiner Generation nach Leichenschändung riecht. Trotzdem sind die kritischen populären Künstler, tot oder lebendig, auch eine Unbequemlichkeit im reibungslosen Ablauf der kulturellen Reproduktion von Herrschaft. Ich werde noch darauf zurückkommen.

Vor dem Hintergrund all dieser Herrschaftsdurchdringung ist bei der Absteckung des Bereichs, in dem wir unsere Politik des Kulturellen anzusiedeln wünschen, Trivialkultur eigentlich ein geradezu selbstvergewisserndes Stichwort, muss doch befreiende Politik stets dort ansetzen, wo Herrschaft zur Wirkung kommt. Aber was bedeutet dieser Zusammenhang zwischen Kultur und Herrschaft für eine subversive, im Ansatz rebellisch-aufklärerisch gedachte Kultur wie z.B. ein Projekt politischer SF-Literatur? Dazu noch mal Bourdieu: »Jene magische Barriere, die aus der legitimen Kultur eine abgehobene Welt für sich macht, muss nur einmal niedergerissen werden, damit die rational durchaus nachvollziehbaren Zusammenhänge zwischen scheinbar unvergleichbaren ›Neigungen‹, Musik- wie Gaumenvorlieben, Referenzen im sportlichen und politischen Bereich, Lieblingsliteratur und Lieblingsfrisur in den Blick geraten. Das Verdienst einer solchen ›barbarischen‹ Wiedereingliederung des Konsums ästhetischer Objekte in den Rahmen des gewöhnlichen Konsums ist unter anderem darin zu sehen, dass sie bewusst hält, dass Konsum sicherlich immer – wenn auch graduell verschieden je nach Güterart und Konsument – Aneignung voraussetzt« (ebd., 172).

Ein Projekt politischer Literatur muss sich also – selbst wenn das den Weg ins Feuilleton noch steiniger macht – vom Maßstab des distinguierten Geschmacks emanzipieren und versuchen, dem »vulgären« Geschmack gerecht zu werden. In diesem Sinn bedeutet Trivialität nicht, wie die höheren Kritikersphären meinen, einen niedrigen Rang an Qualität – Trivialität bedeutet einen Zugang zum Interesse derer, die sich nicht als distinguiert, fein, gehoben verstehen. Die eigentliche, außerhalb jener Herrschaft reproduzierenden Legitimitätsschranken zu suchende gesellschaftliche – und damit in unserem Sinne auch die politische – Bedeutung eines kulturellen Gutes konstituiert sich nämlich gerade in der Aneignung durch den Konsumenten bzw. die Konsumentin; kurz, Kultur wird erst in dem Augenblick gesellschaftlich sinnvoll, wo sie – und auch in dem Grade, wie sie – durch Subjekte konsumiert wird.

Heißt das nun, dass wir die massenhafte Konsumierbarkeit zum omnipotenten alternativen Wertmaßstab erklären können? Also je »trivialer«, desto größer der sozial-kulturelle Wert eines kulturellen Objekts? Ist Konsalik wesentlicher als Steinbeck, Pilcher wertvoller als Piercy? Natürlich nicht, eine einfache Umkehrung der herrschenden Bewertung kann nicht funktionieren, zumal das bereits vorhandene kulturelle Repertoire, auf dem Mist der alten Strukturen gewachsen, sich nicht mehr »umdrehen« lässt: Die zum massenhaften Konsum vorgesehenen Kulturbereiche wimmeln von hochgradig Herrschaft reproduzierenden, »verdummenden« Inhalten, die niemanden zum Aufbruch ins kritische Hinterfragen motivieren können. Ohne objektive Messinstrumente oder auch nur Maßstäbe vorweisen zu können, müssen wir den allgemeinen Zugang zu einer mit Lustgewinn verknüpften Konsumierbarkeit, also die allgemeine Aneignebarkeit, zur anzustrebenden Voraussetzung eines sozial und politisch wertvollen kulturellen Gutes erklären (ein guter SF-Roman muss spannend, gut zu lesen sein). Dann müssten wir als weitere Determinante eine kritische Prüfung des dem Gut innewohnenden Potentials zur Reproduktion, Produktion oder Destruktion hegemonialer Strukturen einführen (ein guter SF-Roman muss die Intelligenz nähren und das emanzipierte Denken anregen). Allerdings kann ich den von Bourdieu sorgfältig aufgedeckten *der Kultur immanenten* Herrschaftsdiskurs dabei nicht ausblenden. Die Verortung der Subjekte im hierarchisch strukturierten sozialen Raum ist eine mit Kompetenz konnotierte, dem Überleben dienliche Produktion der Menschen selbst, eine Selbstverortung, und als solche nicht etwa »von oben« auflösbar ohne Mitwirkung der Subjekte. So müsste ein weiteres wichtiges Kriterium für eine alternative Bewertung von Kultur unter politischen Gesichtspunkten das Ziel verfolgen, dass Menschen beim Kulturkonsum diese Kultur nicht nur un- oder halb bewusst und einzeln verinnerlichen, sondern von dem kulturellen Raum Besitz ergreifen, ihn sich aneignen können im Sinne einer nicht einfühlenden, sondern selbstvergewissernden Identifikation, die das Entwickeln und Einklagen von eigenen Maßstäben ermöglicht. Wie müssten solche Romane sein? Diskussionslust weckend? Voller ansteckend-expansiver Widersprüche? In jedem Fall mitreißend.

Es zeichnet sich jetzt schon die zunächst abstrakte, als eine Art Schema denkbare Silhouette eines Projekts politischer Kultur ab. Eine konkrete Vision zum Thema Kultur hatte der italienische Sozialist Antonio Gramsci. 1916 schrieb er in dem Artikel *Sozialismus und Kultur* gegen den damaligen intellektuellen Kanon an: »Wir müssen es uns abgewöhnen und damit aufhören, Kultur als enzyklopädisches Wissen aufzufassen, wobei der Mensch nur als ein Gefäß betrachtet wird, das gefüllt und befrachtet werden muss mit empirischen Daten, rohen und zusammenhangslosen Fakten, die er in seinem Hirn wie in den Spalten eines Nachschlagewerkes in eine Ordnung zu bringen habe, um dann bei jeder Gelegenheit auf die von der Außenwelt kommenden Reize antworten zu können. (...) Kultur ist etwas ganz anderes. Sie ist Organisation, Disziplin des eigenen inneren Ich, sie ist Besitzergreifen von der eigenen Persönlichkeit, sie ist Gewinnen eines höheren Bewusstseins, durch das man den eigenen historischen Wert, die eigene Funktion im Leben, die eigenen Rechte und Pflichten zu begreifen vermag.« (Gramsci 1987, 8f.) Und weiter: »Sich selbst erkennen heißt, es sein, was man ist, Herr seiner selbst sein, sich unterscheiden, aus dem Chaos herauskommen, ein Element der Ordnung sein, aber der eigenen Ordnung und der eigenen Bindung an ein Ideal.« (ebd., 11) So knüpft Gramsci seine Vision von Kultur nicht an eine äußerliche Ästhetik, sondern verbindet sie unmittelbar mit der Subjektwerdung im Sinne einer entwickelten Autonomie, die unbedingt auf ein Selbstverständnis als gesellschaftliches, als kollektives Subjekt hinführt. »Und das kann man nicht erreichen, wenn man nicht auch die anderen kennt, (...) die Anstrengungen, die sie unternahmen, um zu sein, was sie sind« (ebd.). All das versteht er als Kultur, oder genauer gesagt, als *Ziel von Kultur*, als »Endzweck«, »nämlich sich selbst besser durch die anderen und die anderen besser durch sich selbst zu erkennen« (ebd.). So wird Kultur im politischen Sinne als ein Grundbaustein von Gesellschaft aufgefasst, als der Kitt, der die Einzelnen, ihre selbst gebaute Verortung im Ganzen, ihr Urteil über Dinge und Vorgänge, ihre Verantwortung für die von ihnen beeinflussbaren Bedingungen, ihre Ideen und Impulse, aber auch ihre Wünsche und ihre Kritik in Beziehung bringen und als gesellschaftlich relevante Gegenwart sichtbar machen kann.

Auf der Suche nach einer praktikablen Umsetzbarkeit seiner Vision schrieb Gramsci 1917: »Wir spüren, dass ein Organ fehlt (...), welches die immerfort wirkende Hefe neuen Lebens, neuen Suchens wäre, welches Diskussionen außerhalb aller politischen und ökonomischen Bedingtheiten fördern, vertiefen und koordinieren würde.« (ebd., 14f.) Die Suche nach Möglichkeiten einer Politik des Kulturellen setzt Gramsci in den Gefängnisjahren fort. Er untersucht zahllose ans Kulturelle angrenzenden Felder, führt immerzu Ist- und Soll-Analysen durch. Wie bewusst er sich des Problems war, die Mehrheit der Bevölkerung überhaupt mit kulturellen Aktivitäten zu erreichen, zeigt auch die Erörterung zu sachlich informativen Medien, wobei er Stufen bildet, um den kulturellen Rahmen der Verbreitung zu ermitteln: »a) die Kultur von Lesern, die nur Zeitungen lesen; b) die von Lesern, die darüber hinaus auch Zeitschriften von nicht unterhaltsam-vermischtem Charakter lesen; c) die von Buchlesern. Dabei bleibt eine große Anzahl – die Mehrheit – unberücksichtigt, die noch nicht einmal Zeitungen liest« (ebd., 27). Auf belletristische Literatur bezogen unterschied Gramsci zwischen rein künstlerischen und politisch-kulturellen Maßstäben. »Zwei Schriftsteller können den gleichen historisch-sozialen Zeitpunkt darstellen, aber der eine kann ein Künstler sein und der andere ein bloßer Schmierer. Die Frage damit zu erschöpfen, was die beiden sozial darstellen und ausdrücken, (...) heißt das künstlerische Problem noch nicht einmal streifen. Das alles kann sehr nützlich und notwendig sein, ja, es ist dies ganz gewiss, aber auf einem anderen Gebiet: auf dem der politischen Kritik, der Sittenkritik, im Kampf zur Zerstörung und Überwindung bestimmter Gefühls- und Glaubensrichtungen, bestimmter Haltungen gegenüber dem Leben und der Welt« (ebd., 31). Im Mailänder Untersuchungsgefängnis schrieb Gramsci dann: »Es besteht Homogenität zwischen diesen Themen: ihre Grundlage ist gleichermaßen der schöpferische Volksgeist in den verschiedenen Phasen und Stufen seiner Entwicklung. (...) Man kann sagen, dass die ›Literatur‹ eine soziale Funktion hat.« (ebd., 276f.) Und: »Der Druck, den (ein Politiker) ausübt, damit die Kunst seiner Zeit eine bestimmte kulturelle Welt ausdrückt, ist politisches Handeln, ist keine Kunstkritik: wenn die kulturelle Welt, für die gekämpft wird, etwas Lebendiges und Notwendiges ist, wird ihre Mitteilsamkeit unwiderstehlich sein, sie wird ihre Künstler finden.« Zugleich forderte Gramsci alle, die sich als politische Aufklärer betrachten, zu einer scharfen Revision ihrer Haltung auf. »Ein sehr verbreiteter Fehler besteht darin zu denken, jede soziale Schicht bilde ihr Bewusstsein und ihre Kultur auf gleiche Weise, mit den gleichen Methoden, nämlich den Methoden der professionellen Intellektuellen heraus. (...) Es ist kindisch anzunehmen, dass eine gebührend verbreitete ›klare Idee‹ in das Bewusstsein der verschiedenen Menschen mit gleicher Wirkung eindringe und somit allenthalben die Klarheit ›herbeiführe‹« (ebd., 238). Die Haltung vieler linker Intellektueller gegenüber dem Volk gleiche der »Haltung eines Tierschutzvereins oder der englischen Heilsarmee gegenüber den Kannibalen im Papualand« (ebd., 278f.). Auf diesem Verhältnis lässt sich keine Wechselbeziehung gründen, es bleibt unmöglich, und seien die Erkenntnisse noch so wertvoll, die Ansätze für eine befreiende Politik noch so gut durchdacht, »die Aufmerksamkeit, die Achtung und Liebe der Öffentlichkeit zu erringen, sich ein Publikum heranzubilden« (ebd., 71). Für mich ist diese Kritik recht aktuell: Es genügt nicht, sich der intellektuellen Linken zugehörig zu fühlen und daraus abzuleiten, man habe eine Art anwältliche Vollmacht für das Interesse der »Massen«, für die man schließlich das Beste wolle, was die bloß nicht verstehen – nein. In einer Politik des Kulturellen muss es vielmehr darum gehen, »konkret vorzuführen, dass man Besseres leisten kann und dass es möglich ist, um einen kulturellen Brennpunkt ein Publikum zu scharen, sofern dieser Brennpunkt wahrhaft lebendig ist und Wärme ausstrahlt« (ebd.).

Wie ein kultureller Brennpunkt Generationen in Aufbruchstimmung versetzen kann, haben die schon erwähnten Pop- und Rockmusiker, denen die erfolgreiche Initiierung einer mehr oder weniger linken Massenkultur nicht abzusprechen ist, seit den 1960ern vielfach vorgeführt. Selbst der generationsüberdauernde massenhafte Erfolg der Rolling Stones ist ein Indiz, da sie unter dem Bad-Boys-Etikett Schmutz, Slums und Straßenkampf verherrlichten als symbolische Hofierung der herrschenden Tabus, Signal für eine eigene emanzipatorische Kultur ohne und gegen die Maßstäbe bürgerlicher Moral und Ordnung; deutlicher noch die Initiative Rock gegen rechts (Rock against Racism), die unter den Jugendlichen der späten 70er weltweiten Zustrom fand und aus der zahllose Konzerte, Aktionen, aber auch neue Künstler bis hin zu neuen Kulturformen (San Francisco Mime Troup) hervorgingen; John Lennons Aktionen, um den Pazifismus populär zu machen; das *Concert for Bangla Desh*; die *Free Mandela*-Konzerte, die *Grüne Raupe*, *Sun City*, die zur Aufklärung dringend nötigen AIDS-Benefizkonzerte – alles Beispiele dafür, dass populäre Kultur Transportmittel nicht nur für die Reproduktion herrschender Verhältnisse, sondern auch für Systemkritik, kulturellen Umbau und aufklärerische Politik sein kann. Aber zurück zur Literatur. In einer Politik des Kulturellen geht es um »positive Demonstration und Zerstörung des Alten« (ebd., 239), und das kann nur über ein Medium möglich sein, von dem sich die Adressaten, auch wenn sie eben nicht linke Intellektuelle sind, auch angesprochen fühlen, welches sie als zu ›ihrer‹ Kultur gehörig akzeptieren. Gramsci forderte ein präzises Studium des Bestsellermarktes – nicht nur, um den Feind zu kennen, sondern um daraus zu lernen. Denn »die kommerzielle Literatur (hat) größten Wert, weil der Erfolg eines Buches der kommerziellen Literatur einen Hinweis darauf gibt – und oft ist das der einzige vorhandene Hinweis – was (...) für eine Menge an Gefühlen und Weltanschauungen in der ›schweigenden‹ Mehrheit vorherrscht« (ebd., 134). »Es bleibt nichts, als systematisch die im Volk am stärksten verbreitete und von ihm angenommene Literatur zu durchforschen« (ebd., 239).

Anfang der 1930er stellte Gramsci fest, dass die Lust breiter Schichten der Bevölkerung an der leichten, einfach konsumierbaren Lektüre (zu der Zeit war gerade der Fortsetzungsroman groß im Kommen) die tatsächliche, sich im Alltag manifestierende Kluft zwischen linken politischen Vordenkern und den in deren Theorien im Mittelpunkt stehenden »Massen« noch tiefer machte, weil gerade Linksintellektuelle einfach nichts anfangen können mit »dem Erfolg, den die Fortsetzungsromane/Abenteuer-, Kriminal- und Schundromane bei den Volksmassen haben, ein Erfolg, der von Film und Presse gefördert wird. Und doch ist das die Frage, die innerhalb der Problematik einer neuen Literatur als Ausdruck einer intellektuellen und moralischen Erneuerung den größten Raum einnimmt: weil nur unter den Lesern der Fortsetzungsromane das ausreichend große und erforderliche Publikum gewonnen werden kann, damit die neue Literatur eine kulturelle Basis erhält. (...) Es kann nur eine historisch-politische, volkstümliche Grundlage für die neue Literatur geben: sie muss das schon Bestehende weiterzuführen bestrebt sein, durch Polemik oder auf andere Art, das ist unwichtig; wichtig ist, dass sie ihre Wurzeln in den Boden der Volkskultur versenkt, so wie er beschaffen ist, mit seinen Geschmacksrichtungen, Ansichten usw., mit seiner moralischen und intellektuellen Welt, sei sie auch rückständig und konventionell« (ebd., 122f.). Die heutige Alltagskultur gibt Gramsci Recht (auch wenn Bildungsbreite und so genannte Mittelstandsgesellschaft suggerieren, dass sein Bild vom proletarischen Volk der Vergangenheit angehöre). Die Mehrheit der Menschen, um deren Politisierung es heute gehen könnte, wird nach Feierabend kaum motiviert sein, an einer Arbeitsgruppe über Demokratie teilzunehmen oder Gramsci oder Bordieu zu lesen. Sofern sie überhaupt ein Buch zur Hand nehmen, statt den Fernseher anzuschalten, dann ein unterhaltendes, locker lesbares, das Spannung bringt, das sich gleichsam von selbst liest, das man sich in der Badewanne, auf dem Klo oder im Bett reinziehen kann.

Ich unterschreibe Gramscis Mahnung: »Deshalb muss das Vorurteil abgebaut werden, das den Fortsetzungsroman in die Niederungen der Literatur verbannt. Durch dieses Vorurteil ist das Volk, das nicht immer zur Kontrolle fähig ist, der Willkür von Spekulanten ausgeliefert, deren Vorgehen korrumpierend wirkt« (ebd., 141f.). Bis heute hat ›Massenkultur‹ die Tendenz, schnöde und verdummend Herrschaft zu reproduzieren. Sie ist aber breit beliebt, weil sie so leicht anzueignen ist. Der oben erwähnte SF-Herausgeber konnte zu Zeiten seiner »Mischkalkulation« eine beachtliche Anzahl an systemkritischen, subversiven bis aufrührerischen, sehr innovativen sozialistischen, anarchistischen und feministischen SchriftstellerInnen im deutschsprachigen Raum bekannt machen – und zwar breit bekannt, mit stattlichen Auflagenzahlen –, weil er sie in einer bewusst trivial aufgemachten, gut verkäuflichen Taschenbuchreihe zu Markte trug. Seinem und dem editorischen Engagement anderer Lektoren danken wir, dass AutorInnen wie William Gibson, Joe Haldeman, Ursula K. Le Guin, Maureen F. McHugh, Marge Piercy, John Shirley, Theodore Sturgeon, andernorts Joanna Russ und Samuel R. Delany überhaupt je in deutscher Sprache erschienen. Es wurde seinerzeit auch nicht beanstandet (mancher mutmaßt sogar, es wurde verlangt, doch das ist nicht erwiesen), dass Übersetzer solche Werke in der Komplexität reduzierten, um eine breitere Publikumsakzeptanz und damit größere Popularität sicherzustellen. Ob solche »Trivialisierung« gutzuheißen, mit »besser als gar nichts« zu bewerten oder strikt abzulehnen ist, bleibt an anderer Stelle zu diskutieren. Jedenfalls ist es essenziell, dass nicht nur ›Schund‹, sondern auch politische, kritische, emanzipatorische Lektüre über ein Potential lustvoller, leichter Konsumierbarkeit verfügt.

Das Postulat lautet, populäre Literaturformen als aufrührerisches Statement zu Kultur und Gesellschaft anzugehen. Die Science Fiction, die einerseits eine Heftchen- und Massenkultur ist, zugleich aber durch Entwürfe der Zukunft und Fragen nach den Möglichkeiten die gesellschaftliche Gegenwart kommentieren kann, ist zweifellos ein potentiell politisch-kulturelles Genre. Mit den *Social Fantasies* versuchen wir nach und nach Kriterien zu entwickeln, wie eine »zeitgemäße« Science Fiction hier und heute aussehen sollte, um sich als Fragment eines politisch-kulturellen Projekts zu eignen. In diesem Kontext stelle ich die Buchreihe und einige der Romane kurz vor.

Die *Social Fantasies*-Reihe ist eine Mischung aus verschütteten Meilensteinen der SF-Literatur und Neuentdeckungen. Sie ist eine Sammlung utopischer, phantastischer und SF-Romane, die eindeutig Spannungsliteratur sind, dabei die literarische Ästhetik auch befriedigen und die bestehenden Normen und damit einhergehende Herrschaftsstrukturen nicht reproduktiv, sondern zumindest reflektiv, besser subversiv oder dekonstruktiv behandeln. Science Fiction als Spiegel der Möglichkeiten. Wie sieht das Morgen aus?

Eine Social Fiction im Sinne einer Politik des Kulturellen muss gut konsumierbar sein. Das betrifft die Sprache – allgemein verständlich und angenehm zu lesen – wie auch die Handlungsführung – sie muss mitreißen und unterhalten, ›Suspense‹ bieten. Das macht Spaß: Regenbogenfarben wirbeln durch die Welt des Imaginären, Zeit- und Geistreisen erkunden die Grenzen des Menschseins.

Science Fiction ist ein Genre, das durch Spekulationen über Zukunft die Gegenwart kommentieren kann und soll. Insofern ist das Lesen von SF-Klassikern, die vor Dekaden geschrieben wurden, nicht nur ein Abgleich des Heutigen mit dem damals noch Bevorstehenden, sondern auch wie ein Durchforschen der Vergangenheit nach Entwürfen, wie ein Verifizieren des Gelernten und der Entwicklung ›seitdem‹, es ist auch eine Prüfung der Haltbarkeit und Brauchbarkeit von Fragen, Ideen, Credos, Utopien, von Schreibweisen, Erzählstilen und Geschichtenformen, von Identifikationsfiguren, Denkanstößen und Popularitätsmustern. »Everything I know is what I have been taught by the sayings and writings of people who have studied the sayings and writings of people.« (Theodore Sturgeon)

So ist der älteste Roman in der Reihe, geschrieben während der McCarthy-Ära, vom Zeitkolorit geprägt, doch die Geschichte ist bis heute spannend, voller Überraschungen, und so verblüffend leichthändig und zugleich abgründig-kritisch erzählt, dass die Dimension der Story Staunen weckt (Theodore Sturgeon: *Die Ersten ihrer Art*, erstveröffentlicht 1953: *More than Human*). Es beginnt mit einem Idiot, harmlos, verstümmelt von einer Ausgeburt der Bigotterie. Ein Idiot, der nun im Wald lebt wie ein Tier: Lein. Dann verlässt ein nicht sehr nettes kleines Mädchen mit skurrilen Fähigkeiten das Zuhause, das sich nie wie ein solches anfühlte: Janie. Zu ihr stoßen zwei schwarze Kleinkinder, sprachgestörte Zwillinge mit der unpopulären Neigung, sämtliche Kleider abzustreifen: Bonnie und Beanie. Die drei kommen zu Lein. Und ein mongoloides Baby macht die kleine Gruppe seltsam komplett. Keins dieser Einzelnen ist in der menschlichen Gesellschaft aufgehoben. Und doch entdecken sie, dass sie miteinander mehr vermögen, als je denkbar schien. Ein Aspekt aber fehlt ihnen ... »Power without control has its demerits.« *Die Ersten ihrer Art* von Theodore Sturgeon ist nicht nur historisch relevant, obgleich es zweifellos eins der innovativsten Werke der Phantastik war. Die philosophische Dimension öffnet sich nachahmenswert mühelos und hinterlässt diskussionswürdige Fragen. Das Buch ist in seiner Darstellung der Widersprüche sozialer Realität und lebbarer Ethik heute noch aufwühlend – und verunsichernd: Kann eine Gemeinschaft ein konstruktives Ganzes sein – ohne Moral/trotz Moral/durch Moral/mit was für einer Moral? »Morals: they're nothing but a codified survival instinct!« (Theodore Sturgeon, *More Than Human*). Wir hoffen, bald die zweite Auflage machen zu können.

In den 70er Jahren fand eine spannende Entwicklung im SF-Genre statt. Zu dieser Zeit konnten viele sozialistische und feministische Utopien im Science Fiction-Genre Fuß fassen, es ist die Ära der sozialkritischen Utopien. In den damaligen Science Fiction-Taschenbuchreihen erschienen viele politische AutorInnen: Ursula K. Le Guin, Samuel R. Delany, Joanna Russ, Marge Piercy, Suzanne Haden-Elgin und andere. Allerdings verschwanden die meisten nach einiger Zeit wieder vom Markt, der Absatz genügte nicht. Wenn der massenhafte Erfolg nachlässt, hat nur verbriefte Weltliteratur eine Chance, einen Platz im Regal der dauerhaft lieferbaren Titel zu erobern – und dem steht wiederum die genannte Schmuddel-Reputation phantastischer und futuristischer Literatur im Wege. Nur eine Hand voll AutorInnen der internationalen SF-Spitze hat es – zum Teil über das Etikett des Jugenbuch-Klassikers – je geschafft, den Weg via Ramsch zur Unsichtbarkeit zu vermeiden. Wir haben angefangen, die feministischen Klassiker dieser Ära neu aufzulegen – mit erheblichen Schwierigkeiten aufgrund unbrauchbarer Übersetzungen und mit gemischtem, insgesamt noch nicht befriedigendem Erfolg. Am meisten Lob und Ehre hat uns bisher die Neuherausgabe von Ursula K. Le Guins Romanen eingetragen, *Das Wort für Welt ist Wald* und – insbesondere – ihre berühmte ›doppelsinnige Utopie‹ *Planet der Habenichtse*, beide wurden vollständig redigiert und über weite Strecken neu übersetzt, *Planet der Habenichtse* geht im April 2002 in die zweite Auflage.

Weniger Erfolg hatte Joanna Russ' berühmte provokante Social-Fiction-Satire *The Female Man*, deutsch zunächst 1979 unter dem Titel *Planet der Frauen*, ein Wegbereiter der Gender-Studies und ein verblüffender Klassiker der utopischen Literatur: aufbrechend in Inhalt und Form, hitzköpfig, schräg und doch elegant mit zartbitterbösem Humor, der es in sich hat. Russ benutzt den Faktor Zeit als Fadenspiel und knüpft – ihrer Zeit rettungslos voraus – das hausbackene Erzählkontinuum an sämtlichen Gliedmaßen auf. Nach kompletter Überarbeitung der deutschen Fassung, die stark von der Vorlage abwich, erschien der Roman bei uns unter dem Titel *Eine Weile entfernt*. Die vier Protagonistinnen dieses Romans leben in vier Welten: Jeannine in einem Amerika, in dem der Zweite Weltkrieg nie stattfand, Joanna in den 1970er Jahren unserer Wirklichkeit, Jael in einer nicht allzu fernen Zukunft, wo Männer und Frauen in einen ziellosen Krieg gegeneinander verzettelt sind, und Janet in Whileaway, einer futuristischen weiblichen Welt, in der Männer seit Äonen vergessen sind. Das Zusammentreffen dieser vier Frauen stellt all ihre Wirklichkeiten auf den Kopf – kühn, komisch und kribbelnd konsequent eruptiert eine inspiriert-feministische, postmoderne Realitätenmixtur. John Clute (*Encyclopedia of Science Fiction*) schrieb über Joanna Russ: »Sie hat die Gattung mit zwei Eigenschaften bereichert: Sie ist ehrlich, und sie ist gefährlich.« Und Tom Moylan (*Das Unmögliche Verlangen*) konstatierte in seiner Untersuchung kritischer Utopien: »Russ bestimmt die Utopie nicht als literarisches Objekt, sondern als literarische Praxis. Für sie verkörpert Utopia (...) die emanzipatorischen Möglichkeiten des Traumes.« (Moylan 1990, 65)

Moylan formuliert sorgsam genau den Grund, aus dem *Eine Weile entfernt* ein Musterbeispiel für die Art Literatur ist, die wir suchen, denn darin »wird ein literarischer Raum erschlossen, in dem sich selbstbewusste utopische Opposition im Namen einer authentischen, vielschichtigen Opposition behaupten kann. – Die Wirkungsmacht der utopischen Praktiken des Romans wird durch den selbstreflexiven Kommentar des Textes über seine eigenen Verfahrensweisen noch verstärkt. Dieser Kommentar sensibilisiert die Lesenden für das, was geschieht, und provoziert eine erneute Lektüre des Textes, der dann in den Wahrnehmungen und Handlungen der Leserin oder des Lesers selbst seine Vollendung findet.« (ebd., 95) »Der Roman bewegt sich als Text von der Behauptung der Utopie zu ihrer Praxis. Dabei weist er zum einen die falschen Versprechungen der affirmativen kapitalistischen Kultur zurück, die zwar Utopia anbietet, aber nur Waren liefert, und zum anderen die trügerische Sicherheit einer phallokratischen Struktur, die gleichfalls Utopia anbietet, aber stattdessen nur goldene Käfige bereitstellt.« (ebd., 99)

Doch trotz der subversiven, entschieden postmodernen, kühn-aformalen Form scheint *Eine Weile entfernt* nicht auf breite Resonanz zu stoßen. Anscheinend braucht eine politisch-kulturell wirkungsvolle Literatur vertrautere Erzählmuster, um den Nerv zu treffen. Moylan bescheinigt Marge Piercys ebenfalls in den 1970ern entstandenem SF-Roman *Frau am Abgrund der Zeit* ein solches Muster: »Piercys utopischer Roman ist eher dem kritischen Realismus und der traditionellen utopischen Literatur verpflichtet als der Science Fiction oder dem experimentellen Roman« (Moylan 1990, 134). »Obwohl er (...) formal weniger experimentell ist als der Roman von Joanna Russ, teilt Piercys Text mit ihm eine radikale Vision.« (ebd., 169) Dass dieser feministische Klassiker bei uns seit Neuherausgabe in der zweiten Auflage ist und weiterhin ein Publikum findet, stützt mit frischer Empirie die Vermutung, dass traditionelle Formen der Popularität zuträglich sind. Und die *Frau am Abgrund* hat zu Recht Klassikerstatus: Connie Ramos' Gratwanderung zwischen Elendsvierteldasein, gewaltsam verabreichten Psychopharmaka und einer gesunden, gesellschaftlich reiferen Zukunft birgt phantastische Entwürfe mit ungetrübt relevanten Bezügen zu heutigen Problemen und globalen Krisen (vgl. hierzu auch *Das Argument 242*, *Geburt des Biokapitalismus*, 640ff.).

Piercys rund fünfzehn Jahre später entstandener zweiter SF-Roman *Er, Sie und Es* (4. Auflage April 2002) folgt stilistisch ebenfalls den Mustern des kritischen Realismus, verarbeitet allerdings die historische Entwicklung und die Entwicklung der politischen Science Fiction in den 1980er Jahren, indem es Elemente der Cyberpunk-Bewegung aufgreift und ebenso integriert wie die fortschreitende Globalisierung, hochtechnologische Produktionsverhältnisse sowie ethische und sozialpsychologische, sogar historisch-mythologische Aspekte des Mensch-Maschine-Verhältnisses. Hier werden auch Donna Haraways Diskussionen zu Feminismus und Technowissenschaft (Cyborg-Manifest u.a.) literarisch aufgegriffen. Dabei ist Piercys leuchtende Stärke ihre Fähigkeit, die den Themen innewohnenden Widersprüche durch ihre Manifestierung in fiktiven Plot-Elementen und handelnden Figuren nicht etwa schwarzweiß und simpel werden zu lassen, sondern vielmehr Räume und Effekte, fiktionale neue Dimensionen für die Widersprüche zu erschaffen, durch die sie in anderem Licht betrachtet werden können, was z.T. die Fragen und Fronten aktueller Debatten verschiebt und – bei aller Erzählspannung – heftig zum Denken anregt.

Die 1980er brachten dem Genre eine neue Spielart, eine der amerikanischen Hardboiled-Tradition im Krimi vergleichbare, harte und höchst machoistische neue Untergattung, den Cyberpunk, dessen bekanntester Vertreter William Gibson (*Neuromancer*) wurde. High Tech, Low life – die Realität ist bereits tiefe Dystopie, Bürger lügen, harte Rhythmen lassen die Straßen der Zukunft vibrieren. Die Wiege des Cyberpunk aber ist *Stadt geht los* (*City Come A-Walkin'*), ein Roman von John Shirley, den William Gibson im Vorwort kommentiert: »John Shirley war der prototypische Patient des Cyberpunk, die erste Manifestation des Virus, erwiesenermaßen hochgradig ansteckend. Ein Überträger. Stadt geht los ist Beweis dafür und mehr. Es ist – und zwar in jedem Sinn – ein zukunftsweisendes Werk; fast alle Elemente der noch ungeborenen Bewegung treiben hier in den schimmernden Wirbeln von Shirleys literarischer Verve. Allein die Tatsache, dass ein Autor wie Shirley überhaupt verlegt wurde, wie unangemessen auch immer, war ein unübertreffliches Gegengift für das flaue Gefühl, das mich überkam, wann immer ich im Laden an der Ecke George Scithers' *Asimov's SF* durchblätterte. Die Erstausgabe von *Stadt geht los* war im Juli 1980 als Taschenbuch bei Dell erschienen und unterlief damit den Radar der Genreleser. Angesiedelt in einer ›nahen Zukunft‹, die sich beunruhigend wie die Gegenwart anfühlte (eine Wirkung, die ich seither zu erzielen suche), gespickt mit für Shirley typischen Obsessionen (die Gegenkultur des Punk, faschistische Bürgerwehrler, panoptische Überwachungssysteme, ekstatische Bewusstseinszustände) entspricht *Stadt* weniger einem Science Fictionroman, der in einer Rock-Halbwelt spielt, als vielmehr einer *Rock-Gebärde*, die zufällig in

Gestalt eines Taschenbuchs daherkommt. Shirley ließ das mit Plastikfolie verhüllte Sofa, das für die Science Fiction der Siebziger steht, aufs Schönste in der Versenkung verschwinden. Seine Schreibe zu entdecken war wie zum ersten Mal Patti Smiths *Horses* zu hören: die archetypische Form mit großer Leidenschaft neu eingenommen von verdorbenen und doch eigentümlich unschuldigen Akteuren, deren Fähigkeit ›an sich‹, dies überhaupt zu tun, unablässig in Frage gestellt wurde durch die Anforderungen dessen, was im Grunde eine schamanische Handlung war. Beiden ist eine unbändige zerlumpte Verwegenheit gemeinsam, ein Gefühl, als suche der Künstler Verbindung zum Jenseits. Sie beschwören ihre jeweiligen Götter herauf (die sich gelegentlich überschneiden, tatsächlich gehörte sie zu den seinen) und stürzen sich aus unterprivilegierten Teenager-Schlafzimmern, in der hoch erhobenen Hand zersplitterte Metaphern, so eigentümlich geformt wie Gefängnisbesteck.

Ich lernte Shirley kennen, als ich mich erstmals am Schreiben versuchte. Oder besser gesagt, ich hatte angefangen und das ganze Projekt dann hingeschmissen, aber dieser Mensch aus Portland beschämte mich derart, dass ich wieder anfing – dieser Frontmann einer Punkband, der tagsüber Science Fiction schrieb. Er glich einem Totem: Er war einfach da, zimmerte diese Geschichten zusammen und montierte sie mitten in der Wüste der Norm, wo ihre hastig gestalteten, doch oft atemberaubend wild wachsenden Gliedmaßen den Weg in Andere Welten wiesen. Er machte mir Höhenangst. *Stadt* zischte und knisterte, mit einer gottlosen, elektrisch auberginefarben glühenden Aura, irgendwo zwischen Neon und einem ein Tag alten Bluterguss – *Stadt* war Beweismaterial für gewisse Möglichkeiten, die bis dahin noch niemals benannt worden waren. Es sollte noch ein paar Jahre dauern, bevor das, was später Cyberpunk genannt wurde, aus Städten wie Austin und Vancouver durchsickerte.«

Bereits auf dem Höhepunkt der Cyberpunk-Ära entstand John Shirleys berühmtester Romanzyklus, die *Eclipse*-Trilogie. *Eclipse* zeigt ein Europa nach dem Dritten Weltkrieg: zerstörte Städte, chaotische Zustände unter den Überlebenden. US-amerikanische Fundamentalisten haben ihre Chance erkannt und ihr Siegerkapital eingesetzt; rechtsradikale Instanzen wie die Front National oder die Neonazis wurden protegiert und haben via Medienübernahme die politische Dominanz an sich gerissen. Eine international gebilligte Schutztruppe namens Zweite Allianz führt ein Law&Order-Regime, auf dessen Abschussliste alles steht, was anders denkt. Im Untergrund bildet sich der Neue Widerstand (NW), eine Guerillabewegung aus Musikern, Schriftstellern und anderen Künstlern, Linken, Anarchisten und sonstigen versprengten Relikten der vergangenen Kultur. Im ersten Band (Sonnenfinsternis) schleicht ein Mann, der sich Smoke nennt, unter Lebensgefahr im halb überfluteten, unbewohnbaren Amsterdam herum, weil er mit einem NW-Anführer namens Steinfeld Kontakt aufnehmen will. Smoke findet Steinfeld, und das ist der Anfang eines drastischen, verzweifelten Spiels um Kopf und Kragen, in dem auch der abgehalfterte Rockgitarrist Rickenharp eine Rolle spielt ... In Band 2 (*Halbschatten*) droht ein neuer Holocaust von Seiten der exzellent organisierten neoliberalen Faschisten. Eine Weltraumkolonie gerät in Geiselhaft, während die Zweite Allianz Massenmorde arrangiert, um ihre politischen Gegner aus dem Weg zu räumen ... Selten wurde die Zukunft der Menschheit auf der Erde und im All mit größerer Durchschlagskraft geschildert, und kein Autor beschreibt mit vergleichbarer Wut und Konsequenz die Folgen von neoliberalem Egoismus und politischer Gleichgültigkeit. Aber Shirley packt nicht nur härter zu als seine Kollegen, er versteht auch das Bedürfnis nach Heldenfiguren. Die seinen sind durchweg voller Brüche, sie sind zynische, gesellige Outlaws, revolutionäre Tagediebe, sozial engagierte Egomanen, psychopathische Gerechtigkeitskämpfer – jedwedes Menschenmaterial vom Schrottplatz Erde, in dem noch eine Spur politische Hoffnung anzusiedeln ist. Wie *Stadt geht los* ist auch *Eclipse* eine Rock-Gebärde in Romanform.

Da wir unser Faible für Cyberpunk entdeckt hatten, kamen wir an einem weiteren Klassiker nicht vorbei: Bruce Sterlings *Schismatrix* ist eine opulente Breitband-Vision, romantisch erzählt und total illusionslos. Sterling, Internationalist und zweifellos der führende Intellektuelle der Cyberpunk-Bewegung, gilt als einer der treffsichersten Prognostiker einer hochtechnisierten Zukunftswelt. Sein Roman *Schismatrix* verbindet die zutiefst pessimistische Haltung und Ästhetik des Cyberpunk mit dem üppigen Plot und romantisch-optimistischen Heldengestus der Space Opera – und schlägt den Bogen zur Desillusionierung. Mit lässigem Strich skizziert Sterling folgende Welt: Die Galaxis ist gespalten, ein heiß-kalter Krieg scheidet die rein mechanisch aufgerüstete Menschheit von den Anhängern der planvollen genetischen Veränderung. Während Krankheit und Alter an Relevanz verlieren, werden Ethik und Sinnsuche von Generation zu Generation desperatere Themen. Die Story: Auflehnung gegen die Dogmen seiner Gesellschaft treibt den jungen Charismatiker Abelard Lindsay ins galaktische Exil. Das giftige Klima einer unterprivilegierten Kolonie schürt nur seine Veränderungsenergie: Als Vehikel politischen Taktierens baut er ein Theater auf, um zwischen den Fronten der konkurrierenden Gruppierungen zum einflussreichen Faktor zu werden. Es funktioniert – binnen kurzem laufen wichtige Fäden in Lindsays Händen zusammen –, doch eine emotionale Entscheidung lässt ihn wieder alles über Bord werfen. Mit einem Raumpiraten-Clan bricht er auf ins Ungewisse und begegnet im Herzen eines dunklen Bergbau-Asteroiden erneut einer Schlüsselfigur seines Schicksals ... Im Laufe des Romans begleiten wir Lindsay durch mehrere Jahrhunderte und erleben seine Entwicklung vom glühenden Idealisten zum politischen Taktierer, zum Zyniker, zum ermüdeten Fatalisten, während die Welt sich rasant verändert (und die sozialen Probleme sich erschreckend treu bleiben), stabil einzig durch die lethale Stagnanz ökonomischer Determinanten, eine frappierende Zuspitzung unserer Gegenwart.

Obwohl die bis hierhin skizzierten Romane nur ein Bruchteil der *Social Fantasies*-Reihe und nur ein winziges Molekül der Menge der im Laufe des 20. Jahrhunderts entstandenen historisch-politisch interessanten Science Fiction-Romane sind, bilden sie zusammen betrachtet bereits eine eindrucksvolle Fährte, um die reiche Tradition guter, sozialkritischer SF-Literatur aufzuspüren – und ein Gefühl dafür zu bekommen, was für eine Bibliothek sich zusammenstellen ließe, hätte man die Möglichkeit, all die historisch und/oder gesellschaftsanalytisch relevanten, gut erzählten Romane wieder aufzustöbern, die auf Deutsch nie erschienen oder längst verschollen sind. Es muss uns bekümmern, von SchriftstellerInnen wie John Brunner, Ursula K. Le Guin, Samuel R. Delany, Kim Stanley Robinson, Dorothy Bryant, Richard Calder und vielen anderen nichts oder nur Bruchstücke des Gesamtwerks verfügbar zu haben.

Ich möchte noch einige unserer besten Neuentdeckungen nennen, und zwar insbesondere deuschsprachige AutorInnen. Die Hamburgerin Myra Çakan ist – endlich – eine Frau im notorischen Macho-Kosmos des Cyberpunk. Für unser Projekt verdient sie vor allem als Stilistin Lorbeeren. Mit *When The Music's Over* eroberte sie Neuland für den deutschsprachigen SF-Katalog: Hamburg unter Wasser, Berlin als Trümmerfeld, wo Kindergangs mit Terroranschlägen gegen Alien-Militärs kämpfen – Myra Çakan erzählt schnell, rasierklingenscharf und sinnlich, sie integriert die Stilelemente des Cyberpunk beiläufig und treffsicher, wie einst Chandler seine ›mean streets‹ zur selbstverständlichen Kulisse des Großstadtkrimis machte. Çakan ist zwar keine Feministin, hat keine direkte politische Botschaft, denn sie hat keine gesellschaftlichen Antworten, nicht mal als Versuch. Aber die Fragen sind alle da, und ihre Leidenschaft für die kompromisslose Sprache des Cyberpunk sowie ihr zärtlich-interessierter Blick auf Loser, Outlaws und realistische Antihelden zelebriert Auflehnung auf eine neue, verblüffend moderne, unter die Haut gehende Art. Çakans zweiter Roman baut diesen Effekt weiter aus. *Downtown Blues* ist ein Hardboiled-Krimi in dystopisch urbaner Kulisse. Als Ping-pong-Effekt stehen buhlerisch-bigotte Worthülsen von Politikern in Form fiktiver Zitate dem düster-poetischen Erzählfluss gegenüber:

»›... wir haben viel zu spät erkannt, dass wir den Krieg gegen die illegalen Drogen nicht in Südamerika verloren haben. In unseren eigenen Küchen, unter unseren Augen haben sie Drogen gemixt und das tödliche Zeug an ihre Freunde verkauft – unsere Kinder, ich spreche von unseren Kindern!‹ (Senator Edward Post, Auszug aus seiner Wahlkampfrede im März 2009 beim Bankett der Jahresversammlung der DCU) Jedes Jahr schluckt die Downtown ein paar Blocks. Jedes Jahr rennen ein paar Irre mehr durch die Straßen – kriechen nachts aus ihren Verstecken, aus ihren Hinterhöfen, Mülltonnen. Kommen aus ihren Penthäusern in der Oberstadt, verlassen ihre Hightech-Luxusfestungen auf der Suche nach dem großen Kick. Sie wollen das Aroma von Gewalt und illegalen Drogen auf ihren Lippen schmecken, jenen Drogen, die den Kreuzrittern entgangen sind, und Gewalt, die käuflich ist. Denn sie suchen jene Art der Anonymität, wie sie nur Durchreisenden mit hohem Kredit gewährt wird. Downtown ist das Synonym für Abstieg. Lebensmittelkarten für Ersatznahrung, Massenunterkünfte, Wasserrationierung im Sommer, Smog das ganze Jahr, Terror in den Straßen. Kleine Geschäftsleute ohne Protektion, die ihre Straße, ihre Nachbarschaft nicht verlassen wollen, die noch ans Gestern glauben. Einwanderer, die noch auf ein Morgen hoffen. Sie alle werden von der Unter-Stadt gefressen und anschließend auf die Straßen gekotzt. Man sagt, das Heim ist wo das Herz ist. Wirklich, ein toller Witz. Glaubt ihr etwa, mein Herz sei in der Gosse? Und doch bin ich hier zu Haus. Straßenratte Donovan.«

Der Roman bietet reichlich Action: In den Asphaltschluchten der futuristischen Metropole tummeln sich Junkies und Dealer, Malocher, Künstler, Gangster und Halbweltler. Die Zuspitzung des Hardboiled-Elements bestimmt die Karrieren der Unterprivilegierten. Agenten der City Force sind die lebendigen Glieder der letzten Barriere zwischen einem krebszerfressenen sozialen Schüttelsieb und dem endgültigen Chaos ... *Downtown Blues* ist ein Thriller mit der Poesie des sozialen Abgrunds, der die Verwandtschaft zwischen Hardboiled-Krimi und Cyberpunk deutlich spüren lässt.

Ein kritischer Querdenker und eingefleischter Esoterikfeind ist der SF-Autor Marcus Hammerschmitt. Er passt ideal in ein SF-als-Politik-des-Kulturellen-Projekt, er schreibt scharf sozialkritisch und hat ein beeindruckendes Repertoire an exzellenten, originellen Ideen für stimmige SF-Milieus, grandiose Kulissen und phantastische Handlungselemente. Sein Roman *Der Opal* glänzt mit einer schrägen Hauptfigur: Die genetisch konzipierte Lohnsklavin Latil, abgebrüht, aussagekräftig tätowiert und vom Leben nicht verwöhnt, ist eine aggressive, total neurotische bis psychotische Auftragsmörderin mit lupenreiner Outlaw-Mentalität, zugleich aber auch eine hochgradige Sympathieträgerin. Sogar ihr pubertierendes organisches Raumschiff ist in sie verliebt – und bildet zugleich die zweite Identifikationsfigur. Der »Opal«, Lebensraum ihrer aktuellen Auftraggeber, ist von Leuten bevölkert, die an Selbstüberzeugtheit kaum zu überbieten sind. Dabei wollen die vollendet harmonischen Bürger ganz das Übliche von Latil: Die Söldnerin soll einen von ihnen töten ... Rasant, phantasievoll und gewitzt zeigt Zukunftsliterat Hammerschmitt, wie eine künstlich geschaffene Sklavin durch einen Kulturschock zur Renegatin wird und wie ein elitärer Kosmos an den Klippen seiner Überheblichkeit Schiffbruch erleidet.

Hammerschmitts neuester Roman *Der Zensor* bettet die Zukunft Europas zwischen malerische Mythen und Hightech-Futuristik. In zwei zunächst diametral verschiedenen Erzählperspektiven – der des an antifrankistische Helden erinnernden Guerilleros Enrique und der des mächtigen, intriganten Zensors – entspinnt sich eine brisante Story: Spaniens Himmel breitet seine Sterne über Hightech-Pyramiden aus. Die neue Leitkultur ist (Ironie der Geschichte) die Kolonialmacht der Mayas. Mit nanotechnologischem Know-how halten sie im globalen Neofeudalismus den Südwesten Europas besetzt. Zentrum ihrer Macht ist Nanotikal, das umgeben von biotechnisch erzeugtem Urwald im Herzen Spaniens liegt ... Schnelle, dicht geknüpfte Handlungsfäden, eine ausgeklügelte Balance zwischen zwei grandios unterschiedlichen Hauptfiguren sowie phantastische Milieuschilderungen ergeben einen süffigen SF-Gesellschaftsroman.

Mit diesen und etlichen anderen literarischen Zukunfts-, Parallel- und Gegenweltentwürfen ergibt sich nach und nach eine ziemlich heterogene Mischung aus alten und neuen Romanen, die – von dezidiert aufklärerischen über radikal-aufrührerische, hoffnungsvolle und zynische bis zu subtil subversiven Ansätzen – eine Menge Stoff für die soziale Phantasie liefern. Es macht auch enormen Spaß, über solche Romane zu diskutieren. Noch im Bereich des Utopischen liegt allerdings der Anspruch, dass solche Literatur nicht nur ein begrenztes Publikum findet, sondern den Sprung zum massenhaft konsumierten Kulturgut schafft. Dafür gibt es keine Gewissheit. Aber wie Gramsci bin ich überzeugt, »dass es möglich ist, um einen kulturellen Brennpunkt ein Publikum zu scharen, sofern dieser Brennpunkt wahrhaft lebendig ist und Wärme ausstrahlt«.

Ebenfalls noch im Bereich des Utopischen liegt die Hoffnung, dass sich mehr und mehr leicht zugängliche kulturelle Projekte in der gesamtgesellschaftlichen Kultur breit machen. Der lange Weg, der dahin noch zu gehen ist, soll durch gute SF-Romane und durch möglichst viele weitere, ähnliche Projekte kürzer und vergnüglicher werden.

Literatur

Bibliographisches Institut & F.A. Brockhaus AG, 1987: Meyers großes Taschenlexikon in 24 Bänden

Bourdieu, Pierre, 1989: Die feinen Unterschiede

Çakan, Myra, 1999: When The Music's Over (Roman)

Çakan, Myra, 2001: Downtown Blues (Roman)

Clute, John, 1995: Encyclopedia of Science Fiction

Das Argument 242, 2001: Geburt des Biokapitalismus

Gibson, William, 2000: Neuromancer (Roman)

Gibson, William, in: Shirley, John, 2000: Stadt geht los (Roman)

Gramsci, Antonio, 1987: Gedanken zur Kultur

Gramsci, Antonio, 1991-2000: Gefängnishefte (Kritische Gesamtausgabe) Band 1 bis 9

Hammerschmitt, Marcus, 2000: Der Opal (Roman)

Hammerschmitt, Marcus, 2001: Der Zensor (Roman)

Haraway, Donna, 1995: Monströse Versprechen. Coyote-Geschichten zu Feminismus und Technowissenschaft

Jameson, Frederick, 1988: Das politische Unbewusste

Le Guin, Ursula K., 1997: Das Wort für Welt ist Wald (Roman)

Le Guin, Ursula K., 2002: Planet der Habenichtse (Roman)

Moylan, Tom, 1990: Das Unmögliche Verlangen. Science Fiction als kritische Utopie

Piercy, Marge, 2000: Frau am Abgrund der Zeit (Roman)

Piercy, Marge, 2002: Er, Sie und Es (Roman)

Russ, Joanna, 2000: Eine Weile entfernt (Roman)

Shirley, John, 2000: Stadt geht los (Roman)

Shirley, John, 2001: Eclipse. Buch 1. Sonnenfinsternis (Roman)

Shirley, John, 2002: Eclipse. Buch 2. Halbschatten (Roman)

Sterling, Bruce, 2001: Schismatrix (Roman)

Sturgeon, Theodore, 2001: Die Ersten ihrer Art (Roman)

Hinweis

Mehr Informationen zu den Romanen und der Reihe Social Fantasies im Internet unter www.argument.de oder www.socialfantasies.de.

Dorothee Richter

Feministische Utopien in künstlerischen Positionen

Die Suche nach feministischen Utopien in der aktuellen Kunstpraxis gestaltet sich als recht schwierig. Die Erfindung eines geschlechtlich changierenden Cyborgs von Donna Haraway[1] scheint für die Kunstwissenschaft wesentlich folgenreicher gewesen zu sein, als für die künstlerische Praxis.[2] Innerhalb der künstlerischen Praxis ist das *Women House*, das von Miriam Shapiro und Judy Chicago am *Cal Arts Institute* in den 70er Jahren gegründet wurde, als eine gelebte (und damit auch unvermeidlich gescheiterte) Utopie zu bezeichnen. In direkter Umsetzung von Forderungen der Frauenbewegung wurde ein Gebäude des Instituts ausschließlich Studentinnen und Professorinnen vorbehalten. Dort wurde mit experimentellen Methoden, die zum Teil den Methoden der Selbsterfahrungsgruppen entnommen waren, Rollenzuschreibungen in Frage gestellt, sexuelle Unterdrückung aufgearbeitet und all dies in radikale künstlerische Arbeiten umgesetzt.

In Europa ist als eine der wichtigsten Utopistinnen Valie Export zu nennen, die (z.B.) mit der Aktionshose *Genitalpanik* ein Phantasma der bürgerlichen Gesellschaft, die imaginär verknüpfte Bedrohung durch Terrorismus und die Bedrohung durch eine verschlingende, kastrierende Vagina bildnerisch in eins gesetzt hat. Sicherlich hat die Aneignung und Vereinnahmung dieser bürgerlichen Albträume einen utopistischen Beigeschmack.

Ein weitere Aktion zeigt Valie Export mit Peter Weibel (dem heutigen Leiter des Kunst-und Medienzentrums in Karlsruhe), sie führt Peter Weibel an einer Hundeleine spazieren, Peter Weibel bewegt sich auf allen Vieren. (Aus der *Mappe der Hundigkeit* von 1968) Hier kann eine feministische Perspektive sehr direkt ausgemacht werden: die tatsächlichen Machtverhältnisse in der patriarchalen Gesellschaft werden umgekehrt, Werte einer patriarchalen Ordnung mit dem Mann und Vater als Oberhaupt der Familie und Gesellschaft werden kraß ironisiert. Der utopische Charakter der Aktion kann schon daher nachvollzogen werden, daß zwar Valie Export international als anerkannte Künstlerin gilt und immerhin als eine der wenigen Frauen im deutschsprachigen Raum eine Professur an einer Kunsthochschule innehatte, gleichwohl ist die Position als Direktor des *ZKM*, die Peter Weibel heute begleitet, von ungleich größerem Einfluß auf die internationale Institution Bildende Kunst. Die Utopie hat sich noch nicht eingelöst. Im folgenden stelle ich zwei künstlerische Positionen vor, um diese mittels strukturellen Analyse auf utopische und feministische Ansätze zu untersuchen.

Christine und Irene Hohenbüchler (1964)[3]

Christine und Irene Hohenbüchler sind Zwillinge und gleichzeitig ein Künstlerpaar. Auf den ersten Blick erscheint diese doppelte Nähe fast bedrückend, tatsächlich wird die Möglichkeit zum Diskurs aber schon dadurch eröffnet, daß die eine in Österreich lebt und die anderen in Berlin. In ihren Arbeiten haben sie immer wieder marginalisierte Techniken (wie Stricken und Weben) und auch marginalisierte Bevölkerungsgruppen, geistig Behinderte und Strafgefangene, integriert. Diese kunstfernen Techniken, die mit dem Makel des weiblichen Tätigkeitsfeld behafteten sind und damit abgewerteten werden, konnten sie ins das Feld der Kunst überführen, da sie die Arbeiten jeweils stark ästhetisiert und durch die Ausmaße verfremdet in Szenen gesetzt haben.

Raimar Stange bemerkt hierzu beispielsweise in der artist Nr.29, 4/96:

> »Neben der Figur des Rätsels ist es auch das Moment des Zitats und der Intertextualität, das die Hohenbüchlers in ihrer engmaschigen, aber durchlässigen Vernetzung von Individuellem und Allgemeinem nutzen. Dafür steht bei ihnen fast paradigmatisch die Werkgruppe das Strickens und Webens. Stets sind diese Arbeiten [...] sehr offen ausgelegt, fordern gleichsam zur Mitarbeit auf: in den Enden des Textils steckten noch die Nadeln, Wollknäuel lagen ebenfalls bereit. So knüpfen die TEXTilien als dynamische Beziehungssysteme, in diffuser Weise konkret und symbolisch zugleich, an diverse Stoffe und Texte an. [...] Die Rolle des genialen, aus sich selbst schöpfenden Künstlers wird im Akt des amateurhaften Anknüpfens ad absurdum geführt.«[4]

Bekannt sind Ihnen sicherlich die Arbeiten mit geistig Behinderten, die in bei der *Documenta X* zu sehen waren. Der Ausstellung vorausgegangen ist eine längere Arbeitsphase, in der Christine und Irene Hohenbüchler mit geistig Behinderten arbeiten. Die Ergebnisse werden auf eine sehr ästhetische Weise präsentiert, die eine Resemantisierung, eine Bedeutungsänderung nahelegt.

Auf extra hierfür entworfenen Möbeln werden die lustigen und bunten Arbeiten präsentiert und somit in einen ästhetischen Zusammenhang gebracht, der die einzelnen ›Werke‹ in einer gewissen Serialität oder als akkumulierte Haufen erscheinen läßt. Für diese Arbeiten gebrauchen die Hohenbüchlers die Bezeichnung ›Multiple Autorenschaft‹, um sich von der alleinigen Urheberschaft zu distanzieren. Wenn sie sich allerdings enttäuscht darüber äußern, daß der Kunstmarkt zwar auf das ›label‹, die Signatur »Christine und Irene Hohenbüchler« reagiert, nicht aber die Arbeiten der geistig Behinderten kaufen würde, dann ist diese Hoffnung doch etwas naiv, da es wohl zu den bleibenden Gesetzen des Kunstmarktes gehört, daß allein die Signatur, oder eventuell ein Substitut einer Signatur, die Werke als solche bezeichnet.

Hierzu Christine und Irene Hohenbüchler in einem Interview:

> »Ihr möchtet damit ein gesellschaftliches Bewußtsein für Behinderte und deren künstlerische Arbeit schaffen?«
> I.H.: »Ideal wäre es schon, wenn man eine gesellschaftliche Akzeptanz erreichen und ein Bewußtsein dafür schaffen könnte, daß diese Leute entwicklungsfähig sind und Arbeiten machen, die einen künstlerischen Wert haben. Wir wollen ja nicht die Behinderung therapieren, sondern eher umgekehrt die Gesellschaft und deren Verhaltensweisen. D.h. heißt, der Umgang mit behinderten Menschen muß verändert werden.«[5]

Sicherlich wurde mit der Präsentation der Arbeiten in einem kulturellen Kontext ein Umdenken angeregt. In vielfältiger Form gelingt es den Künstlerinnen die Ausschlußmechanismen, die Michel Foucault für diskursive Formationen, wie z.B. die Bildende Kunst festgestellt hat, in Frage zu stellen und ständig zu erweitern. So auch die Künstlerinnen zu den sogenannten weiblichen Techniken, die sie verwenden:

> »Textilien, textile Techniken und Metaphern tauchen in euren Arbeiten, Installationen und Techniken immer wieder auf. Wie kommt ihr zum Weben, Flechten, Vernetzen, Verknüpfen ...?«
> I.H.: »Ich glaube, daß das ein kulturelles Erbe ist ... CH: ..als Frau.... I.H. ... mit Textilien zu arbeiten..... C:H: und dann ist en eine schöne Metapher und hat etwas mit unserem Denken zu tun. I.H. Es hat auch ganz praktische Hintergründe: Textilien sind von der Farbigkeit sehr schön, leicht zu transportieren, man braucht nicht großartig Maschinen zum Verarbeiten und sie sind relativ günstig. Textilien kommen in Mythen vor und meistens in Verbindung mit Frauen: Der Faden der Ariadne, Penelope, die webt,.... [....]
> C.H.: Wenn ich an die Psychoanalyse denke: Frauen werden oft mit Gefäßen verglichen und wenn man sich mit Textilien beschäftigt, dann sind das meistens Hüllen oder eine Art Schutzmantel.«[6]

Diese Bemerkung erinnert mich an einen Untersuchung, der Literaturwissenschaftlerin Helga Gallas, über die Konnotationen von Gefäßen:

> »Um den Zustand der körperlichen oder geistigen Unterlegenheit eines Menschen zu bezeichnen, sagen wir umgangssprachlich »Flasche«. Stellen wir das Paradigma der Gegenstände auf, mit denen Menschen ›zusammengebracht‹

werden, so ergibt sich: Flasche, Tasse, (Nacht-, Tran-) Topf für Minderwertigkeit und Unterlegenheit; Licht, Leuchte, Kanone bezeichnet das Gegenteil, also geistige Überlegenheit. Teller, Messer, Gabel, Löffel - alles Gegenstände unseres täglichen Gebrauchs- sind hingegen nicht benutzt. Es ergibt sich also: Flasche / Kanone wie Inferiorität / Superiorität. Aufgrund welcher Beziehungen sind gerade diese Gegenstände ausgewählt worden? Flasche ist eine Hohlform, auf einer Seite geschlossen, zur Aufnahme und Bewahrung eines Inhalts bestimmt (das gleiche gilt für Tasse oder Topf); Kanone oder Licht haben dagegen Röhrenform, beide Gegenstände sind aufstrebend, weisen über sich hinaus (durch die Kugel bzw. die Flamme), haben ›Transzendenz‹. Man erkennt unschwer, daß aufgrund dieser formalen Beziehungen der Gegensatz Flasche/Kanone (oder Licht) geeignet ist, den Unterschied zwischen den weiblichen und männlichen Geschlechtsorganen zu ›denken‹. [...] Um aber zu verstehen, wieso dieser Gegensatz zur Bezeichnung eines weiteren benutzt werden konnte, nämlich Flasche = weiblich = Unterlegenheit und Minderwertigkeit, Kanone = männlich = Überlegenheit und Hochwertigkeit, kommt man notwendig auf gesellschaftliche Verhältnisse zurück, auf Herrschafts- bzw. Ausbeutungsverhältnisse, die die untergeordnete Stellung der Frau in bestimmten Gesellschaften determinieren (und nur in solchen Gesellschaften könnte die Bezeichnung »Flasche« im pejorativen[=abwertenden] Sinn aufkommen).«[7]

Auch an dieser Ausführung wird deutlich, daß es Christine und Irene Hohenbüchler auf verschiedenen Ebenen gelungen ist, ausgegrenzte Felder in die Kunst zu überführen und damit möglicherweise einen Erkenntnisprozeß auf der visuellen Linie in Gang zu setzen. Bei der Stuttgarter Ausstellung zur *Meisterschaft des Alters* (2000) sind die Künstlerinnen dem Ausstellungsanspruch konträr verfahren, statt die eigenen Meisterschaft zu dokumentieren und zu zementieren, um sich in die Kunstgeschichte über den üblichen Meisterdiskurs einzuschreiben, haben sie verschiedene ältere Künstlerinnen, Schriftstellerinnen und Architektinnen zu ihrem Leben befragt und die Anworten dem Publikum in der Ausstellung, wiederum auf speziellen Möbeln präsentiert, zugänglich gemacht.

Harald Welzer kritisierte in einer *Artist* Polemik unter anderem die Arbeit von Christine und Irene Hohenbüchler: » Die höhere Schamlosigkeit zeigt sich darin, daß nichts und niemand mehr in Ruhe gelassen wird, und der Kunstbetrieb liefert noch die Ornamentik dazu. .... Aber kritisch wird es da, wo noch die Insassen von Heilanstalten und Gefängnissen herhalten müssen für prozessuale Kunstproduktion,....«[8]

Eine solche Haltung drückt meiner Meinung nach eher den Wunsch nach Verdrängung von »Abjekten«, also Ekel hervorrufenden Ausscheidungen aus, als eine rationale Kritik.

Tatsächlich gehen den Ausstellungen lange Arbeitsphasen voran, die Zusammenarbeit mit der *Kunstwerkstatt Lienz* für geistig Behinderte erstreckt sich über einen Zeitraum von 10 Jahren, die Zusammenarbeit mit Gefangenen dauerte 3 Monate lang, in dem ersten Monat fand nur eine langsame Annäherung statt. Erst dann begannen einige Gefangene die Möglichkeit wahrzunehmen, sich sehr frei visuell zu äußern.

Das Einbeziehen von weiblich konnotierten Tätigkeiten, wie Knüpfen und Weben, auf der Materialebene sowie die weiblich konnotierten Tätigkeit der Sozialarbeit macht die Arbeit der Künstlerinnen immer wieder zum Balanceakt: »Do we produce art as one expect women's art to look like? ...It is incredible hard to escape the heritage of female occupations, they patterned our way of thinking«, schreibt Irene Hohenbüchler in dem Künstlerbuch Chicago.[9]

(Produzieren wir Kunst, die so aussieht, wie man es von Frauen-Kunst erwartet? Es ist unglaublich schwer dem Erbe der weiblichen Beschäftigungen zu entgehen, sie haben unsere Art zu Denken geprägt.) Tatsächlich liegt die Überzeugungskraft ihrer Arbeiten darin, daß sie dieses Erbe, diese sozialen Konstruktionen nicht verleugnen, sondern in andere Kontexte überführen und sichtbar machen.

Dabei werden die dünnen Linien der verschiedenen Ausschlußmechansimen, sei es von weiblich konnotierten Tätigkeiten, sei es von ganzen gesellschaftlichen Gruppierungen als ein erstaunliches Element mittels einer ästhetischen Präsentation sichtbar.

Bei der *Biennale* von Venedig 1999 wurde unter den beteiligten Künstlern des österreichischen Pavillons heftig diskutiert, ob überhaupt während eines andauernden Krieges, bzw. dessen Nachwirkungen im Kosovo eine Ausstellung sinnvoll wäre. Die beiden Künstlerinnen entwickelten dann aber ein Mutter-Kinder- Haus, um wiederum eine politische Debatte in Feld der Bildenden Kunst zu überführen:

> »Ausganspunkt unserer Überlegungen war die Situation der Frauen und Kinder, die auf Grund des Kosovokrieges ihre Häuser, ihre Wohnungen, vorallem aber ihre Lebenssicherheit verloren haben. Gemeinsam mit dem Architekten Martin Freisinger entwickelten wir ein Mutter-Kind(er)-Haus, ein Wohnmodul für 7-8 Kinder, einem Elternteil und eventuell Großeltern.
> Das Haus besteht aus einfachen, vorgefertigten Lärchenholz- Bauteilen. Es wir der nachwachsende Baustoff Holz verwendet, wegen der relative Leichtigkeit des Materials, der Geruchs, der sofortigen Bewohnbarkeit und des angenehmen Raumklimas. Die einzelnen Bauteile sind so konzipiert, daß sie mit Menschenkraft auf- und wieder abbaubar sind.... Durch das wabenwartige System kam entsprechend der wachsenden Befdürfnissse einer Familie jederzeit ein Raum angegliedert werden. z.B. Wohnzellen für größere Kinder, wobei auch ein Arbeitsraum, eine Werkstatt oder noch Zimmer für Verwandte..[...]
> Die 3 räumige Zellen-Grundform ist in originaler Größe im Garten des öster-

reichischen Pavillon aufgebaut. sie ist begeh- und erfahrbar, jedoch ohne dazugehöriges ›Innenleben‹.
Bis Ende Nov.99 bleibt das Haus im Garten des österreichischen Pavillon stehen, danach wird es von SOD Kinderdorf übernommen und im Kosovo an einem sicheren Platz wiederaufgebaut. Die österreichische Raiffeisenbank kaufte das Haus an, mit der Auflage, daß es karitativen Zwecken zur Verfügung steht. Mit dem daraus erwirtschafteten Gelds wird entweder der Innenausbau des Hauses finanziert oder eine weiteres Modul dazugebaut.«[10]

Diese Arbeit wurde wie auch die Zusammenarbeit mit geistig Behinderten des öfteren kritisiert: Gäbe es dann nicht für die notleidende Bevölkerung im Kosovo sinnvollere Möglichkeiten, das Geld einzusetzen? Ließen sich nicht von diesem Betrag sehr viel mehr Notunterkünfte aufstellen usw. Meiner Meinung nach zeigt diese Kritik eher, daß jeder/jede, die dezidiert mit einem politischen Anspruch arbeiten, weit kritischer befragt werden, als diejenigen, die von vornherein der Kunst einen realitätsfernen, autonomen Status zuweisen und zum Beispiel als Maler oder Malerinnen an ein, wie auch immer geartetes politischen Eingreifen, womöglich mit finanziellen Auswirkungen für die KünstlerInnen, niemals denken würden. Mit der Entscheidung für ein gut gearbeitetes und ästhetisch überzeugendes Haus, das flexibel ist, wird eine utopische Vorstellung erweckt: Die Menschen im Kosovo, speziell Mütter und Kinder sollten in dieser schönen Umgebung leben. Auch bei dieser Arbeit fasse ich das einzelne, modellhafte Haus als ein Zeichen auf, ein Zeichen in einer gedachten Kette von Zeichen, dessen Bedeutung über es hinaus reicht und auf eine utopische Zukunft verweist.

Aleksandra Mir Video

Die Landung der ersten Frau auf dem Mond fand am Strand von Wijk am Zee am 28.8.1999 produziert von Casco, einer unabhängigen Kunstinstitution in Utrecht, statt.

Was unterscheidet die Mondlandung von Frauen und die von Männern? Nun, ganz offensichtlich, müssen Frauen auf der Erde sehr viel in Bewegung setzten, um, zumindest in als Repräsentationsmodell, auf dem Mond zu landen. Schon an dieser Geste wird deutlich, daß Frauen nicht als die ersten Helden, in welchem Bereich auch immer, gehandelt werden. Da die bildende Kunst als ein Repräsentationsmodell aufgefaßt werden kann, das Werte einer Gesellschaft aufzeigt und kritisiert, wird das Fehlen der Repräsentation von Frauen als eine Leerstelle gekennzeichnet.

Weder die Astronauten, noch die Politikern, noch die Bürgermeister, die Fußballvereinspräsidenten und noch weitere 95% der Menschen, die in den Medien als »wichtig« durch ihren Status als repräsentativ Abgebildete gekennzeichnet werden, sind Frauen im Unterschied. Die Abbildungen von Frauen beziehen sich nach wie vor meistens auf die Auslösung von sexuellen Reizen. Die Beziehung von Präsenz und Absenz von Repräsentationsmodellen, die unsere grundlegend von sexueller Polarität durchzogene Kultur kennzeichnet, wird in der künstlerischen Arbeit ironisch bewußt gemacht.

Das Video *First Woman on the Moon*, das wir als Relikt der Aktion und wie in der zeitgenössichen Kunst üblich, als Video, also als eigenständige Arbeit auffassen können, zeigt weitere Leerstellen auf: Die Inszenierung der sogenannten Mondlandung mit Kamera Equipment, Kranwagen etc. wird uns offen gezeigt, dies ist als Anspielungen auf die Inszenierung von Ereignissen durch die Medien lesbar. Die Bilder der ersten Frau auf dem Mond wurden, wie bei der Mondlandung der Nasa, über die großen Presseagenturen dpa usw. verbreitet.

Beim Aufbau, der Schaffung des Ereignisses, des Kunstwerkes, ist deutlich sichtbar, daß an der Arbeit mehrere Menschen beteiligt waren, sowohl Baggerführer, als Künstlerinnen, als zufällig Anwesende, wie beispielsweise Kinder, die mitgearbeitet haben. Das Kunstwerk wird nicht als ein abgeschlossenes autonomes Werk inszeniert, im Widerspruch zu den Paradigmen des Kunstbetriebs. Auch bei der finalen Landungs- und Besatzungsszene mit der amerikanischen Flagge ist Aleksandra Mir nicht alleine, einige Astronautinnen und einige Kinder besetzen den Mondkrater in einer eher losen und zufälligen Anordnung gemeinsam. Der symbolische Akt der Landnahme wird als ein fast zufälliger Akt beschrieben, der in einer Kette von Ereignissen steht.

(Unsere Erwartung einer perfekten Inszenierung wird mit dem Video enttäuscht. Jacqueline Rose spricht in dem Artikel *Sexualität im Blickfeld* dieses neue Paradigma einer feministischen Kunstauffassung an: »Die Position der Frau hängt daher von einer besonderen Ökonomie des Blicks ab (die Wichtigkeit von »Frauenbildern« könnte daher ihren umfassenden Sinn beziehen) Vielleicht ist das auch der Grund, warum nur ein Projekt, das vom Feminismus herkommt, so eindeutig vom Bild fordern kann, daß es alle Prätentionen einer narzißtischen Perfektion der Form aufgibt.«[11]

An anderer Stelle betont sie: » Wenn die Bedeutung (der sexuellen Differenz) Schwankungen unterliegt, sobald ein Kastrat die Szene betritt, so müssen wir das so verstehen, daß unsere Gewißheit im Normalbild des Mannes liegt, und daß im Bild der Frau ihr ständig drohender Zusammenbruch impliziert wird.«[12] Ich verstehe Jacqueline Rose so, daß sie damit ein Bild der Frau meint, das die gängige Rollenzuschreibung verunsichert und dies wiederum übertragen auf die Struktur von Kunstwerken überhaupt bedeutet, daß jede tiefgehende Verunsicherung unserer Sehgewohnheiten und Erwartungen verknüpft ist mit einem Schwanken der Konstruktion von Geschlechterzuschreibungen.

Noch eine Bemerkung

»With all the holes in you already there´s no reason to define the outside environment as alien.«[13]
»Mit all den Löchern, die bereits in dir sind, gibt es keinen Grund, die äußere Umgebung als feindlich zu betrachten.«

Diese provokante Leuchtschrift hat Jenny Holzer schon 1984 in New York montiert.

Wenn nun, nach Helga Gallas, aufgrund der formalen Beziehungen der Gegensatz Flasche/Kanone (oder Licht) geeignet ist, den Unterschied zwischen den weiblichen und männlichen Geschlechtsorganen zu ›denken‹ und dieser Unterschied wiederum mit Flasche = weiblich = Unterlegenheit und Minderwertigkeit, Kanone = männlich = Überlegenheit und Hochwertigkeit in unserer Kultur verknüpft ist, dann möchte ich vorschlagen, diese Gehirnwäsche bewußt zu verändern. Die Vorstellung, daß wir in ein Netz von Signifikanten geboren werden, das vor uns existiert (als Sprache, als kulturelle Codes, als Zeichen aller Arten), läßt genaugenommen den Schluß zu, daß das Bewußtsein das Sein bestimmt. Unser Bewußtsein ist in bestimmtem Maße veränderbar. Daher schlage ich vor, daß wir, als Trägerinnen des Hohlraums oder Lochs im Sinne des Zitats von Jenny Holzer dies im vollen Bewußtsein und mit Stolz tun. Eine kleine Veränderung/Umkehrung der Gehirnwäsche erscheint mir auch innerhalb der bestehenden Signifikantenkette möglich. Zudem erscheint mir die bei Holzer angedeutete Möglichkeit, die Löcher unseres Körpers als Zeichen für das Hereinlassen und Herauslassen, als den interessanten Umschlagplatz für Eigenes und Fremdes zu denken, als sehr verlockend. Diese Zonen des Übergangs, seien es Mund, Geschlecht, Anus oder Augenschlitze implizieren jeweils einen seiner Struktur nach diffusen Ort, an dem das Eigene und das Fremde ununterscheidbar ist.[14] Dies, (und ich bleibe hier mit voller Absicht recht vage), läßt sich in Richtung auf politische, künstlerische, geschlechtsspezifische Utopien weiterdenken.

Anmerkungen

1) Haraway, Donna: Ein Manifest für Cyborgs., Feminismus im Streit mit den Technowissenschaften, in Haraway, D.: Die Neuerfindung der Natur, Primaten, Cyborgs und Frauen; Frankfurt a.M. 1995
2) Als Ausnahme sei hier auf die Künstlerinnen und Kunstwissenschaflterinnen im Netz verwiesen; Old Boys Network

3) Der Abschnitt über Christine und Irene Hohenbüchler ist in leicht geänderter Form auch innerhalb der Einführung zu dem Tagungsband: Dialoge und Debatten, feministische Positionen in der zeitgenössischen Kunst, Hg. Dorothee Richter, die Höge und das Institut für Moderne Kunst, Nürnberg, 2000 erschienen.

4) Stange, Raimar: Über Christine und Irene Hohenbüchler. artist Nr 29, 4/96, S. 23

5) Institut für moderne Kunst, Nürnberg, Jahrbuch 97, S.85

6) Institut für moderne Kunst, Nürnberg, Jahrbuch 97,92

7) GALLAS, Helga: Strukturalismus als interpretatives Verfahren. Darmstadt u. Neuwied 1972, Seiten XXII / XXIII

8) Welzer, Harald, Pittoreskes Elend, öffentlich und privat. Artist Nr 30, 19

9) zitiert nach ... verhalten zu ... Kunstgeschichte und zeitgenössische Kunst, Baumgartner, Marcel, Hg., Köln 1998, S.44

10) Beschreibung von Christine und Irene Hohenbüchler, 1999

11) Rose, Jacqueline: Sexualität im Blickfeld. in Real Text, Hg.: Christian Kravagna und Georg Schöllhammer, Klagenfurt 1993, S.190

12) ebd. S. 189

13) Jenny Holzer, Leuchtschrift, Survival Serie, New York City, 1983

14) Hierzu sei auch auf den Text von Margaret Iversen verwiesen: What is a photograph? erschienen in Art History ISSN 0141-6790 Vo. 17 No. 3 September 1994, Oxford und Cambridge

Angelika Öhrlein

Welche Möglichkeiten bringt das Internet für Science Fiction von Frauen?

Vorbemerkung

Der folgende Beitrag versucht in gedrängter Form einen kurzen Überblick über Möglichkeiten zur Entwicklung und Pflege einer eigenen Internet-Präsenz zu geben. Wie groß ist das Publikum? Wie macht frau/man auf sich aufmerksam? Gibt es Resonanz? (Und nicht zuletzt: was kostet der Spaß?) Der Text dazu wurde in HTML geschrieben. Abweichend vom Standard sind die Links jedoch bereits im Fließtext mit ihren vollen Internet-Adressen angegeben; damit soll vermieden werden, dass beim Ausdrucken und offline Lesen des Texts Information verloren geht, die online auf einen Klick zur Verfügung stünde. Alle Aussagen geben Meinung und Kenntnisstand der Autorin wider. Zugleich distanziere ich mich hiermit ausdrücklich von Seiten rassistischen, sexistischen und allgemein gewaltverherrlichenden Inhalts, die eventuell über die von mir für diesen Beitrag angegeben links im world wide web zu erreichen sind. Alle Angaben entsprechen etwa Mitte November 2000.

Zur Einführung: publish or perish

Wer schreibt, möchte gelesen werden und zwar von möglichst vielen Menschen. VerfasserInnen, deren Texte auf konventionellem Weg publiziert werden, also zum Beispiel als Artikel/Beitrag in einer Zeitschrift oder in Buchform, haben jedoch im Allgemeinen keine direkte Kontrolle über die Anzahl ihrer LeserInnen. Die Auflage, das heißt, die Anzahl der gedruckten — und damit (hoffentlich auch) über den Buchhandel verbreiteten Exemplare, sei es der Zeitschrift oder einer Monographie, bestimmt der Verlag; der Verkaufserfolg wiederum resultiert sehr vereinfacht gesagt aus einer Kombination von Werbungserfolg und Publikumsakzeptanz. Wobei die beiden letztgenannten Punkte — wie aktuell im Fall Joanne K. Rowling und *Harry Potter*, um damit nur ein Beispiel aus jüngster Zeit zu nennen — nicht unbedingt in ursächlichem Zusammenhang stehen müssen. Überraschungen, positive wie negative sind also durchaus möglich, der Normalfall sind sie nicht. Wer auf dem bisher üblichen Weg veröffentlicht, bekommt Feedback für seine Arbeit in aller Regel nur indirekt — Briefe von begeisterten LeserInnen dabei einmal ausgenommen — , nämlich einmalig durch ein Honorar, oder spätestens nach Verkauf der Auflage über die Abrechnung zwischen AutorIn und Verlag, deren Modalitäten im Verlagsvertrag zwischen beiden Parteien schon im Vorfeld der Veröffentlichung festgelegt wurden. Nebenbei bemerkt: Verlage sind Unternehmen der (privaten) Wirtschaft und müssen Gewinne machen. Darum gehen Verleger nur kalkulierbare Risiken ein. Das erklärt auch, warum nicht nur im Bereich Science Fiction überwiegend Übersetzungen meist US-Amerikanischer AutorInnen auf den Markt kommen. Diese Bücher haben nämlich ihre Umsatztauglichkeit für ein wesentlich größeres Publikum als das deutschsprachige bereits bewiesen. Verkaufen spielt jedoch im WorldWideWeb noch nicht die erste Geige, trotz Internet-Bookshops wie *http://www.amazon.de* und anderen. Es gibt so etwas wie eine Szene für nicht-kommerzielle Internet-Veröffentlichungen, von der die für Science Fiction-Texte allerdings nur einen sehr kleinen Teil darstellt. Aber auch hier gilt: wer Inhalte ins WorldWideWeb setzt, erreicht damit im Prinzip ein globales Publikum und kann Wirkung deshalb sogar in etwa im Voraus kalkulieren — im Fall deutschsprachiger Texte natürlich mit eben dieser Einschränkung. Oder mit anderen Worten, man kann sich seine LeserInnen in der virtuellen Gemeinschaft des Web gezielt suchen. Wie, das soll in den nächsten Abschnitten besprochen werden.

Die Milchmädchenrechnung, oder: traue keiner Statistik, die Du nicht selbst gefälscht hast

Die einfachste Methode, in etwa eine Vorstellung davon zu bekommen, wie groß das potentielle Publikum für Texte sein mag — und vor allem, was die Konkurrenz bisher auf die Beine gestellt hat — besteht darin, eine der verschiedenen Suchmaschinen zu benützen. Brauchbare Ergebnisse liefern sie alle. Wenn man weiß, wie man sie zu interpretieren hat. Nehmen wir zum Beispiel *http://de.yahoo.com.*

Laut eigenen Angaben suchen derzeit ungefähr 10 Millionen Menschen, also grob die Hälfte aller Internet-Nutzer in Deutschland mit *yahoo.de. Yahoo* ist ein redaktionell geführtes Verzeichnis. Das heißt, alle angemeldeten Seiten werden im Prinzip wenigstens oberflächlich nach ihrem Inhalt begutachtet und erst danach in den Katalog einsortiert. (Oder auch abgelehnt.) Science Fiction findet sich dort unter der Rubrik: *Kunst & Kultur Literatur Genre Science Fiction und Horror* mit 53 Einträgen, davon nennt der Untereintrag Autoren wiederum 42 Personen; darunter immerhin 3 Frauen. Das schon einmal als Vorab-Aussage zum Zahlenverhältnis der Geschlechter im web.

Einschub
Der Eintrag als solcher unterscheidet übrigens nicht danach, ob die jeweilige Seite von der Autorin/dem Autor selbst ins Netz gestellt wurde, oder eine sogenannte Fan-Seite beinhaltet. (Dazu später mehr.)

Die Rubrik im Katalog ist jedoch noch keineswegs alles, was *Yahoo* zum Begriff Science Fiction zu bieten hat. Sucht man in *yahoo.de* unabhängig vom Katalog-Eintrag über die Suchmaschine, listet dieses Verzeichnis Folgendes: 8 Kategorien, 105 Websites und 5 Nachrichten auf; die webweite Suche bringt insgesamt 17600 Einträge. Aber was heißt das nun? Theoretisch müsste jeder, der im Quelltext einer HTML-Seite das entsprechende keyword eingebaut hat, auch an webveröffentlichter Science Fiction interessiert sein. Doch wie sieht es mit der direkten Konkurrenz aus? In realistischer Zeit durchlesen und vergleichen kann man nur die Websites. Aber wer von den 105 von *Yahoo* gelisteten Web-Mastern schreibt womöglich selbst? Sind das wirklich alle? Und was steht dann sonst noch in den beinahe 18.000 Einträgen? Dazu noch ein Einschub für Internet-Newbies: Suchroboter suchen eben wirklich nur nach Buchstabenfolgen. Für Inhalte sind sie nicht konstruiert, die muss man sich selbst finden. Selbst die Kombination mehrerer Begriffe hilft da nur bedingt. Siehe dazu folgende Beispiele: Es wurden diese Suchwort-Kombinationen ausprobiert:

- *Science Fiction & Frau(en)* liefert 176 Kategorien, 1748 Sites, 0 Nachrichten,
- *Science Fiction & Autor(in)* liefert 2 Websites,
- *Science Fiction & Schriftsteller(in)* liefert 1 Website,
- *Science Fiction & weiblich* liefert 1 Website.

Oder mit anderen Worten, wir bekommen eine Datenmenge zur Auswahl geliefert, die man für recht ordentlich halten könnte. Doch wer daraus etwas über den Anteil von Frauen in der deutschsprachigen Science Fiction erfahren möchte, zumindest soweit sie bereits im Internet präsent sind, steht vor dem gleichen Problem wie vorher. Denn dass in 1748 Sites gleichzeitig die keywords ›Science Fiction und/oder Frau(en)‹ eingetragen sind, verrät leider nicht mehr als die Tatsache an sich. Keine Aussage, ob von oder über Frau(en). Ebenso wenig lässt sich eine Suchmaschine davon überzeugen, dass das an dem deutschen Wort ›Autor‹ angehängte in irgend eine Konsequenz für die Suchstrategie hätte ... (Noch einmal zum Vergleich: das internationale Verzeichnis *http://www.yahoo.com/* findet über 800 SF-Schriftsteller (Author), die dort in einer eigenen Unterkategorie erfasst sind; es gibt sogar eine eigene Kategorie für feministische Science Fiction. Aber auch hier das gleiche Problem. Das englische Wort ›author‹ gilt für Frauen, wie Männer. ›Woman/women‹ listet alle. Von *Buffy* bis *Xena*, *Warriorprincess* und die dazwischen.) Erinnern wir uns trotzdem noch einmal daran, dass traditionelle Verlage vom Wert eines zu verlegenden Buches erst einmal überzeugt werden müssen, bevor sie das Geld für Papier, Druckkosten und Bindung hinblättern, von den Werbekosten ganz zu schweigen — und dass dies alles online wegfällt. Was also hält frau vom eigenen Internet-Auftritt dann noch zurück? Betrachten wir die Voraussetzungen.

Selbst ist die Frau, oder wie bitte komme ich ins Netz?

Natürlich gibt es Komplett-Lösungen. In jeder Stadt lassen sich mittlerweile Anbieter finden, die den professionellen Schritt ins Netz versprechen. Viele davon sind seriös, alle nicht gerade billig. Wer jemals selbst eine Web-Seite geschrieben hat, weiß, wie lange das unter Umständen dauern kann. Profis verlangen und bekommen Stundenlöhne von 80,- DM und aufwärts, das ist auch legitim. Daneben bietet die Mehrzahl inzwischen Pakete mit vordefinierten Leistungen an, also zum Beispiel die Programmierung einer bestimmten Anzahl von Seiten, eigene Domain, mehrere Email-Adressen, webhosting für 1 Jahr oder ähnliches. Das geht ins Geld, weshalb sich viele Anbieter auf ihren Homepages über diesen Punkt erst einmal bedeckt halten. (Preise oft nur auf Anfrage, dann allerdings komfortabel mit Formular zu erfragen.) Allen ist zudem gemeinsam, dass man sich unweigerlich mit Folgekosten belastet und von Dritten abhängig wird. Seiten im web haben es nämlich an sich, dass sie früher oder später aktualisiert oder vielleicht sogar völlig neu gestaltet werden müssen. Im Gegensatz zum traditionellen Druckmedium ist das Internet bekanntlich alles andere als statisch und Anbieter, die für ihre Kunden Seiten erstellen, wissen das sehr genau. Sie wissen erst recht, wie wenig man sie im Grund braucht. Verträge dieser Art sind daher in aller Regel laufzeitgebunden. Mit etwas Eigeninitiative geht es hingegen tatsächlich (fast) umsonst und mit relativ wenig Vorkenntnissen.

Der Einstieg über die Software

HTML ist die Sprache des Net (immer noch). Für die ersten Gehversuche im neuen Medium reicht es, einfach unkritisch zu wissen, dass alles, das auf dem Bildschirm erscheint, mit HTML geschrieben wird. Die gängigen Browser bieten alle einen Editor an, der es auch Unkundigen erlaubt, erste Seiten selbst zu erstellen. Ob nun *Microsoft* oder *Netscape*, um auch hier nur die bekanntesten zu nennen (ohne Wertung durch die Reihenfolge und ob der Bekanntheit auch ohne Link) — what you see is what you get. Es gibt bei allen ein Menü, man kann mit wenigen Handgriffen zum Beispiel Schriften auswählen, Farben verändern, Links und Bilder einbinden; wie wyswyg schon sagt, man sieht sofort das Ergebnis, wie es später im Internet erscheinen wird. Wenn man auf den Geschmack gekommen ist und andere, als die gängigsten Möglichkeiten ausprobieren möchte, hier gibt es Hilfe. Dazu zum Beispiel: der heiße Tipp Nr. 1: *http://www.teamone.de/selfaktuell*. Das ist die Adresse oder URL der Portalseite zu *SELFHTML* von Stefan Münz. Unbedingt empfehlenswert; zum Herunterladen auf die eigene Festplatte, auch als Hardcover, sprich Buch zum in die Hand nehmen, erhältlich. Die Internet-Version bietet zusätzliche Vorteile, man kann zum Beispiel in einem Forum Fragen stellen, wenn doch noch etwas rätselhaft erscheint. Am Rand bemerkt: Netizens sind generell freundliche Leute. Man glaubt erst, wie viele Menschen aus der eigenen Umgebung drin sind, wenn man selbst dazu gehört. Wenn man nicht weiter weißt — fragen! Nur keine Hemmungen, alle die Bescheid wissen, helfen gern. Netz-User sagen aber auch offen, falls man durch etwas mehr Nachdenken selbst auf Antwort gekommen wäre ... Java, flash und andere beliebte Scherze fallen aus diesen Vorschlägen hier erst einmal heraus. Sie sind noch nicht so allgemein üblich, dass man sie unbedingt zum Standard rechnen müsste. Außerdem kann man sich Effekte, so man meint, dass man sie gerne auf der eigenen Homepage hätte, aus dem Netz herunterladen. Deshalb an dieser Stelle — und nicht nur für Banner, Buttons oder gifs — : der heiße Tipp Nr. 2: *http://www.kostenlos.de* und: *http://www.umsonst.com* oder, falls man dort wirklich noch nicht fündig geworden sein sollte, kann man im Suchfeld zum Beispiel bei *Yahoo* auch einfach das Wort: ›gratis‹ eintippen. Erstaunliche Angebote ... Das bringt uns gleich zum nächsten Punkt im Boxencheck-Heft vor dem Start in die Rennbahn der Bits und Bytes.

Der Einstieg über den Zugang

Wer bietet was Mal angenommen, man hat sich nicht für die Komplett-Lösung entschieden, sondern die erste eigene Seite selbst erstellt. Dann muss natürlich ein Internet-Zugang her und ein Provider, der das Produkt 24 Stunden am Tag, 365 Tage pro Jahr zum Abruf für Andere bereitstellt. Erreichbarkeit ist im Netz alles. Und das natürlich möglichst schnell — hohe Übertragungsrate des Servers — und kostengünstig. Oder noch besser kostenlos. Was nicht heißen soll, das es im Internet etwas völlig umsonst gibt. Das geht weder im Leben, noch im web. Kostenlos heißt lediglich, dass man dafür nicht unbedingt Geld zahlt. Das gilt auch für das Heer der Provider mit ihren zu Teil sehr unterschiedlichen Angeboten. Deshalb hier nur zwei allgemeine Bemerkungen zur Orientierung:

- Telefongesellschaften bieten ihren Kunden mit dem Zugang zum Internet oft auch kostenlos Webspatze in unterschiedlichem Umfang, die Telecom zum Beispiel 10 MB pro Teilnehmer
- Provider, die ihre Kosten für die Server, auf denen die von ihnen gehoste-

ten Seiten laufen, über Werbebanner hereinholen, reservieren in der Regel deutlich mehr Platz für die eigene Homepage, als andere, die direkte Kosten berechnen. Man muss aber vorher wissen und akzeptieren, dass sich die Werbung entweder als Banner oder Pop-up-Fenster im eigenen Text breit macht.

Anmerkung
Provider versprechen Zugang jederzeit und von überall. In der Praxis hängt das von viel zu vielen Faktoren ab, als dass man es absolut setzen dürfte. Modems und ISDN-Einwählknoten haben begrenzte Kapazitäten; Server können zum Beispiel abstürzen. Es mag daher sinnvoll sein, die eigene Seite bei mehr als einem Provider unterzubringen, doch das führt direkt zu einem weiteren Problem: doppeltem Pflegeaufwand!!! Aus eigener Erfahrung: man sollte unbedingt alles, das man ins Netz stellt, auf dem eigenen Rechner noch einmal offline speichern; Updates dabei bitte nicht vergessen. Die eigene Seite im Internet muss danach, sobald sie bei den Provider Ihrer Wahl läuft, natürlich mit ihrer vollständigen Adresse im web = URL bei den Suchmaschinen angemeldet werden.

Noch ein Einschub
Domain-Namen. Schön, wenn man eine hat. Aber auch hier gilt — es gibt preisgünstige, sogar kostenlose Lösungen. Unbedingt vorher informieren! Danach heißt es, so paradox das klingt, erst einmal warten. Die reinen ›Spider‹ (= Suchroboter) finden den neuen Eintrag sobald er im Netz steht. Die redaktionell betreuten Suchmaschinen reagieren in der Regel langsamer. Es kann bis zu einem Monat dauern, bis die eigene Seite auch im jeweiligen Verzeichnis erscheint. Dieser Sachverhalt gilt ebenfalls für Änderungen, zum Beispiel nach einem Provider-Wechsel. *Yahoo* und andere weisen im Begleittext ihrer Anmelde-Formulare fairerweise aber auch darauf hin. Darum noch ein Tipp: sobald die eigene Seite die ersten links von anderen Webmastern bekommen hat, empfiehlt es sich, allen die neue URL persönlich mitzuteilen. Seiteninhaber sollten Links regelmäßig kontrollieren, doch wer tut das wirklich täglich? Ständige Fehlermeldungen auf dem Bildschirm killen aber erfahrungsgemäß das Interesse auch des glühendsten Fans zuverlässig. Womit wir schon beim nächsten Thema wären.

Unendliche Weiten — die Internet-Szene

Science Fiction-Liebhaber sind ein recht bunt gemischtes Völkchen. Trotzdem stellen sie sich im web eher als eine Reihe von deutlich unterscheidbaren Interessen-Untergruppierungen dar. Ohne Wertung durch die Reihenfolge: TV-Serien und Filmfans — sie findet man mit ihrem Seiten und den entsprechenden Merchandising-Angeboten innerhalb der SF-Szene im Internet, nicht nur der deutschsprachigen, zahlenmäßig am häufigsten. Perry-Rhodan-Fans sind dagegen eher ein deutschen Phänomen, obwohl es auch hier internationale Seiten gibt.

Exkurs 1: TV-Serien und Perry-Fans
Sie sind innerhalb ihrer jeweiligen Universen meist sehr gut organisiert. Wer sich die Mühe macht, die entsprechenden Webringe durchzusehen, findet Stammtische, Clubs, Treffen und eigene Cons, oft auch in deiner Stadt, um hier Werbung aus einem anderen Bereich zu zitieren. Die entsprechende Fan-Fiction ist ein eigenes Thema. Fans bekannter AutorInnen — eine eher kleine Gruppe, deren Seiten man suchen muss, sofern im Titel durch den Namen nicht ausdrücklich erkennbar. Science Fiction Fanclubs allgemeiner Art — sie überschneiden sich vom Schwerpunkt des Interesses mindestens zu einem Teil mit dem drei vorgenannten Gruppierungen, auch wenn sie sich meist als plattformunabhängig verstehen. Das gilt auch für: Webringe und Sonstige.

Exkurs 2: Webringe
Während man sich Suchmaschinen wie Bäume mit Zweigen vorstellen muss, deren Feinstruktur sich immer weiter verästelt, aber zum Schluss definitiv auf einer bestimmten Seite endet, sind Webringe in sich geschlossene Systeme. Verfolgt man eine normale Suchstrategie zu einem Thema, muss man vom Endpunkt jedes Mal mehr oder weniger weit zum Ausgangspunkt zurück, um erst dann in eine neue Richtung abzweigen zu können. Die Politik eines Webrings sieht dagegen vor, dass man alle TeilnehmerInnen innerhalb des Rings untereinander per Link erreichen kann und gleichzeitig den Ausgangspunkt. Wenn der betreffende Ring nicht zu umfangreich angewachsen ist, erleichtern Webringe die Navigation innerhalb einer Suche. Ab etwa 200 Teilnehmern werden aber auch sie etwas sperrig. Ein nicht nur auf Science Fiction oder Literatur allgemein beschränktes Verzeichnis der deutschen Webringe findet sich hier: *http://www.weblehre.de/webring/webringe.htm* da der Perry-Rhodan-Webring ein spezielle Serie von (Heft)Romanen innerhalb der deutschsprachigen Science Fiction abdeckt, sei er hier ausnahmsweise gesondert aufgeführt: *http://privat.schlund.de/j/jokil/webring/* was sonst noch fehlen mag, liegt hier: *http://www.webring.de/cgi-bin/liste_nach_rubrik?RubrikID=11* — diese Liste bietet 120 Webringe zum Thema Science Fiction und Verwandtes. Man sieht auch hier: die ultimative Seite im Netz, die ein Gebiet mit allen irgendwo verborgenen Informationen komplett abdeckt, gibt es

nicht. Natürlich überschneiden sich alle Einträge in Teilen — siehe weiter oben. Das Netz ist nicht wirklich unendlich, es ist nur unübersichtlich und durch zahllose Mehrfachbelegungen von keywords zusätzlich aufgebläht. Viele Seiten-InhaberInnen sind außerdem in mehreren Verzeichnissen zu finden, das macht auch Sinn. Unter verschiedenen Einstiegsmöglichkeiten aufgelistet zu sein, erhöht die Chance, überhaupt wahrgenommen zu werden. Womit wir bei *Werbung für die eigene Site* wären.

Werbung für die eigene Site

Eigenlob stinkt? Mag schon sein ... Nur ist Werbung bei der Fülle des Angebots, oder vielmehr Überangebots im Leben wie im Internet die einzige Möglichkeit, Aufmerksamkeit zu erregen. Klappern gehört zum Handwerk. Nicht umsonst erwarten bereits Suchmaschinen bei einem Neueintrag ein, zwei aussagekräftige Sätze, mit denen man die eigene Seite beschreiben soll. Wie und dass das auch funktioniert, sieht man sehr schön im Eintrag zu Science Fiction bei: *http://web.de/.* Dort findet sich nämlich unter *Kultur Literatur Science Fiction & Fantasy* auf einen Blick etwas über 180 Einträge, also bereits zu viel um sie wahllos alle anzuklicken. web.de macht zudem innerhalb der Untergruppe keinen Unterschied etwa nach AutorIn, Club oder Fanpage, sondern listet nach Postschema also mit den Artikeln der, die und das einfach von A-Z durch. Da der Titel allein selten bereits Aussage genug ist, einmal abgesehen von vielleicht die *Harry Potter-Fanseite* (die man unter ›d‹ findet, nicht etwas und ›H‹ wie Harry —siehe Erklärung oben —), helfen die wenigen beschreibenden Sätze, der Teaser, zumindest für den ersten, groben Überblick. Natürlich wird dabei jeder mit seiner Auswahl dem persönlichen Geschmack folgen. Manche Einträge verhindern aber durch die Wortwahl geradezu, dass man sich mit ihnen beschäftigt. Ein absolutes Negativbeispiel, oft genug für Seiten im Internet verwendet und damit schon wieder neutral genug — dies ist nicht der Platz, persönliche Vorlieben oder Abneigungen auszutragen — ist etwa diese Formulierung: ... bietet selbstgeschriebene Geschichten und vieles mehr. nun, dass AutorInnen auf ihren Homepages die eigenen Texte vorstellen, und nicht etwa die eines Ghostwriters, ist trivial. Da möchte man doch vielleicht etwas anderes erfahren, Genre, Inhalt in einem Satz, Absicht und so weiter. *be specific* schlägt *yahoo.com* deshalb vor, aus gutem Grund.

Weitere Werbemaßnahmen für die eigene Seite

Linkst Du mich, linke ich Dich. Linken hat hier nicht die Bedeutung, die es im realen Alltag hat. Der Netz-Link ist etwas positives. Wer Links auf seiner Seite anbietet, hilft sich selbst und anderen, sie ersparen Umwege und langes Suchen. Zudem gilt auch hier: gleich und gleich gesellt sich gern. Es ist eher ungewöhnlich, dass eine Autorin, ein Autor auf ihrer/seiner Homepage keinen einzigen Link anbietet, der nicht zu Sites mit mindestens genau so guten, wenn nicht sogar besseren Inhalten führt. Diese Art der Werbung kostet niemanden etwas, außer vielleicht etwas Pflege, denn Links müssen regelmäßig auf ihre Aktualität überprüft werden. Wenn die Seite, von der man einen Link zur eigenen bekommen hat, auch noch gut besucht ist, potenziert sich die eigene Wirkung.

Wettbewerbe
Auch sie sind eine gute Möglichkeit, man sollte sich nur vorher genau informieren, worum es dabei eigentlich geht. Manche Angebote im Netz wie: Texte für Anthologie gesucht, sind nicht als verdeckte Werbung von Druckkosten-Zuschussverlagen (dazu später noch mehr). Die nicht-kommerziellen, zum Beispiel auf den Seiten von Science Fiction-Clubs, sie bringen meist nur Ruhm und Ehre, höchstens die Veröffentlichung der besten Beiträge in einem Fanzine, einer Internet-Anthologie. Die traditionellen Medien schreiben bisher eher zögerlich im web aus, mittlerweile allerdings mit steigender Tendenz, loben dagegen ab und zu neben der Veröffentlichung der Siegertexte ordentlich Geld aus, oder wenigstens wertvolle Sachpreise. Sehr übersichtlich zu finden sind die aktuellen Ausschreibungen hier: *http://www.uschtrin.de/ai.html* Überhaupt ist die Site von Sandra Uschtrin ein unbedingtes Muss für Jede(n) auf dem Pfad der Schreibenden. Alles, das AutorInnen wissen sollten, sachlich, kompetent und aktuell, ohne jeden Schnörkel. Werbebannerfrei. Randbemerkung Werbung im Internet: Jeder von uns hat sich sicher schon einmal über Werbebanner geärgert, die natürlich genau dort auftauchen, wo man zuerst hinsieht, zum Beispiel im Kopf der Seite eher links, meist quer über dem Back-Button des Browser-Menüs. Wie bereits weiter oben bemerkt, leben manche Provider von Werbeeinnahmen und reagieren darum recht allergisch auf Versuche, die Werbebanner von der gemieteten Site zu tricksen ...

Mitschreib-Projekte
Autoren-Kollektive sind an sich keine Erfindung des elektronischen Zeitalters. Man kennt das zum Beispiel aus Tagungsbänden, Anthologien, aus jeder Zeitschrift. Das einzig neue im Internet ist das offene Ende vieler solcher Seiten und der veränderbare Inhalt. Es können also durchaus auch wieder Beiträge entfernt werden. Das ideale Mitschreib-Projekt hat ein halbwegs genau definiertes Thema und einen engagierten Webmaster, der eingesandte Beiträge zunächst einmal liest, bevor er sie ins Netz stellt. Leider sind manche dieser Gemeinschaftswerke von sehr gemischter Qualität, oder

kommen nach anfänglicher Begeisterung der TeilnehmerInnen nicht mehr recht vom Fleck. Man sollte sich überhaupt darüber klar sein, dass sich das aktive Publikum für Science Fiction hauptsächlich aus denen rekrutiert, die selbst Seiten ins Netz gestellt haben und dass natürlich, das bringt die Sache mit sich, jeder von ihnen auf die eine oder andere Art schreibt. Mit anderen Worten: selbst wenn nicht jeder Webmaster den berühmten selbst verfassten Roman auf seiner Seite präsentiert, ein Gespür für gute Texte haben nicht nur sie, das haben wir alle. Schon deshalb sollte man sein Publikum möglichst nicht mehr als nötig verärgern. Und damit kommen wir zu einem heißen Eisen.

Unter den Blinden ist die Einäugige Königin

Qualitätskontrolle findet im Netz nicht statt Oder fast nicht. Zum Einen ist das ein Glück. Jeder hat zunächst einmal die gleiche Chance — im Gegensatz etwa zu den Printmedien. Wo, wenn nicht im Internet, bekommt man derzeit beinahe ungestraft die Möglichkeit, sich als hoffnungsvolle AutorIn einem weltweiten Publikum zu outen? Nur darf man nicht glauben, dass dieses Publikum alles toleriert. Mangelhafte Seiten werden mit Nichtbeachtung gestraft. Man sollte sich also sowohl bei der Präsentation, als auch dem Inhalt Mühe geben. Nebenbei bemerkt: Science Fiction hat sich in Deutschland bis in die jüngste Vergangenheit gelegentlich hart getan, überhaupt als Literatur anerkannt zu werden, Leider findet man diese Einstellung indirekt sogar noch im Netz. *http://www.dino-online.de/* nimmt entsprechende Seiten zwar innerhalb der Kategorie Literatur auf, hat aber zum Beispiel überhaupt keinen Untereintrag Science Fiction (auch nicht für andere Genres, wie etwa den Krimi), sondern listet entsprechende Seiten unter Sonstiges.

Die Präsentation

Dabei lassen sich durchaus einige Grundregeln aufstellen. Die Seiten sollten möglichst kurze Ladezeiten beanspruchen und sie sollten lesbar sein. Galaxien als Seiten-Hintergrund, blinkende und hupende Raumschiffe mit originalem Raketenstart-Ton sind sicher eine Bereicherung. Doch wer für seinen Internet-Zugang noch keine flatrate hat, ärgert sich über jede Sekunde Wartezeit, bis die ganze Pracht geladen ist. Zu wilde Hintergrundmuster, exotische fonts stören zudem den Lesefluss. Traditionelle Buchseiten sind aus gutem Grund weiß oder wenigstens einfarbig und hell, die Buchstaben schwarz.

Der Inhalt

Zum Inhalt, sprich dem auf einer Internet-Seite angebotenen Text sei mir hier eine ganz persönliche Anmerkung gestattet. Wer im Glashaus sitzt, sollte nicht mit Steinen werfen. Da ich mich selbst ebenfalls zu dem großen Heer der semi- bis gar nicht professionellen Schreiber-Cyberweiber zählen muss — auch mir fehlen (noch) die höheren Weihen einer echten, nämlich Hardcover oder wenigstens Taschenbuch-Veröffentlichung — werde ich mich hier weitestgehend der Stimme enthalten. Vor allem werde ich keine Beispiele zitieren, weder gute, noch schlechte. Abgesehen von den ganz primitiven Anforderungen an eine Geschichte wie Grammatik und Rechtschreibung ist bereits der Stil mehr oder weniger reine Geschmackssache, vom eigentlichen Inhalt, der storyline ganz zu schweigen. Daher muss man genau wie in jeder Buchhandlung oder Bibliothek auch im world wide web lange suchen, um wirklich auf lesenswerte Texte zu stoßen. Das Angebot ist groß. Und genau wie auf dem vertrauteren Papier-Buchmarkt trennen sich auch im Netz früher oder später Spreu und Weizen. Vielleicht sogar brutaler. Absagen durch Verleger per Formbrief sind beinahe behutsam im Vergleich zu den harschen Kommentaren, die man sich im Netz einfangen kann. Ich hatte zwar bisher nur positive, sinnigerweise etwa je zur Hälfte für meine Bilder und meine Texte, aber ich kenne auch andere Reaktionen von Usern, weil ich sie in Foren gelesen habe. Man findet mich übrigens hier: *http://www.fortunecity.de/tatooine/mondbasis/84* surfen Sie bei Gelegenheit doch bitte mal vorbei ... Schluss der persönlichen Anmerkung.

Jenseits des eigenen intergalaktischen Gartenzauns
Im übrigen hilft es, so weit wie nur möglich über den eigenen intergalaktischen Gartenzaun zu schielen. Bücher über das Schreiben findet man zum Beispiel auch (*amazon.de* hatten wir schon) über *http://www.buchhandel.de* Sonstige nützliche Information unter: *http://www.boersenverein.de/* (z. B: Fragezeichen recht ganz oben anklicken) hier versteckt sich das Fachblatt für Buchhandel und Verlage in Deutschland mit Beiträgen, die auch für den interessierten Laien von Nutzen sind. Hier sind wir dann beim nächsten Punkt.

Verlage im Netz? Spreu und Weizen 2

Wer Bücher über Schmetterlinge in Brasilien schreibt, braucht bei einem Verlag für juristische Fachbücher nicht mit seinem Manuskript anzuklopfen. Außerdem sollte man sich unbedingt über eines klar sein: AutorInnen aus Deutschland sind bei der Mehrzahl der großen Verlage nicht sehr gefragt. Wie bereits im Vorwort erwähnt — es gibt ein riesiges Angebot sicherer Karten aus USA, unbekannte Deutsche sind Risiko. Man kann das auch daran sehen, dass Verlage Kontakt-Adressen zum Lektorat nicht unbedingt auf den prominentesten Platz ihrer Homepages setzen und dass man die bekannteren von ihnen kaum je in jenen Sammelseiten findet, auf denen versucht wird, Autoren an Verlage zu vermitteln. Trotzdem stößt man beim Durchkämmen des web früher später auf Verleger oder Dienstleister, die, oh Wunder, Veröffentlichungen sogar anbieten.

AutorInnen gesucht. (noch eine Milchmädchenrechnung)
Wunderbar. Fangen wir gleich mit dem Angebot an, das in letzter Zeit am meisten für Medienaufmerksamkeit gesorgt hat. http://www.bod.de oder Books on demand. Vordergründig hört sich alles, das auf der Site angeboten wird, recht gut an. Grundkosten 350,- DM für ein Taschenbuch unabhängig von der Höhe der Auflage, ISBN 120,- DM incl. Daten-Storage für ein Jahr danach kann man als AutorIn selbst bestimmen, wie hoch die Auflage sein und was das Buch kosten soll. Folgt man danach der Beispiel-Kalkulation kommt man bei einer Auflage für den Eigenbedarf von 25 Stück (das ist das Minimum) 250 Seiten und einem angestrebten Ladenpreis von 25,-DM bereits auf zusätzliche Kosten von: Mastering: 200,- DM (nur, wenn Manuskript bereits fertig als PDF-Datei vorliegt) Druckkosten: 375,- DM damit sind wir bereits bei ausgegebenen 1045,- DM. Man müsste nach dieser Beispielrechnung also mindestens 42 Bücher eines Werks für 25,- DM verkaufen, um wenigstens diese Kosten wieder hereinzuholen. Die eigentliche Auflage jenseits der für den Eigenbedarf ist dabei noch außen vor. Gut, kling trotzdem machbar. Ist es das aber wirklich? BoD leistet außer dem Druck nur noch den Eintrag ins Verzeichnis lieferbarer Bücher. Die gesamte Werbung bleibt damit Eigenverantwortung der Autorin/des Autors. Das heißt, ernsthaft betrieben: Anzeigen in örtlichen und überregionalen Tageszeitungen schalten, Überzeugung des Buchhandels mindestens in Ihrer Stadt, öffentliche Lesungen in Stadtbibliotheken, Schulen, Krankenhäusern, am besten noch Werbung im Börsenblatt für den deutschen Buchhandel. Alles auf eigene Kosten. Rechnen Sie es aus. Dennoch ist BoD bei vernünftiger Relation zwischen zu erbringender Eigenleistung und den kalkulierbaren Kosten eine Alternative, die es für AutorInnen und vielleicht sogar für kleiner Verlage künftig verstärkt zu überlegen gilt. Zumindest scheint sich eine Tendenz dahin abzuzeichnen.

Warnung: Haie in trüben Gewässern
Betrachten wir jedoch jetzt die sogenannten Zuschusskosten-Verlage. Sie leisten vordergründig das gleiche und man kann sie natürlich nicht alle über einen Kamm scheren. Dennoch bleibt festzuhalten, dass man besser die Finger davon lässt. Branchenintern, also bei Buchhändlern und Verlegern, oder für die eigene Bibliographie ist eine Erstveröffentlichung in einem Zuschus-

skostenverlag absolut keine Empfehlung. Denn Kenner der Materie wissen, dass solche Unternehmen ungeprüft alles und Jeden veröffentlichen. Außerdem berechnen sie den KundInnen für ihre Dienste meist einen überteuerten Preis. Es kann unter Umständen vorkommen, dass man nicht nur die Druckkosten der gesamten Auflage bezahlen muss, sondern nach Ablauf einer vereinbarten Frist auch noch vertraglich zum Rückkauf des eigenen Werks verpflichtet ist. Häufig wird die bereits berechnete Auflage übrigens erst dann gedruckt. Und die 3000 oder mehr Exemplare darf man dann zu Hause in der Garage stapeln ...

Randbemerkung

Das jüngste Beispiel, das mir zu dieser Gruppe im Netz aufgefallen ist, kann man spaßeshalber unter *http://www.schreibwettbewerb.de/* betrachten. Lesen Sie die Teilnahmebedingungen. Gebühr für jede Einreichung bei rund 80,- DM, bzw. bei Gedichten sogar pro Seite, denn jedes wird als Einzelbeitrag gerechnet (vor Jury versteht sich). Das ist keine Empfehlung für einen Wettbewerb und vor allem nicht billig. Das scheinen aber auch die TeilnehmerInnen gemerkt zu haben. Die Redaktion der Anthologie beschwert sich nämlich, dass es eine Autorin geschafft hat, mit besonders trickreicher Schreibweise 15 Gedichte auf einem einzigen Blatt unterzubringen. Das wollen sich die Macher in Zukunft nicht mehr gefallen lassen ...

Agenten

Anders als zum Beispiel in den USA ist es hierzulande nicht die Regel, sich mit einem Manuskript unter dem Arm bei einem Agenten einzufinden und um professionellen Beistand zu bitten. Überspitzt ausgedrückt läuft es eher umgekehrt. Die AutorIn hat ihr erstes Buch an einen Verlag verkauft, die Auflage ist gut gelaufen und jetzt sieht sich auch eine Agentur bereit, dem neuen Star des XY-Verlags die lästigen Verhandlungen für das nächste Buch abzunehmen. Analog dazu suchen Agenturen auch nicht nach neuen Talenten. Viele Agenturen stehen zwar im Netz oder werden auf Zusammenstellungen von entsprechenden Sites aufgelistet.(u.a.: *http://www.literature.de*) Die, die ihre Dienste ausdrücklich empfehlen, sind aber genau wie entsprechende Angebote von Druckkostenzuschussverlagen mit Vorsicht zu genießen. Es ist branchenunüblich, für Vorleistungen wie unverbindliche Prüfung eines Manuskripts Geld zu verlangen. Lektoratsdienste, soweit sie sich auf Formalien wie Rechtschreibung, Grammatik, eventuell Stilfragen beschränken, sind etwas anderes, sollten dann aber gleich an ein Lektorat vergeben werden. Nachdem nun sicherlich einige Erwartungen zurechtgestutzt worden sind, tröstet es vielleicht, dass es den mainstream LiteratInnen mit ihren Hoffnungen auf Veröffentlichung auch nicht besser ergeht. Empfehlenswerte Seiten sind zum Beispiel: *http://www.berlinerzimmer.de* oder *http://www.literaturcafe.de* beide Sites sind sehr übersichtlich aufgebaut, das Berliner Zimmer bietet zudem im Augenblick gerade einen direkten Einblick in die Schwierigkeiten, auf die Macher stoßen, sobald sie versuchen, ihr Internet-Angebot aus der Amateurliga ins Profi-Lager zu hieven, oder anders ausgedrückt: wenn sie Geld damit einnehmen wollen. Das Berliner Zimmer bietet unter anderem *Erosa* an, ein Online-Magazin für Erotik im Netz. (*http://www.berlinerzimmer.de/erotik/Default.htm* für LeserInnen unter 18 Jahren: keine Sorge, das ist noch nicht der direkte Zugang zu den Bildern und Texten!) Offenbar angeregt vom Beispiel Steven Kings, der jüngst eine Story nur unter der Bedingung vollständig ins Netz zum download zur Verfügung stellte, dass eine vorher definierte Anzahl Leser an ihn je 1 $ überwies — was funktionierte und die offline-Branche in einige Aufregung versetzte — beschlossen die Macher von *Erosa* ihren AutorInnen ebenfalls wenigstens eine kleine finanzielle Anerkennung für die Arbeit zukommen zu lassen. Die nächste Nummer von *Erosa* sollte erst online gehen, wenn auf dem angegebenen Konto 1.000 DM eingegangen sind. Nun sollte man doch meinen: Sex sells. Aber leider weit gefehlt. Bisher, Mitte November 2000, ist erst etwas über die Hälfte der angestrebten Summe auf dem Konto von *Erosa*. Das sollte nachdenklich stimmen ...

Schluss und persönliche Erfahrungen

Plejades — so der Titel meiner Site, ist seit Anfang Oktober 1999 im Netz zu finden. Was hat nun mir das erste Jahr online gebracht? Abgesehen davon, dass ich durch die Tipps auf vielen Seiten rechtzeitig dem kleinen Horrorladen aus dem Abschnitt »Warnung: Haie in trüben Gewässern« entging (von dem ich als gelernte Buchhändlerin und Bibliothekarin aber schon vorher wusste, dass er floriert und ständig neue Ableger treibt), habe ich auf eine Reihe von Kontakten zu Gleichgesinnten bekommen und ein Menge Freunde im Netz kennen gelernt, und damit meine ich nicht nur solche aus der Science Fiction-Gemeinde. Völlig Fremde haben mir Mails zu meinen Texten geschickt, zwei Fanzines Stories veröffentlicht und ein Net-Zine hat meine augenblickliche Spielwiese beim Surfen im Netz entdeckt und mich in Folge gebeten, mein laufendes Projekt in ihrem Zine vorzustellen. Was ich natürlich gerne getan habe. Ich bin mir aber auch darüber klar geworden, dass meine ursprüngliche Vermutung richtig war. Das world wide web ist bis in seine tiefsten Ecken ein getreues Spiegelbild unserer gewinnorientierten Gesellschaft. Es erfordert einen gewissen materiellen und bildungstechnischen Standard, überhaupt hinein zu kommen und wer drin ist, muss ihn halten, um künftig mit der Meute mitlaufen zu können. Auch im Markt des Internet regelt das Angebot die Nachfrage und umgekehrt. Und Dinge, die nichts kosten, oder zumindest kein Geld, werden als nicht so wertvoll eingestuft, wie die, für die man zahlen muss. Es ist unter diesem Gesichtspunkt nicht ungefährlich, seine Texte ins Netz zu stellen. Andererseits ist es für viele vielleicht die einzige Möglichkeit.

Science Fiction, Politik und Anti-Politik

Annette Schlemm

Das Utopische Klo erzählt

Jede Utopie muß sich daran messen lassen, wie in ihr das Problem des Klo-Putzens gelöst wird

Am Anfang war das Bedürfnis

Nichts geschieht ohne ein Bedürfnis. Das war mal ganz anders. Könnt Ihr Euch noch daran erinnern? Im früheren Kapitalismus schien es ein Bedürfnis zu sein, Geld und Börsennotierungen zu vermehren. Da wurden extra Bedürftigkeiten geschaffen, ob die Menschen wollten oder nicht. Es war die hohe Kunst, auch Bedürfnisse dort zu schaffen, wo gar keine waren. Und wenn ein Mensch aber trotz aller Mühen und Werbetricks immer noch das Gefühl hatte, irgendwo, keinen Bedarf zu verspüren – obwohl man damit viel Geld verdienen konnte –, war er ›out‹.

Diese Zeit ist nun vorbei. Alle wirtschaftlichen Tätigkeiten drehen sich nur noch darum, wie die Bedürfnisse der Menschen zu erfüllen sind. Auch mich – darf ich mich vorstellen: das Utopische Klo, gibt's deshalb nur, weil ganz konkrete Menschen ab und zu mal ein echtes Bedürfnis haben. *Meine* Menschen leben in einer Gruppe, die mit 8 bis 12 Personen eine Wahlverwandtschaft bildet. Zwar wechseln die konkreten Menschen ab und an, aber eine Kerngruppe bleibt eigentlich meistens zusammen. Als sie sich vor zwei Jahren auf das Wohnobjekt geeinigt hatten, in dem sie ihre Einzel- und Gemeinschaftszimmer haben wollten, kümmerten sie sich um alles, was ihnen wichtig war. Sie wurden Mitglied in der lokalen Food-Coop, fanden heraus, wer was gerne kocht und was wem schmeckt und... nun ja – das gegenteilige Bedürfnis wurde auf der vorhandenen alten Toilette befriedigt. Warum eigentlich sind diese Örtchen meistens das Letzte, was Menschen wichtig finden...?

Seit wann es *mich* gibt, kann ich gar nicht richtig sagen, denn unser-eins lebt bereits in nichtstofflicher Form als reine Idee, sobald jemand von den Menschen anfängt, zu überlegen, wo er sein Bedürfnis befriedigen kann. Das erste, was es materiell von mir gab, war ein Karton, in dem *meine* Menschen alle möglichen alten Keramik- und Glasscherben sammelten. Die dahinterstehende Idee war ein Erinnerungsbild an eine schöne Scherbenmosaikwand in einem früheren Kommune-Klo. Allerdings ist diese Idee dort vielleicht auch nicht ursprünglich enstanden. Und dann gings langsam los.

... und gearbeitet wird, um Arbeit zu sparen

Ich muß noch erwähnen, daß das alte Toilettenbecken noch eine Weile neben mir aufbewahrt wurde, bis sich eine andere Verwendung für das Material fand. Es war vor 4 Jahrzehnten als Ware in einem großen Konzern für Sanitärartikel am Fließband hergestellt worden. Es gab zwar Dutzende verschiedene Klo-Becken-Formen und -typen, aber von jedem Typ wurden Tausende gleichförmige Produkte meist automatisch in einer Fließreihe hergestellt – nur am Ende des Bandes standen Menschen, meistens Frauen, die es noch einmal per Hand blankputzen mußten. Die erzeugten Dinge wurden dann auf Märkte gebracht und mußten warten, bis jemand mit einem entsprechendem Bedürfnis und dem zum Kauf nötigen Geld kam, dem es gefiel. Na ja. Meist klappte das irgendwie. Allerdings nahm der Aufwand für die Mühe, das hergestellte Zeug irgendwie auch wieder in Geld umzusetzen, im Vergleich zum Aufwand zur Herstellung der Dinge immer mehr zu. Irgendwann ging man immer mehr dazu über, die Käufer vorher zu fragen, was sie brauchen könnten und dann nur noch zu produzieren, wenn jemand vorher bestellte. Dazu mußte nur die Technik flexibler gemacht werden, aber technische Probleme sind ja immer die einfachsten. So hätte das noch Jahrzehnte weitergehen können, denn die Technik läuft einfach weiter. Nur die Menschen fanden es irgendwann zu blöd, selber wie Automaten irgendwo ihren Dienst zu tun, oder von den Robotern ersetzt zu werden und immer viel zu wenig Geld zu haben, um die Dinge zu kaufen, die sie zur Bedürfnisbefriedigung brauchen. Sie sahen ja gleichzeitig, daß die Dinge im Überfluß hergestellt wurden. Das alte Toilettenbecken bei uns im Projekt kannte die Alte Welt ganz gut. In seinem ersten Leben war es in einem Baumarkt von einem Handwerker gekauft worden und landete in einem Haushalt, wo es jeden Tag geputzt und desinfiziert wurde. Es war nur komisch, daß die Frau, die das tun mußte, nicht zur Wohngemeinschaft gehörte, die das Klo benutzte. Als diese Wohngemeinschaft (die damals »Familie« genannt wurde) auszog und eine andere einzog, kaufte die sich ein neues Becken, obwohl das alte noch völlig intakt war. Sie warfen es in den Wald, das gefiel aber einigen jungen Leuten nicht und sie fischten es wieder raus. Die ganze Fischerei wurde dann im sogenannten ökologischen Jahr betrieben. Was die jungen Leute hier immer alles fanden... meine Nachbarin erzählte manchmal davon. Das alte Becken eben auch, aber sie nahmen es wieder mit und es wurde in das Gebäude eingebaut, wo es bis zu meiner Inbetriebnahme seine Funktion erfüllte. In dieser Gemeinschaft, die sich

»WG« nannte, erlebte das Becken nie wieder Desinfektionsmittel und es geriet ständig ins Zentrum der Aufmerksamkeit – was es ziemlich stolz machte. Leider bestand diese Aufmerksamkeit nicht in Lobreden und Fürsorge – sondern im Streit darum, wer denn das Ding saubermachen sollte. Die WG-Leute wechselten viele Male, das Gebäude wurde umgebaut, Jahre vergingen, der Streit blieb derselbe...

Als die Idee für mich – das Utopische Klo – entstand, hatte sich die Art und Weise, die Dinge herzustellen gewandelt. Es gibt keinen Vorrat an automatisch gefertigten Waren mehr – die sich die arbeitslosen Menschen immer weniger leisten konnten. Die im 21. Jahrhundert entstandene technische Möglichkeit, daß die Bedürftigen ihre Wünsche direkt äußern und auf ihren Wunsch hin sie selbst und andere tätig werden, um das Benötigte herzustellen, hatte das Dazwischentreten von Markt und Geld überflüssig gemacht. Es wird produziert, was benötigt wird. Wie das geht, erzähle ich gleich noch an meinem Beispiel. Ganz früher soll das auch schon mal so gewesen sein, allerdings lediglich auf landwirtschaftliche und handwerkliche Produktion bezogen, nicht mit Hilfe der jetzt vorhandenen flexiblen Maschinen, Computersteuerungen und Kommunikationsvernetzungen. Dem entsprechend waren die Klos damals auch nur Löcher mit einem Sitzbrett und einem Häuschen drumrum. Die Industrialisierung führte dann zu solchen Keramikbecken, wie meinem Vorgänger. In manchen Wohnungen wurden die Bad-Toiletten zu wahren Konsumparadiesen mit künstlichen Blumen, Glasmuscheln, Plüschnippes und so weiter. Manchmal für eine einzige Person, die sich wunderte, warum sie nie genug Geld für alle ihre Bedürfnisse hatte... Fortschritt war dann immer mehr mit Technisierung verbunden: automatische Papierumrandungsabsenkung vor jeder Benutzung, automatische Wasserspülung – oder eine automatische Tütenwechseleinrichtung. Es fehlte nur noch die automatische Kloputzanlage! Bis die Leute merkten, daß sie dafür eigentlich nicht tausende von Eurodollaryens tauschen und dafür ihre ganze Lebenszeit den Jobs hinterherjagen wollten. Wenn sie das nicht gemerkt hätten, bestünde das heutige Utopische Klo vielleicht aus einer biotechnisch in den Körper integrierten Recyclinganlage für die Reichen und einem Spaten für die Armen. Technisch ist alles möglich – wie es wirklich läuft, entscheiden die Menschen. In lokalen Märkten wurde auch ganz früher schon immer ungefähr das produziert, was gebraucht wurde. Die meisten Klos wurden auf dem Bauernhof selbst zurechtgezimmert, manchmal wurde noch ein Handwerker zu Rate gezogen. Nur Luxusklos wurden weiträumig durch Händler an die gebracht, die sie bezahlen konnten. Und die persönlichen Händler wurden überflüssig, als im wesentlichen nur noch das Geld über den Markt Produkte und Konsumenten zusammen brachte. Klobecken aus aller Welt standen im Sanitärmarkt in aller Welt rum. Es war natürlich auch entlastend für den Einzelnen: Er brauchte sich nur um seinen Job kümmern und es war nicht seine Sorge, wo die Dinge herkommen, die er brauchte. Mit Geld konnte man alles kaufen. Diese Strukturen entlasteten von allerhand Organisationsaufwand. Jetzt kümmern sich die Menschen wieder mehr direkt darum, wie ihre Bedürfnisse befriedigt werden, Entlastungen müssen sie sich selber organisieren. Durch Arbeitsteilung in der Lebensgemeinschaft, durch Absprachen, Abstimmungen und die Sorge darum, dies denn doch möglichst effektiv zu erledigen. Damit nicht jeder Mensch jeden Kleinkram selber machen muß – und vielleicht keiner mehr durchblickt, was sinnvoll zu tun wäre –, gibt es eine gewisse »Kümmerschaft«. Eine Person setzt sich den Hut für ein bestimmtes Problem auf, sie kümmert sich darum.

Sie kann niemanden zur Mitarbeit zwingen – wenn sie niemanden findet, der mit ihr das machen will, was sie vorschlägt; hat sie halt etwas erwischt, wonach niemand anders ein Bedürfnis hat. Z. B. hat bisher noch keine genügende Anzahl von Leuten das Bedürfnis, ins Weltall zu pinkeln. Deshalb wurde das Weltraumprogramm erst mal auf Eis gelegt, auch wenn es »Experten« gab, die behaupteten, die Menschheit müßte doch unbedingt ihre kosmische Wiege, die Erde verlassen. Das wird nicht ewig so sein – was ich daran erkenne, daß nicht nur einer der Menschen bei den Sitzungen bei mir *utopische Literatur* liest. Bei den Sachen, die viele Menschen brauchen, wie morgens die Brötchen auf dem Tisch oder meine Wenigkeit, finden sich dann natürlich immer Kümmerer, die sich vor allem darum kümmern, den Aufwand für alle möglichst gering zu halten – außer wenn die Sache so viel Spaß macht, daß sie deshalb sogar in die Länge gezogen wird. Irgendwie merkt mans auch kaum noch, wann die »Leute« arbeiten und wann nicht. Sie sind meist aktiv, irgendwas tun sie immer. Meist mit viel Spaß, manchmal mit weniger. Ich weiß noch, daß das Thema »Klobauen« erst immer weiter nach hinten geschoben worden war, weil sich niemand kümmern wollte. Aber die alte Toilette machte auch bald keinen Spaß mehr. Deshalb hatte dann jemand angefangen, den Kasten zum Sammeln der vielen bunten und spiegelnden Scherben neben das alte Klo zu stellen und irgendwie entstanden einige witzige Ideen, die an die Wand gekritzelt wurden und irgendwann machten sie dann doch eine richtige Klo-Sitzung.

Mein ›Lebens‹-weg

Dabei entschieden sie sich, für die maximal 12 oder 15 Personen zwei Toiletten zu bauen; eine davon bin ich, das »Utopische Klo«. Da ich als Idee ja von Anfang an dabei war, weiß ich noch genau, wie das alles ablief. Der Ausgangspunkt war, daß die Leute zum Teil auch schon Erfahrungen mit dem alten Problem des Kloputzens gemacht hatten und deshalb einschätzten, daß es für 12 Leute durchaus auch 2 Klos geben kann, mit denen dann unterschiedlich verfahren werden kann. Zwar wird dann ihr Aufwand größer, aber das war es ihnen wert. Klar ist das Putzen des Klos kein unmittelbares Bedürfnis, und wird nie einfach aus Spaß und Lust am Tätigsein heraus gemacht, wie die meisten anderen Arbeiten. Aber so können sich die zusammen tun, für die ein desinfiziertes Klo ein Bedürfnis ist und jene, die sich das von der Arbeit her lieber sparen. Nebenbei: Ich bin das nicht desinfizierte Klo.

Als meine Leute zwecks meiner Planung zusammensaßen, witzelten sie ziemlich rum. Sie nannten das »Brainstorming« zur Ideenfindung. Dabei kamen dann einige wunderliche Bedürfnisse raus. Ein Bücherregal schien wichtig zu sein. Als der Vorschlag zum ersten Mal kam, feixten zwar alle, aber... inzwischen liegen ständig 5 bis 6 Bücher mit den Lesezeichen verschiedener Leute im Regal. Einen Ehrenplatz hat eine verblichene Broschüre namens *Das Utopische Klo* von den *FreundInnen des Maquis* – wer immer das auch war. Ein anderer Wunsch war eine auswechselbare Witztafel. Die inzwischen gesammelten Plakate mit diversen ausgeschnit-tenen und geklebten Witzen werden ab und an mit anderen Gruppen ausgetauscht. Einen Witz darauf verstehe ich nicht. Da werden Männer aufgefordert, sich auf dem Klo zu setzen. Wie sollten sie es denn sonst machen?!... Ansonsten ist die Wand immer noch mit der ersten Version des Keramik-, Glas- und Spiegelmosaiks verziert – das scheint allen zu gefallen. Im anderen Klo ist die Wand mit Landschaftsbildern bemalt und an der Urwald-Seite hängen rankende Pflanzen... Paßt ›gut‹ zur Desinfektionswut der BetreiberInnen – sie brauchen die Natur anscheinend zum Ausgleich. Es sind wenigstens echte Pflanzen. Wenn ich Mensch wäre, würde ich mal eine Schlange reinschmuggeln...

Ach ja, die Technik. Ich muß ja auch meine Funktion erfüllen. Die Zeiten der Löcher mit Brett sind wohl in fast allen Wohngruppen vorbei. Ich weiß noch, wie ich noch als Multiplett von Ideen in ihren Köpfen schwebte – die meisten Ideen kamen aus einer Datei aus dem Internet, in der eine Schülerin aus dem 21. Jahrhundert in einer Belegarbeit so ziemlich alle in der Geschichte verwendeten Toilettenarten zusammen gestellt hatte. Ich will die technischen Einzelheiten hier aussparen. Meine Leute machten sich die meiste Arbeit damit, darüber nachzudenken, wie sie Arbeit einsparen könnten. Dadurch bin ich nicht vergleichbar mit den technisch versiertesten Klos vor der Großen Gesellschaftlichen Wende. Aber da die Leute ja die technischen Ideen davon kannten, konnten sie viel davon in mich integrieren, ohne übertriebenen Blödsinn einbauen zu müssen. Etwas länger dauerte die Diskussion darüber, was sie selber tun wollten und könnten, und wozu sie andere fragen müßten, ob sie es für sie tun würden. Dazu war eine kleine Recherche im Netz nötig um zu schauen, wer kundtat, was er gerne für andere machen würde oder was jemand zum Verwenden übrig hätte. Es gibt da eine Web-Seite namens *Klotopia*, von der aus alles über Klo-Bauen und -verwenden recherchiert werden kann.

Da haben dann meine heutigen BenutzerInnen alle zusammen zuerst einmal um die Web-Seite rumgesessen, bei der sie verschiedene Parameter eines möglichen Klos einstellen konnten. Lange haben sie da gesessen bis aus dem Bedürfnis nach einem neuen Klo so etwas wie ein Vorentwurf wurde. Und was es da nicht alles zu entscheiden gab! Die Fragen nach der äußeren Gestaltung waren da noch eher einfach zu lösen.

Es war sogar so, daß manche Bedürfnisse überhaupt erst formuliert werden konnten, als meine BenutzerInnen sahen, daß es eine technische Lösung gab. So waren meine BenutzerInnen noch gar nicht auf die Idee gekommen, daß meine Benutzung durch kleine Kinder mit Hilfe besonderer Vorrichtungen vereinfacht werden könnte. Na ja, und weil sie eben kleine Kinder als mögliche DauernutzerInnen für mich vorsehen wollten – einige meiner BenutzerInnen planten bereits Nachwuchs;-) -, haben sie dann eine Reihe von Vorrichtungen in mich integriert, die ihrer Nachkommenschaft das Leben erleichtern.

Unterstützt wurden sie durch die Web-Site bei diesen Design-Überlegungen dadurch, daß ständig Bilder von Modellen des gerade eingestellten Entwurfs verfügbar waren. Das half meinen BenutzerInnen sehr, sich die Auswirkung der einen oder anderen Entscheidung vorzustellen. Diese Modelle hätten sie sogar noch in ihr konkretes Bad hineinmodellieren lassen können, aber das hielten meine BenutzerInnen nicht für notwendig.

Vor der Großen Gesellschaftlichen Wende soll so etwas ganz anders abgelaufen sein. Da gab es überhaupt keinen solchen Planungsprozeß, sondern die Menschen, die ein Bedürfnis hatten, konnten lediglich in eine große Halle gehen, in denen verschiedene vorkonfigurierte Klos angeboten wurden. Und für diesen bestenfalls halbwegs brauchbaren Mist haben die Leute damals sogar etwas ausgegeben was sie Geld nannten und was ihr ein und alles war. Kann ich mir alles überhaupt nicht mehr vorstellen.

Nun war es aber nicht so, daß meinen BenutzerInnen jede Entscheidung für die Erfüllung eines bestimmten Bedürfnisses leicht gefallen wäre. Penibel hat ihnen die Web-Site nämlich für jeden ihrer Entwürfe ausgerechnet, wie groß der Energie- und Rohstoffbedarf für die Realisierung dieses oder jenes Wunsches wäre – sowohl was meine Produktion als auch was meinen Unterhalt betrifft.

Eine ganz heftige Diskussion gab es darum, wie wichtig eine Oberfläche ist, die von sich aus schmutzabweisend ist, so daß es in Verbindung mit einer Wasserspülung einer Reinigung gar nicht mehr bedarf. Leider ist so eine Oberfläche auch heute noch nur mit hohem Energieaufwand herzustellen, den einige meiner BenutzerInnen nicht aufwenden lassen wollten. Und auch der Hinweis darauf, daß doch mal ein paar Menschen ein wenig Hirnschmalz in eine Lösung dieses Produktionsproblems stecken sollten, half in der konkreten Situation nicht weiter. Zum Schluß konnten sich die Befürworterinnen der schmutzabweisenden Oberfläche – nur Frauen seltsamerweise – dann doch durchsetzen. Dafür haben sie dann eine etwas weniger aufwendige äußere Gestaltung hingenommen. Na ja, und so habe ich heute zwar eine schmutzabweisende Oberfläche und Wasserspülung aber dafür bin ich außen einfach nur weiß und nicht blau-metallic. Aber jedeR meiner BenutzerInnen weiß ganz genau, warum das so ist.

Auch früher muß es solche Diskussionen gegeben haben. Diese drehten sich dann allerdings nur um irgendwelche abstrakten Zahlen und nicht um konkreten Umwelt- oder Energieverbrauch. Klar, daß es bei den Leuten, die viel von diesem ominösen Geld hatten, da nur wenig Diskussionen gab, während gerade in den Wohngruppen mit eher geringen Geldsummen solche Diskussionen zum permanenten Streit führten. Das muß ganz furchtbar gewesen sein. Manchmal frage ich mich, wie es die Menschen damals überhaupt miteinander ausgehalten haben.
Endlich waren dann alle Wünsche formuliert, alle Trade-Offs zwischen Umweltverbrauch und Bedürfnisbefriedigung ausdiskutiert und alle Entscheidungen getroffen. Zum Schluß waren auch alle meine BenutzerInnen mit der gefundenen Entscheidung einverstanden, da sie sich alle darin wiederfinden konnten. Vielleicht ist das ja auch der Grund dafür, daß alle meine BenutzerInnen besonders sorgsam mit mir umgehen?

Jedenfalls ging es jetzt zum nächsten Schritt meiner Materialisation. Das Design, das meine BenutzerInnen mit Hilfe der Web-Site erstellt hatten, wurde an eine Gruppe von Leuten geschickt, die auch die Web-Site betreuen. Es gab ein paar Feinheiten beim Klo-Design, die die Software hinter der Web-Site noch nicht selbst abdecken konnte, so daß die Designs nochmal von einem Menschen auf ihre Realisierbarkeit geprüft werden mußten. Zwar entwickelten die BetreuerInnen der Web-Site permanent die Software weiter, aber auch neue Bedürfnisse und mögliche Realisierungen kamen durch die ständige Kommunikation mit den potentiellen Klo-BenutzerInnen ständig hinzu, so daß die Herausforderung eine möglichst benutzerfreundliche Klo-Design-Site zu entwickeln ständig bestehen blieb.

Kein Vergleich übrigens mit dem, wie früher solche Designs abliefen. Da gab es angeblich irgendwo ein paar einsame Ingenieure oder gar Firmenchefs, die genauso einsame Design-Entscheidungen fällten. Sicher hatte der eine oder andere von denen was drauf, aber sie hatten einfach schlechte Voraussetzungen, da sie nicht das kumulierte Wissen der NutzerInnen ihrer Designs zur Verfügung hatten. Vor der Großen Gesellschaftlichen Wende mußten erst umständlich diese schlecht designten, kaum brauchbaren Produkte den potentiellen NutzerInnen angeboten werden. Erst nachdem das eine oder andere dieser fixierten, aber dennoch in Massen hergestellten Designs von ihnen angenommen worden war oder auch nicht, stellte sich heraus, ob es denn wenigstens einigermaßen nützlich war. Welche Verschwendung von Energie und Ressourcen für Dinge, die vielleicht sowieso keiner haben will!

Bei meinen BenutzerInnen trudelten dann auch noch per eMail ein paar Nachfragen der Klo-Designer-Gruppe ein und es mußten ein paar Kleinigkeiten nochmal diskutiert werden. Aber außer einigen lustigen Stilblüten, die wohl auf das Konto der schlechten Deutschkenntnisse der Mitglieder der Klo-Designer-Gruppe gingen, war das eigentlich recht unproblematisch, so daß das Design fertig für die Materialisation war.

Na, und meine eigentliche Materialisation war dann eigentlich schnell erledigt. Mein Design lag ja ohnehin schon in computerisierter Form vor, so daß es mit der entsprechenden Software nicht weiter schwierig war, dieses Design in Anweisungen an einen Maschinenpark umzusetzen, der letztlich meine Materialisation zuwege brachte. Und das waren wirklich tolle Maschinen! Die konnten nicht nur Klos herstellen, nein. An einer Stelle wurde z.B. in einer Nachbarmaschine gerade die Grundlage für einen Stuhl materialisiert. So etwas Verrücktes wie diese Sitzgelegenheit habe ich danach übrigens nie wieder gesehen.

Große Teile meiner Materialisation bestanden darin, daß die heute weit verbreiteten Materialisatoren aus den Daten meines Designs Werkstücke materialisierten, die dann später mit Hilfe technischer Verfahren in andere Materialien überführt wurden, die für den konkreten Verwendungszweck besser geeignet waren. So wurden einige Teile, die zunächst als Modell in Kunstharz gefertigt worden waren, später in Metall gegossen. Natürlich konnten die Modelle wieder eingeschmolzen und das Material weiterverwendet werden, so daß nur die später tatsächlich nötigen Teile auch tatsächlich aus neuen Ressourcen hergestellt werden mußten.

Früher muß es dagegen viel stärker spezialisierte Maschinen gegeben haben, die nur ganz bestimmte Dinge herstellen konnten. Na ja, die technische Entwicklung ist halt ziemlich schnell weitergegangen und es ist einfach praktischer, wenige universelle Materialisatoren zu haben als viele hochspezialisierte Produktionsmaschinen. Begünstigt wurde diese Entwicklung damals durch die vielen »Freien Projekte«, die vor der Großen Ge-sellschaftlichen Wende aus dem Boden geschossen waren. Da viele dieser Projekte vor allem an Informationen über bestimmte Produkte bzw. über deren Herstellung arbeiteten, wuchs der Bedarf nach solchen Materialisatoren immer stärker. Als dann immer mehr Freie Projekte dazu übergingen, sich einen solchen Materialisator anzuschaffen, kamen auch sukzessive immer mehr »Freie Produkte« auf.

Als ich dann fertig materialisiert war, kam ich in einen dunklen Kasten und nach einigem Gerumpel – war das Steuerprogramm des Schienentransporters etwa von einem Virus befallen? – habe ich dann das erste Mal meine BenutzerInnen zu Gesicht bekommen. Gekannt habe ich sie ja schon ziemlich gut, da immerhin die Befriedigung einige ihrer elementarsten Bedürfnisse in mir vergegenständlicht war. Hei, war das eine Freude, als ich endlich vor ihnen stand! Und meine Montage war gar nicht weiter schwer, da die Installationanschlüsse so weit genormt und vereinfacht waren, daß jeder Mensch mich mit ein paar Handgriffen montieren konnte. Da die Gruppe relativ viel Hirnschmalz investiert hatte, bekam der »Kümmerer« dann noch den Auftrag, die dabei entstandenen neuen Ideen den Web-Site-Betreuern mitzuteilen, damit auch andere von ihren Erfahrungen mit mir »profitieren« können. Während früher nur profitiert werden konnte, wenn Wissen in Form von »Patenten« und Lizenzen privatisiert und kommerzialisiert war, wurde im Übergang zur jetzigen völlig freien Verwendung aller Ideen durch alle eine neue Lizenzform verwendet, die erstmals in der sog. Freien Softwareszene zum Einsatz gekommen war: die *GPL* (*GPL* heißt *General Public License*). Mit dieser Lizenz konnten Konstruktionsunterlagen, Texte und andere Wissensinhalte nur verwendet werden, wenn man sich verpflichtete, sie auch frei weiterzugeben und nicht in eine Kauf- und Tauschwirtschaft einzubringen. Jede/r konnte auch etwas daran verändern – wenn die früheren Versionen mit ihren jeweiligen AutorInnen dokumentiert blieben. Bei Texten wurde so aus dem früheren »Copyright« ein »Copyleft«. Weil dieser Text in seiner ersten Version auch schon im Copyleft erschien, haben Dutzende Leute weiter dran geschrieben und ihn so verändert, wie er ihnen zum Weitergeben am besten gefällt. Heute kommt niemand mehr auf die Idee, etwas Wichtiges privat zu behalten oder nur gegen Gegenleistung oder mehr in Umlauf zu bringen, deshalb braucht *GPL* kaum noch explizit erwähnt oder verwendet zu werden. Die Eigentumsordnung der jetzigen Menschen beruht aber prinzipiell auf diesen Prinzipien. Nicht nur die Wissensinhalte, für die *GPL* ursprünglich entwickelt wurde, auch alle »Hardware«, sprich allgemeine Produktions- und Konsumtionsmittel steht unter *GPL*: Alle dürfen nutzen, verwenden, weiterverbreiten und weiterentwickeln, was sie brauchen. Es ist ja seit Ende des 20. Jahrhunderts nicht mehr so, daß die Sachen nicht ausreichend vorhanden wären und deshalb in einer Art »Mangelverwaltung« stehen mußten. Die Form der Mangelverwaltung kennzeichnete eigentlich alle früheren Gesellschaftsordnungen, entweder über persönliche Herrschaft oder die scheinbar sachliche Macht der Kapitalverwertung. Diese Mächte unterwarfen sich die gesamte Organisation des Umgangs mit den nötigen Mitteln – wobei die menschlichen Interessen und auch die der Natur litten. Vor der Großen Gesellschaftlichen Wende gabs dann so eine schizophrene Situation: Man lebte in einer Überflußgesellschaft (hunderte Toilettenbecken wurden »auf Halde« produziert, ohne jemals wirklich gebraucht zu werden), jammerte darüber, nicht noch mehr arbeiten zu dürfen (die Menschen brauchten Jobs, um über das dabei verdiente Geld Zugang zu den benötigten Dingen zu haben) und gleichzeitig darüber, daß die Knappheitsökonomie das ganze Leben von immer mehr Menschen auffraß – oder sie gar nicht als menschliche Persönlichkeiten ernst nahm, solange sie nicht wirtschaftliche »Leistungen« erbringen konnten. Jedenfalls stehe auch ich unter *GPL.* Ich »gehöre« niemandem so richtig, wer mich braucht, nutzt mich für seine Bedürfnisse. Für was auch sonst...Es gab sogar Zeiten, da wurde für die Nutzung meiner »Kollegen« gezahlt. Wer kein Geld hatte, der durfte halt nicht. Und das in meist großen Restaurants, oder wenn viele Menschen an einem Ort zusammentrafen.

Nach dem Benutzen kommt immer noch das Putzen!

Woher ich das alles weiß? Tja, als eines der Bedürfnisse entwickelte sich, daß meine BenutzerInnen heute nicht nur ihre Bücher lesen, wenn sie mich nutzen, sondern – da sie zwar eine Sichtblende haben, aber das Bad gleich neben meinem Örtchen ist – sie sich auch nicht peinlich aus dem Weg gehen, sondern auch mal im gleichen Raum bleiben und so lange quatschen, bis der Wechsel möglich wird. Was man da so alles hört... Ich werde mich aber hüten, hier Allzumenschliches zu verraten, sondern nur, was mich angeht. Wobei wir wieder bei dem Problem des Putzens wären. Ich glaube, alle machen alles andere lieber, als mich zu putzen, auch wenn ich noch so utopisch bin. Das kränkt mich zwar ein wenig, denn es ist ja ihr ureigenster Mist, der sie stört, nicht ich selber. Aber eigentlich hat es sich eingespielt. Das ganze Bad gehört zur Reinigungsaufgabe für alle, bei der sie sich abwechseln. Eine Frau ist nie dran, soviel ich weiß, macht sie irgend etwas anderes, was die anderen auch nicht machen wollen. Sie haben sich das halt abgesprochen. Sichtbaren Mist macht jeder Mensch gleich weg, der ihn verursacht. Ich glaube, dafür gabs sogar mal einen Namen. Er nannte sich Verursacherprinzip. Jeder ist für das zuständig, was er »verzapft« hat. Werden kleine Mißgeschicke gleich beseitigt, kommt es erst gar nicht zum großen Frust. Und das ist mensch schon sich und anderen wert. Oder?

Etwas gründlicher machens einige jeden Tag, andere nur aller paar Tage, dafür aber eben gründlicher. Da hat jeder der Menschen so seine Methode.

Essigreste kriege ich eigentlich öfter zu schlucken, da das kalkige Wasser hier mir ziemlich zusetzt. Sauer macht lustig ... Zwar wollte jemand die Wasserzufuhr verändern, aber die anderen meinten, das wäre für die Klospülung nicht notwendig, sondern Verschwendung. Ab und an wechseln die Gepflogenheiten auch. Es gibt zwar eine richtige geschriebene »Klo-Benutzungs-Ordnung« – aber die hängt nur am Witze-Plakat. Letztlich entscheiden meine Menschen immer selber, wie es für sie gerade am besten ist. Zu ihren eigenen Bedürfnissen gehört dann auch, daß sie nicht stets und ständig neu verhandeln, sondern sich auch mal damit in Ruhe lassen. Das spielt sich ein. Meine Spülung wird grad aktiviert. Gehst Du etwa schon? Ich wollte Dir eigentlich noch mehr erzählen...

Hinweise

Zum tabellarischen Vergleich der Welt des Alten und des Utopischen Klos...: http://www.thur.de/philo/klo/uk7.htm

Dieser Text kann online diskutiert/ergänzt werden im OpenTheory-Projekt unter: http://www.opentheory.org/proj/utoklo/v0001.phtml

Mehr zum Utopischen Klo: http://www.thur.de/philo/klo/uk.htm; http://www.thur.de/philo/asglied.htm; diese Seite ist Bestandteil von »Annettes Philosophenstübchen«: http://www.thur.de/philo/klo/uk3.htm

Dank

Besten Dank an Carmen Ehms, Stefan Merten und Stefan Meretz für die bisherigen Ergänzungen und Hinweise.

Christoph Spehr

»In einer seltsamen Phase unseres Lebens«

Politische Utopie jenseits der Utopien

Ich will wissen, wohin ich reise. Nein, ich muss das Hotelzimmer nicht vorher mit der Webcam gesehen haben. Aber ich will mehr vom Ziel der Reise wissen, als dass es ›nicht hier‹ ist. Zumal es Einiges im Hier und Heute gibt, was ich nicht vermissen möchte, und weil ich finde, dass es man es durchaus auch sehr viel schlechter treffen kann. Kurzum, ich kann mir gesellschaftliche Veränderung nicht ohne soziale Utopie vorstellen.

Das ist kein selbstverständlicher Standpunkt. Es gibt gute Einwände dagegen: dass wir, verhaftet im Alten, das Neue nicht wirklich kennen oder beschreiben können. Oder, dass Denken in Utopien ein höchst gewaltförmiges Denken sein kann, das lebendige Menschen und lebendige soziale Prozesse in künstliche, auf dem Reißbrett entworfene Neubauten zwängen will, wo Probleme und Konflikte wegdefiniert sind. Beide Einwände gilt es zu berücksichtigen. Aber ohne Anschauung des Neuen geht es nicht. Die Verhandlung über die Zukunft muss hier und jetzt beginnen. Es wird keine Blankoschecks für Veränderung mehr geben. Es ist nicht mehr möglich darauf zu warten, dass uns allen der Boden so unter den Füßen brennt, dass wir aus dem Haus des Heute hinauslaufen, ohne ängstliche Fragen zu stellen, wie Brecht es beschreibt. Nicht nach den Erfahrungen des 20.Jahrhunderts, welchen Horror radikale Veränderungen bedeuten können, die sich von der Zustimmung und Mitverhandlung aller Beteiligten losschneiden. Nicht nach den Erfahrungen im Großen wie im Kleinen, wie leicht das Neue nur das effektivierte Alte sein kann. Das Neue muss verhandelt werden, und dies geschieht anhand sozialer Utopien.

Wir erleben heute eine Rückwendung zur Utopie, die wir anhand der Science Fiction beobachten können. Diese neue Hinwendung zur Utopie ist jedoch zwiespältig. Sie differenziert sich aus, so meine These, in positive Utopien, die den anti-utopischen Einwänden und Erfahrungen Rechnung tragen, und schlechte Utopien, die das nicht leisten. Die beiden Linien unterscheiden sich in ihrer sozialen Verortung (weiblich/männlich, schwarz/weiß usw.); in der Wahl der Welten, die ihnen als Darstellungsort dienen; und in den Kategorien, die sie als die zentralen ansehen (Technologie/Soziales, Wissenschaft/Politik, Ökonomie/Gewalt usw.). Die beiden

Wege der Utopie zeigen sich in der Science Fiction ebenso, wie in der heutigen politischen Debatte.

Science Fiction als Anti-Utopie

In der Geschichte der Science Fiction, in den Romanen genauso wie im SF-Kino, gibt es viel mehr Anti-Utopie als Utopie. Science Fiction im 20.Jahrhundert begleitet die politischen Träume der Epoche überwiegend kritisch. Das Dystopische, die Schilderung negativer Utopien ist ein Standard-Thema der Science Fiction. Wissenschaftlicher Steuerungswahn, persönliche Unfreiheit, totale staatliche Kontrolle, Entmündigung durch übermächtige gesellschaftliche Institutionen, soziale Entfremdung sind häufige Elemente der im besten Fall »entgleisten«, im schlechten Fall perfide eingefädelten Utopie-Modelle, die in die Zukunft projeziert und vorgeführt werden: in *Frankenstein* von Mary Shelley (1816), in *Die Insel des Doktor Moreau* von H. G. Wells (1896), in George Orwells *Farm der Tiere* und *1984*, in Aldous Huxleys *Schöne neue Welt*, im SF-Kino der 70er wie in *Die Frauen von Stepford* oder *Flucht ins 23. Jahrhundert*. Filme wie *Matrix* oder *Dark City*, Romane wie Marcus Hammerschmitts *Der Opal* stehen in dieser Tradition der Demaskierung des Utopischen als autoritärer Lüge.

Die Stärke dieser anti-utopischen Tradition hat dafür gesorgt, dass sowohl Anarchismus wie Neoliberalismus (Peter Mühlbauer spricht von »Libertarismus«) in der Geschichte der Science Fiction immer einen Platz hatten. Die Gesellschaft ist eine Zumutung, und der Mensch muss Maßnahmen treffen, sich von dieser Zumutung nicht auffressen zu lassen: diese Erkenntnis ist aus der Science Fiction des 20.Jahrhunderts nicht wegzudenken. Sie ist der Treibstoff für den Sprung aus dem Jetzt, die Flucht in künftige Jahrhunderte, die dort desto bitterer enttäuscht wird. Die Science Fiction des 20.Jahrhunderts hat sich in einer großen, langanhaltenden Kraftanstrengung darum bemüht, die utopischen Versprechungen einer perfekten Gesellschaft und eines wissenschaftlichen wie ökonomischen Schneller, Höher, Weiter zu demontieren, durch sarkastisches Zu-Ende-Denken in die Luft zu sprengen.

Darin liegt auch ein utopisches Moment. Es ist der Traum von einer menschlichen Entwicklung, die, von den Schutthalden falschen utopischen Denkens befreit, zu sich selbst findet, der Traum, von den Zumutungen der Gesellschaft, von der Gesellschaft der Zumutung, endlich in Ruhe gelassen zu werden. Die utopischen Orte dieses Traums sind sehr schlichte, bescheidene Orte: der Kinderspielplatz in Sarah Connors Traum in *Terminator II*; das gelbe Haus der Blacks in *Millenium*; der Eichhörnchenwald in William Gibsons *Biochips*; die Bar, in der Cher *Walking in Memphis* singt, in der

Akte X-Folge *The Great Mutato*.

Dies ist keine unpolitische Perspektive. Ganz im Gegenteil: die Protagonisten der modernen Science Fiction mischen sich ein, wenn auch oft wider Willen. Sie setzen Himmel und Hölle in Bewegung, um wieder an das schlichte Pils in der Kneipe zu kommen, das sie am Anfang der Story eigentlich schon nehmen wollten. Aber ihre Politik ist im Wesentlichen Anti-Politik. Sie wehren sich gegen das, was im 20.Jahrhundert als Politik verstanden wird: gewaltsame Umgestaltung von oben, Brutalität als Wegbereitung eines höheren Plans, mit dem Eliten die Welt noch besser auf sich und ihre Kontrolle zuschneiden wollen. Der Anfang von *Per Anhalter durchs Universum* ist das Ur-Bild dieser historischen Erfahrung. Arthur Dent kämpft verzweifelt gegen die Planierungsraupe, die sein Haus plattmachen soll, weil es auf dem Weg einer neuen Umgehungsstraße liegt. Dieser Vorgang wird unterbrochen durch das Erscheinen außerirdischer Raumschiffe. Wie sich herausstellt, handelt es sich um eine vogonische Bauflotte, welche die Erde in die Luft sprengt, da sie auf dem Weg einer geplanten neuen Hyperraum-Umgehungsstraße liege. Für Widerspruch sei es jetzt ein bißchen spät, läßt der vogonische Kommandeur mitteilen; die Pläne hätten schließlich 50 Jahre lang für jedermann offen auf Alpha Centauri ausgelegen. Das ist das 20.Jahrhundert, wie die moderne Science Fiction es sieht.

Von Anares zur Schismatrix: 70er-Utopien und Cyberpunk

Der Entwurf positiver Utopien, der mit den großen utopischen SF-Romanen zwischen 1969 und 1976 einsetzt, setzt genau hier an, am Widerspruch zwischen Utopie und Anti-Utopie, Politik und Anti-Politik. Das ist das wirklich Neue: die Debatte, wie angesichts der massiven, auf Erfahrung begründeten Utopie-Kritik gesellschaftliche Utopien noch aussehen können, besteht gleichberechtigt neben der Frage, wie umgekehrt Utopien aussehen müssen, die eine Alternative zu den bestehenden Gewaltverhältnissen weisen, zur Gewalt falscher Utopien und falscher Politik.

Planet der Habenichtse (*The Dispossessed*) von Ursula LeGuin diskutiert dies am Beispiel der utopischen Gesellschaft auf Anarres. Nach einer gescheiterten Revolution auf dem größeren Zwillingsplaneten Urras werden die verbliebenen Revolutionäre auf die karge Welt Anarres exiliert, wo sie eine libertär-anarchistische Gesellschaft begründen. Der Roman handelt von den versteckten Zwängen und Machtformen, die sich auch in dieser utopischen Gesellschaft entwickeln, und von der Notwendigkeit, die beiden Welten wieder in Kontakt miteinander zu bringen. All dies geschieht jedoch nicht in der bekannten Form, eine utopische Gesellschaft nach dem Muster ›schöne Fassade, falscher Schein‹ zu demontieren. Die Solidarität der

Erzählerin gilt dem utopischen Projekt ›Anarres‹. Es ist jedoch eine kritische Solidarität, und die wunden Punkte, auf die sie hinweist, stehen in engem Zusammenhang mit der für die Science Fiction so wesentlichen Utopie-Kritik: Einschränkung des Individuums, soziale Kontrolle, gesellschaftliche Dogmen, heimliche Eliten.

Joanna Russ' *Eine Weile entfernt* (*The Female Man*), die Romanfassung ihrer legendären Story *Als alles anders wurde* (*When It Changed*), kreist um die feministische Utopie einer reinen Frauengesellschaft, »Whileaway«. Auch diese Utopie wird solidarisch-kritisch diskutiert, aus der Perspektive von vier Frauen in unterschiedlichen Parallel-Universen. Die Brechung durch die Perspektive ersetzt die Brechung, die in der Kurzgeschichte gewählt war, nämlich die rückwirkende Betrachtung aus der Sicht des Endes, der Wieder-Kontaktaufnahme mit dem männlichen Universum. Es ist nicht klar, ob dies zur völligen Auflösung der feministischen Gesellschaft von Whileaway führen wird; welchen Nachhall der historische ›Sonderweg‹ in der geschlechter-gemischten Realität haben kann und wird.

Eine bemerkenswerte Sicht auf das Utopie-Problem stellt Samuel R. Delanys *Triton* (*Trouble On Triton*) dar. *Triton* ist eigentlich keine Utopie, und Delany spricht auch bewusst von »Heterotopien«, anderen Welten, die nicht notwendig der definitive bessere Entwurf einer »guten Welt« sind. *Triton* ist eine wilde Mischung aus bizarren Lebensweisen und Kulturen, ein gigantisches, auf die Spitze getriebenes San Francisco; und der Protagonist ist kein Held der Geschichte, sondern ein männlicher WASP, der aus seiner eher beschränkten Perspektive mit dieser Welt hadert. Aber gerade darin liegt ein utopischer Wurf: von der Gesellschaft, die in ihrer libertären Pluralität weitermacht, und vom Intellektuellen, der nicht versuchen sollte, sie auf einen utopischen Nenner zu bringen.

Der Cyberpunk der 80er Jahre bricht mit der Utopie, aber er beinhaltet durchaus utopische Perspektiven. Die Welt, die eine in die Zukunft vergrößerte Sicht der Tendenzen der Jetztzeit darstellt, ist nicht mehr die einem großen Plan unterworfene Einheit. Es ist eine kaputte Welt, technologisch fortgeschritten, sozial katastrophal, in der die Eliten keine großen Versprechungen für die Ausgegrenzten mehr bereithalten; ein Post-Entwicklungs-Szenario, anti-humanistisch in seiner gentechnischen Demontage des Menschen und in der Aufhebung der Grenzen zwischen Mensch und Maschine. Aber irgendwie ist es auch okay. Die Utopie ist abgeschafft in dieser Zukunft, aufgelöst in die versponnenen Wege unterschiedlicher tribes (wie in Bruce Sterlings *Schismatrix*), ebenso abgeschafft wie die Vorstellung gesellschaftlicher Normen und normativer Moral, und die Protagonisten empfinden das eher als Befreiung. Es ist eine gleichermaßen desillusionierte wie romantische Sicht auf diese Welt, wie sie sich programmatisch im

Titel eines der Hauptwerke des Cyberpunk ausdrückte, *Neoromancer* (*Newromancer*) von William Gibson. Nach den utopischen SF-Romanen der 70er Jahre erscheint der Cyberpunk als Rückschlag des Pendels, aber er läßt sich auch als Fortschreibung lesen, als hämmernde Befestigung des erreichten Punktes: Utopie nie mehr als Heilung einer kranken Gesellschaft zu definieren, als Überflüssig-Machen ihrer pathologischen Erscheinungen, als heile Welt.

Das romantisch-utopische Element des Cyberpunk bezieht sich auf den Mikrokosmos seiner Helden, auf die vielfältigen Überlebensstrategien und sozialen Netze der Ausgegrenzten, Niedergehaltenen, Prekären, auf ihr hemmungsloses Experimentieren mit allem, ihre Aneignungsformen der Straße, der Straßen-Technik, der Straßen-Biologie, der Staßen-Gesellschaft. Nie wieder soll Utopie versuchen, das zu beseitigen, oder auch nur zu verachten; vielmehr soll das die Basis sein, der Nährboden und der Inhalt künftiger Utopien: genau diese Überlebensstrategien und genau dieser Mikrokosmos der Widersetzlichkeiten. Dies ist die message des Cyberpunk zum Utopie-Problem.

Zwischenspiel: Wie wähle ich mir einen utopischen Planeten?

Wenn wir den Stand des Utopie-Problems zusammen fassen, dann ergeben sich vier Kriterien, die zukünftige politische Utopie erfüllen muss, um der anti-utopischen Kritik gerecht zu werden:

- Sie ist nicht preskriptiv.
- Sie ist nicht elitär.
- Sie ist nicht hierarchisch.
- Sie ist keine Form des politisch getarnten Eskapismus.

Eine preskriptive Utopie ist eine, die im Wesentlichen in Vorschriften besteht. Sie schreibt Menschen vor, was sie zu tun haben, wie sie zu leben haben. Ihr bevorzugte Form ist das Sollen: du sollst nicht — du sollst; der Mensch gilt ihr als über die Stränge schlagender Problemfall. Wenn die Menschen sich nicht an die Vorschriften halten, klappt die ganze Utopie nicht. Deshalb enthält sie eine starke Betonung ideologischer Apparate und ein starkes Set von Sanktionen.

Elitär ist eine Utopie, wenn sie einen privilegierten Zugang zur Wahrheit für sich beansprucht. Man kann wissen, was richtig ist; ›man‹ ist aber nicht jedermann und jedefrau, sondern erfordert eine spezifische Qualifikation. Eine elitäre Utopie behauptet die Gültigkeit einer Analyse, aus der sich für alle konkreten Konflikte ableiten lässt, was richtig und was falsch ist. Die Menschen müssen deshalb das Richtige wollen; und es gibt jemanden, der ihnen sagen kann, was das Richtige ist.

Eine hierarchische Utopie privilegiert bestimmte Bereiche gesellschaftlichen Handelns über andere. 90 Prozent des realen Lebens und der realen Konflikte gelten ihr als »abgeleitete Probleme«, die keinen eigenen Wert haben; ihre Kreativität richtet sich daher vorwiegend auf die großen Institutionen und Regelwerke in Wirtschaft und Politik. Hierarchische Utopien sind meist »Kranker-Zahn-Utopien«. Die Gesellschaft und das Leben der Menschen sind voller Phantomschmerzen, die sich an einem anderen Punkt kurieren lassen, nämlich indem man den kranken Zahn herausreißt, von dem alles ausgeht — das Privateigentum an den großen Produktionsmitteln; das Zinssystem; die Zentralcomputer; das Patentrecht; die männliche Überquotierung in den Parlamenten; was auch immer.

Eskapismus bedeutet, dass eine Utopie sich vor allem aus der Ablehnung des Bestehenden speist, aus dem Ekel an den bestehenden Verhältnissen und ihren vielfältigen Ausdrucksformen. Für eine solche Haltung gibt es verständlicherweise viele gute Gründe, und als Haltung kann ihr niemand die Berechtigung abstreiten; als Grundlage für eine Utopie taugt sie jedoch nicht. Eine heute noch zu rechtfertigende Utopie kann keine Beseitigung des Unschönen sein. Dafür gibt es keine Legitimität. Legitimität gibt es dafür, die soziale Macht der Menschen zu stärken und anzugleichen, die Welt in ihre Verfügung und Verhandlung zu übergeben und sie ihre Kompromisse machen zu lassen. Alles andere führt zu religiöser Identifizierung dieser und jener Details mit ›dem alten Schlechten‹, was offenbar ›immer noch nicht beseitigt‹ sei — und was eine solche Haltung für die Politik bedeutet, für unser aller Alltags-, Liebes- und Sexualleben, für unser Konsum- und Fernsehverhalten, für unsere Kinder und Haustiere, kann sich jeder ausmalen. (Im Planet der Habenichtse ist das die traumatische Kindheitsszene in Sheveks Erinnerung, wo mit der Formel »du egoisierst!« der Punkt erreicht ist, an dem kein Widerspruch und keine Abweichung mehr möglich ist.)

Vieles davon treffen wir in klassischen sozialistischen Utopien an, vieles auch in den Utopien der sozialen Bewegungen der 70er und 80er Jahre. Noch mehr davon kennen wir allerdings aus den Rechtfertigungsmechanismen der großen politischen Ordnungssysteme des 20.Jahrhunderts, des liberal-demokratischen Kapitalismus und des real existierenden Sozialismus, die sich bekanntlich beide als verwirklichte Utopie verstanden und in Gestalt des übriggebliebenen Systems immer noch so verstehen. Und ganz viel davon begegnet uns in den Utopien der Post-Entwicklungs-Ära, also den offiziellen Leitbildern, die seit den 70er Jahren Mode geworden sind — den von oben verordneten Utopien wie nachhaltiger Entwicklung, weltweiter Demokratisierung, global governance, Globalisierung, bis hin zur Anti-Tabak-Kampagne der *WHO*: Armut ist kein Problem mehr, wenn man nicht raucht.

H.G. Wells nennt in *A Modern Utopia* (ein Text, den ich bislang nicht selbst gelesen habe) drei Todsünden klassischer Utopien. Er kritisiert erstens ihr Homogenitätsideal: die Menschen, die in diesen Utopien vorkommen, sind sich von vorneherein ähnlich, sie wollen das Gleiche, denken dasselbe; Individualität und Abweichung sind ausgeklammert. Zweitens sei das utopische Gemeinwesen klassischerweise gegen Außen abgeschottet; es muss sich nicht um seine Beziehungen zu anderen Gemeinwesen scheren, in vielen Fällen kann man es auch gar nicht verlassen. Drittens schließlich würden Konflikt und Konkurrenz ausgeblendet und verteufelt, in der klassischen Utopie herrsche Einmütigkeit und Einigkeit. Dadurch entferne sich die Utopie jedoch völlig von der realen Welt. Der vorsichtig geäußerte Wunsch Joanna Russ' in *Recent Feminist Utopias*, feministische Utopien in der Science Fiction möchten sich doch auch die Welt des Urbanen erschließen und mehr Spaltungen, Widersprüche und innere Konflikte aufnehmen als bisher, gehört in diesen Zusammenhang.

Aus Sicht der vorhin benannten Kriterien für zeitgemäße Utopien können wir sagen: die Wahl entsprechender Voraussetzungen wie Homogenität, Abschottung, Konfliktlosigkeit erspart es schlechten Utopien (preskriptiven, elitären, hierarchischen, eskapistischen), ihren autoritären Charakter offen zuzugeben. Die negativen Seiten der Utopie treten weniger stark hervor. Der zentrale Baufehler wird versteckt.

Wir können jetzt verstehen, weshalb so viele Utopien in der Science Fiction auf derart miesen Planeten spielen. Man könnte meinen, wer eine Utopie schildern möchte, müsste sich dafür einen möglichst freundlichen Planeten aussuchen, eine große Anzahl von Menschen, günstige Umstände. Das Gegenteil ist jedoch oft der Fall. Viele Utopien wählen eine karge Welt als Rahmen; sie setzen die Personen, die diese Utopie leben sollen, in eine möglichst lebensfeindliche Umwelt; sie trennen sie von ihren Traditionen, kulturellen und historischen Errungenschaften, isolieren sie vom gesellschaftlichen Reichtum der Spezies, aus der sie kommen. Was es den Menschen schwerer macht, macht es der Utopie leichter, denn die Menschen können nicht so leicht dazwischen funken. Die Utopie erscheint selbstverständlicher, wenn die Alternativen (wie z.B. sich vom Acker machen) durchkreuzt sind.

Eine zeitgemäße Utopie entsteht so jedoch nicht. Enge, karge Welten, vom Rest der Welt abgeschnittene Gemeinschaften, zugespitzte Überlebenszwänge auf lebensfeindlichen Welten: all dies kann als Verdachtsmoment gelten, dass hier durch die Wahl des Szenarios Utopien aufgetischt werden, die sich vor der Auseinandersetzung mit der anti-utopischen Kritik drücken, wie sie gerade die Science Fiction immer wieder erzwungen hat.

Die Wiederkehr des Utopischen: Aldiss/Penrose und Butler

Die späten 90er Jahre haben eine neue Welle von utopischen Romanen in der Science Fiction hervorgebracht. Ein Fokus für die Schilderung utopischer Welten war der Mars; unter der Fülle der Mars-Romane und Mars-Utopien stechen vor allem Brian W. Aldiss und Roger Penrose' *Weißer Mars* (*White Mars*) hervor sowie die *Mars-Trilogie* von Kim Stanley Robinson, *Roter Mars*, *Grüner Mars* und *Blauer Mars* (Red Mars, Green Mars, Blue Mars). Der andere Fokus ist die Erde. Sie ist der utopische Ort der *Xenogenesis-Trilogie* von Octavia Butler (deutsch als *Die Genhändler*).

Brian W. Aldiss ist als Autor eine schillernde Persönlichkeit. Den einen gilt er als Exponent psychedelischer Zukunftsentwürfe wie in *Barfuss im Kopf* (*Barefood in the Head*). Der feministischen SF-Geschichtsschreibung ist er eher als Autor unfreiwillig feministischer Plots in Erinnerung, etwa in *Der lange Nachmittag der Erde*, dessen Story sich zusammenfassen lässt als »Mann findet ein Gehirn und ist froh, es schließlich wieder los zu werden«.

Weisser Mars, das im Untertitel gleich als *Eine Utopie des 21.Jahrhunderts* auftritt, ist die Geschichte einer Mars-Besiedlung durch eine kleine Gruppe von WissenschaftlerInnen. Nachdem die Staaten der Erde beschlossen haben, den Mars nicht zu terraformen, sondern im Status relativer Unberührtheit (eben als ›Weisser Mars') zu belassen und ausschließlich der wissenschaftlichen Untersuchung vorzubehalten, wird eine kleine Forschungsstation errichtet. Durch einen Unfall von der Erde abgeschnitten, müssen die Siedler wider Willen ihre Gesellschaft auf sich allein gestellt entwickeln. Nebenbei entdecken sie noch die »Omega-Schliere«.

Inzwischen sind wir natürlich misstrauisch gegenüber dem Grund-Konstrukt, das in typischer Weise die von H.G. Wells kritisierten utopischen Scheuklappen verwendet: Eine kleine Gruppe, abgeschnitten vom Rest der Welt, (fast) alles WissenschaftlerInnen und furchtbar aufeinander angewiesen in einer lebensfeindlichen Umgebung. Und so geht es denn auch zu in der hier geschilderten Utopie. Vernünftig, kooperativ, enthusiastisch. »In unserem Exil hier hatten wir viele von den Zwängen beseitigt, die auf der Erde ... nach wie vor herrschten. Der Druck des ständigen Wettbewerbs war ebenso von uns genommen wie tiefgreifende kulturelle Konflikte. Wir ruderten nicht mehr in vielen kleinen Booten und rempelten uns dabei an — wir saßen alle im selben Boot. Vor allem gab es kein Geld, das faulige Schmiermittel der politischen Maschinerie.« (S.175)

Ähnlich naiv geht dann auch die Revolution auf der Erde vonstatten. Der Konkurs des internationalen Raumfahrts-Konsortiums *EUPACUS* »hatte das kapitalistische System diskreditiert und in manchen Staaten seinen völligen Bankrott herbeigeführt ... Auch das Klima ... hatte zu dem auffälligen

Wandel im politischen Denken beigetragen ... Die klimatische Veränderung hatte so viele Volkswirtschaften ruiniert und anderen neuen Aufschwung gegeben — darunter das Vereinigte Korea. Mitten in dieser Umbruchssituation hatte sich die Möglichkeit aufgetan, eine freie und gerechte Gesellschaft zu errichten. Unser Beispiel erwies sich als attraktiver, als wir uns das vorgestellt hatten.« (S.444 f.) Statt kapitalistischer Konkurrenz und Planlosigkeit gibt es dann ganz viel chinesische Philosophie.

Wir haben also die ganze alte Leier wieder. Die Menschen müssen sich einig sein, ihre falschen Gegensätze vergessen, sie müssen vernünftig sein und auf den Rat der Weisen hören, insbesondere der Wissenschaft. Geschichtslosigkeit und autoriäres Denken, abgeleitet aus der Quantenmechanik und mit einem esoterischen Guss drüber. Ohne mich.

Ich hatte eingangs bemerkt, die beiden Linien der neueren utopischen Debatte unterschieden sich in ihrer sozialen Verortung (weiblich/männlich, schwarz/weiß usw.); in der Wahl der Welten, die ihnen als Darstellungsort dienen; und in den Kategorien, die sie als die zentralen ansehen (Technologie/Soziales, Wissenschaft/Politik, Ökonomie/Gewalt usw.). Wenn wir *Weisser Mars* neben Octavia Butlers *Xenogenis-Trilogie* legen, wird dies überdeutlich. Die zentrale Figur in *Weisser Mars* ist der weisse, männliche Wissenschaftler Tom Jefferies, dessen Name nicht von ungefähr nach Thomas Jefferson klingt und der dann auch prompt am Ende ein Denkmal bekommt als »Oberster Architekt des Mars, 2015-2082, Der Mann, der Utopia zur Realität verhalf«. Im Zentrum von *Xenogenis* steht Lilith, eine schwarze Frau, die auf die Frage »Was für einer Beschäftigung sie nachgegangen sei?« antwortet: »Keiner. Ihr Sohn und ihr Mann waren für ein paar kurze Jahre ihre Beschäftigung gewesen. Nach dem Autounfall, bei dem sie ums Leben gekommen waren, war sie wieder aufs College gegangen, um dort zu überlegen, was sie sonst noch mit dem Rest ihres Lebens anfangen könnte.« Im zweiten und dritten Teil ist die Hauptfigur dann jeweils einer von Liliths hybriden Alien-Mensch-Nachkommen.

Xenogenesis beginnt damit, dass die Menschheit sich zerstört hat, die wenigen Überlebenden werden aufgegriffen von einer außerirdischen Spezies, den Oankali. Die Oankali sind auf der Suche nach fremden Spezies, mit denen sie sich zu etwas Neuem vermischen können, das ist ihre Art der Weiterentwicklung. Sie sind den Menschen haushoch überlegen, in ihrer organischen Technik und biologischen Selbstkontrolle, aber auch in ihrer friedlichen und kommunikativen Kultur. Sie sind allerdings beinhart in ihrer Perspektive. Die Menschen empfinden es als Zumutung, ihr Menschsein aufzugeben und sich zu einer posthumanen Art weiterzuentwickeln; die Oankali beharren darauf, dass die menschliche Zivilisation offenkundig selbstmörderisch sei und es keinen Sinn mache, die Selbstzerstörung nochmal von vorn beginnen zu lassen.

Das ist der grundlegende Konflikt der Trilogie. Im ersten Roman ›weckt‹ Lilith die erste Gruppe von Menschen, die die Oankali in Stasis gelegt haben, und versucht sie zu einer überlebensfähigen Gemeinschaft auszubilden, die von den Oankali auf der (reparierten) Erde ausgesetzt wird. Sie scheitert; die Menschen töten sich gegenseitig, die Gruppe zerfällt. Im zweiten Roman hat sich der Weg der Menschen gespalten: ein Teil kooperiert mit den Oankali in gemischten Siedlungen auf der Erde, ein anderer Teil hat sich in Widerstandsdörfer zurückgezogen und versucht einen rein-menschlichen Weg zu gehen. Auch die Widerständler scheitern in Aggression und Zerstörung; letztendlich wird dieser Gruppe jedoch gestattet, es auf einem terraformten Mars erneut zu versuchen. Im dritten Teil kommt es zur Bildung einer neuen, dritten Gruppe aus Menschen und Hybriden (»Konstruierten«, d.h. Mensch-Alien-Nachfahren), die früher als geplant ihre reproduktive Unabhängigkeit erlangen und auf der Begründung eines eigenen gesellschaftlichen Entwicklungsweges beharren.

Während *Weisser Mars* Technik, Wissenschaft und Ökonomie als die wesentlichen Kategorien ansieht, von denen Gesellschaft bestimmt ist und in Auseinandersetzung mit denen sich eine utopische Gesellschaft konstituieren muss, sind dies in *Xenogenesis* das Soziale, das Politische und die Gewalt. Alles dreht sich um die Spannung zwischen Eigensinn/Identität und Nicht-so-bleiben-Können, um individuelle und kollektive Abweichung, um das Ausloten von Individualität und Kollektivität. Im zweiten Band kommen einige der Widerständler in eins der Mensch-Oankali-Dörfer, die mit ihrer einfachen Bauweise und agrarischen Ökonomie außerordentlich unspektakulär aussehen, und es entspinnt sich folgender Dialog:

»›Wie viele Männer leben hier?‹ fragte Tino.
›Fünf‹, antwortete Lilith.
›Nur fünf Männer.‹ Tino schüttelte den Kopf. ›Kein Wunder, dass ihr nichts gebaut habt.‹
›Wir bauen uns selbst‹, erwiderte Wray. ›Wir bauen hier eine neue Lebensweise. Du weisst nichts über uns. Warum stellst du keine Fragen, anstatt blöd daherzureden?‹« (S.337)

Die entscheidende Kraft der menschlichen Geschichte, die zentrale Kategorie für ihre Utopie, ist das Soziale, so *Xenogenesis* — Kooperation, Weigerung, Gruppierung, Absonderung und erneuter Kontakt; Fragen von Eigensinn, Respekt und Anerkennung ebenso wie gemeinschaftliche Selbstveränderung; Verhandlung zwischen Individuen, zwischen Gruppen, zwischen Gesellschaften, zwischen Spezies. Das autonome, männliche, vernünftige Individuum stolpert in dieser Welt herum, ohne sie auch nur zu sehen. Der

Ort der Utopie in *Xenogenesis* ist die Erde: eine große, lebensfreundliche Welt, die es möglich macht, zu gehen, sich zurückzuziehen, auf eigene Faust zu handeln, viele soziale Experimente zu beginnen. Unvernünftig zu sein und zu sehen, was dabei herauskommt.

Eine seltsame Phase unseres Lebens

Weisser Mars und *Xenogenesis* stehen unterschiedlichen politischen Utopie-Konzepten nahe. Bei Aldiss/Penrose ist es die Konzeption der vernünftigen Gesellschaft, die, bereinigt von ›irrationalen‹ Konflikten und Gegensätzen, durch Unterwerfung unter wissenschaftliche Eliten zum guten, richtigen Leben findet. Endlich wird alles so, wie es schon immer hätte sein sollen. Bei Butler drückt sich dagegen eine Konzeption aus, die mit der Theorie der freien Kooperation vieles gemeinsam hat. Es geht um Einfluss auf die Regeln; um Verweigerung und Gehen-Können als Modus und Voraussetzung dieser Einflussnahme; um das Recht auf eigenständige Entwicklungswege. Wohin der Weg geht, ist nicht vorhersehbar, und es sind gerade die Spaltungen, Gegensätze und Konflikte, die das Potenzial menschlicher Entwicklung und Utopie ausmachen. Die Veränderungen finden auf der Makro- wie auf der Mikro-Ebene statt — wo Lilith sich zeitweise von ihrer neuen Familie entfernt, bis es schmerzt, »das Band spannt, bis es fast reißt«, weil sie sonst nicht frei sein kann.

Die zwei Linien der Utopie, für die Aldiss/Penrose und Butler stehen, erlauben eine gewisse Verkartung der utopischen Landschaft, wie sie sich heute in der Science Fiction — und in der politischen Theorie — wieder auftut. Kim Stanley Robinsons *Mars-Trilogie*, die nicht nur formal eine Art Gegenpart zu Butlers *Xenogenesis-Trilogie* ist und auf die hier nicht mehr ausführlich eingegangen werden kann, nimmt in vielfacher Hinsicht eine Mittelstellung zwischen beiden ein. Robinsons utopischer Ort ist der Mars; aber es ist ein großer Mars, ein Mars in Terraformung, der Abspaltung und unterschiedliche Entwicklungswege erlaubt, und dessen Kontakt mit der Erde nie ganz abreißt, mit neuen Zuwanderern, neuen kolonisierenden Zugriffen, neuen Konflikten. Technik, Wissenschaft und Ökonomie spielen eine große Rolle bei der Schilderung der utopischen Wege auf dem Mars; aber das Soziale, das Politische und die Gewalt sind mit gleichem Gewicht vertreten.

Die Verkartung der utopischen Landschaft entlang der zwei Linien erklärt auch einen Teil der produktiven Irritation, die von einigen jüngsten progressiven Experimenten im SF-Kino ausgeht, wie *Matrix* oder *Fight Club*. *Matrix* verficht eine Utopie, die durch die anti-utopische Schule hindurch gegangen ist: eine Welt ›ohne Grenzen, ohne Regeln, ohne Kontrolle‹.

Sogar die virtuelle Welt, in der die Maschinen die Menschen gefangen halten, hat ihre Lektion gelernt: sie ist eine vorgegaukelte Utopie der Normalität, in die nachträglich Konflikte und Probleme eingebaut wurden, weil die Menschen es sonst nicht als ›wirklich‹ empfanden. Die Revolutionäre agieren auf hohem technischen Niveau (»Kannst du diesen Hubschrauber fliegen?« — »Noch nicht.«), aber das Medium der Revolution ist nicht die Technik, sondern das Soziale: die Menschen werden ›abgeworben‹ aus der virtuellen Scheinwelt, sofern sie dafür bereit sind. Trotz vieler Anleihen beim Cyberpunk existieren keine schlichten Orte der Utopie: es gibt keinen Eichhörnchenwald mehr und keine Kinderspielplätze, die reale Erde ist in einem grauenvollen Zustand. Und trotz der Kargheit der Realität, des »desert of the real«, muss sich die Gruppe der Utopisten damit herumschlagen, dass man sich anders entscheiden, dass man gehen kann — zurück in die *Matrix* zum Beispiel.

In ähnlicher Weise schlägt auch *Fight Club* auf einer rasanten Parforce-Tour wilde Haken zwischen den Seiten der positiven und der falschen Utopie, zwischen lebensfeindlichen und lebenswerten Welten. *Fight Club* erfüllt ohne Mühe das Kriterium positiver Utopie-Diskurse, nicht Technik und Wissenschaft und ihre gloriose Weiterentwicklung ins Zentrum zu stellen — so weitgehend, dass vom klassischen SF-Design nichts mehr übrig bleibt; es ist reine social fiction, was wir sehen. *Fight Club* ist männlich konnotiert bis zum Umfallen, führt dies aber gerade durch die Betonung der Gewalt ad absurdum. Es findet keine Aussöhnung mit der bestehenden Welt statt, an der Kritik wird nichts zurückgenommen. Es findet jedoch, mit der furiosen Schluss-Szene, eine hinreißend ironische Abrechnung mit den Irrwegen von Utopie und Scheinradikalität statt, dem Unsinn des nicht-dazugehören-Wollens und sich-maximal-Raushaltens, eine Abrechnung mit dem Eskapismus mithin — als einer genuin patriarchalen Verirrung.

Der (namenlose) Protagonist, der endlich erkannt hat, dass Tylor Durden eine schizophrene Abspaltung seiner eigenen Person ist, steht mit Marla Hand in Hand vor einer riesigen Fensterfront. Obwohl er lebensgefährlich verletzt ist durch einen Schuss, den er auf sich selbst abgegeben hat, versichert er Marla, dass jetzt alles gut werden wird. In diesem Moment explodieren die Bomben, die er als Taylor Durden gelegt hat, und die gegenüberliegenden Wolkenkratzer sacken in sich zusammen. Marla sieht ihn irritiert an, und er antwortet entschuldigend: »Du hast mich in einer seltsamen Phase meines Lebens getroffen.« (»You've met me in a strange phase of my life.«)

Es ist ein eminent utopisches Bild, das hier erscheint: die Möglichkeit, einen Ausweg zu finden aus den Spaltungen und Verirrungen, in welche der historische Prozess von Gewalt und Gegengewalt, Herrschaftsutopie und spiegelbildlicher Totalablehnung, Lebensfeindlichkeit der Verhältnisse und Lebensfeindlichkeit der dadurch erzeugten Reaktionen, uns mit einer gewissen Notwendigkeit treibt. Dass die Szene zu denen gehört, die nach dem 11.September vorerst wohl nicht mehr gedreht werden dürften, tut dem keinen Abbruch. (Und wenn es wirklich um das Verhindern von Terror ginge, müsste ein schlauer US-Präsident alles daransetzen, dass diese Szene in jedem terroristischen Ausbildungslager rund um den Erdball gezeigt würde; aber darum geht es ja nicht.) Die Fähigkeit zu Ironie und Selbstironie, die Fähigkeit zwischen Kunst und Realität, aber auch zwischen Geschichte und Perspektive zu unterscheiden (es gibt sie eben, die seltsamen Phasen in unserem Leben, individuell wie kollektiv, und sie werden nicht überwunden indem man sie ausblendet), ist ein weiteres Indiz, was gute und schlechte Utopien unterscheidet. Das bierernste und ideologisch stubenreine »Auf welcher Seite stehst du?« in jedes Detail, in Kunst und Ästhetik vorantreiben zu wollen, war und ist immer eine typische Eigenschaft autoritärer Utopie; ein Versuch, den eigenen ›Planeten‹ künstlich kleiner zu machen, homogener, abgeschotteter. Der Bildersturm, mit dem die Symbole ausradiert werden und die Menschen gleich dazu, ist auf beiden Seiten der gleiche.

Literatur

Brian W. Aldiss und Roger Penrose: Weißer Mars oder: Aufbruch zur Vernunft (White Mars or: The Mind Set Free), München 1999.

Octavia Butler: Die Genhändler (Xenogenesis), Ausgabe in einem Band, München 1999.

Kim Stanley Robinson: Roter Mars, Grüner Mars, Blauer Mars, München 2000 f.

Kai Kaschinski und Christoph Spehr: Hoffen, Fürchten, Kritisieren? Gen- und Biopolitik in der populären Kultur und die Generationen der Kritik, Argument 242, 2001.

Tom Moyan: Das Unmögliche Verlangen. Science Fiction als kritische Utopie, Hamburg 1990.

Peter Mühlbauer: Final Frontiers. Die Rolle der Science Fiction in der Entwicklung libertärer Ideologie, Telepolis 31.01.2001, www.heise.de/tp/deutsch/special/libi/4811/1.html

Joanna Russ: Recent Feminist Utopias, in: dies.: To Write Like A Woman. Essays in Feminism and Science Fiction, Bloomington 1995.

Richard Saage: Utopie und Science Fiction. Versuch einer Begriffsbestimmung, in: Kai-Uwe Hellmann und Arne Klein (Hg.): Unendliche Weiten ...: Star Trek zwischen Unterhaltung und Utopie, Frankfurt/Main 1997.

Christoph Spehr: Gleicher als Andere. Eine Grundlegung der Freien Kooperation. Mit Beiträgen von Frigga Haug u.a., Berlin 2002.

H.G. Wells: A Modern Utopia, Lincoln 1967.

Erik Simon

Übereinstimmend anders

Politik in der SF-Nische der DDR-Literatur

Wozu dient Science Fiction?

> »Was soll die Arbeiterklasse mit einer grünen Frau anfangen?«
> (W. Lewerenz, Cheflektor des Verlages *Neues Leben*)[1]

Wenn einer hierzulande ein armes Schwein ist und weder im Kopf noch auf dem Konto etwas hat, worauf er stolz sein könnte (eigentlich zählt ja nur letzteres), dann kann er immer noch stolz sein, Deutscher zu sein; kommt eine Spur Bildung hinzu, wächst die Auswahl geschwind, ›ein‹ Stolz jedoch scheint speziell dem deutschen Halbbildungsbürger vorbehalten zu sein: keine Science Fiction zu lesen. Nun wäre das bei dem Bild, das Film und Fernsehen heutzutage von der Science Fiction vermitteln, verständlich,[2] doch das Phänomen ist älter und allgemeiner, und deutsche Vertreter der Geistes- und Gesellschaftswissenschaften (Studenten im ersten Semester, Hausfrauen und Rechtsanwälte eingeschlossen) bekennen sich häufig ›stolz‹, von Mathematik und Naturwissenschaften keine Ahnung zu haben. Das funktioniert übrigens unabhängig von der Art des Geistes oder der Gesellschaft: Als Anfang der siebziger Jahre ein SF-Klub in Dresden eine Umfrage unter Studenten der Ingenieurhochschule machte, um herauszufinden, wie beliebt unter ihnen Science Fiction sei,[3] antwortete rund ein Drittel ›herablassend‹, sie läsen selbstverständlich überhaupt nichts als Fachliteratur.

Also gehen die Verteidiger der Science Fiction umher und erklären, wozu Science Fiction ›nütze‹ sei. Selbst wenn sie wissen, daß es zum Wesen ästhetischer Phänomene gehört, sich unmittelbarer Nutzanwendung zu entziehen, kann man das ja nicht eingängig der Allgemeinheit klarmachen; also kommt man für Science Fiction in der Regel auf zwei mögliche Rechtfertigungen: sie popularisiere den wissenschaftlich-technischen Fortschritt bzw. die zugehörige Bildung, und sie trage zum gesellschaftlichen Fortschritt bei, indem sie utopische Modelle entwerfe, vor Fehlentwicklungen warne oder Mißstände der Gegenwart kritisiere. Natürlich tut die Science Fiction das alles und vieles andere mehr, und als Vehikel für Populärwissenschaft wird sie heutzutage eigentlich nur noch in China behandelt; daß Science Fiction wie jede andere Literatur Gesellschaft widerspiegelt und politische Aussagen trifft, ist ebenso selbstverständlich, und zwar sogar dann, wenn der Autor es gar nicht vorhat. Die Ansicht aber, Literatur habe ihren einzigen oder hauptsächlichen Daseinszweck darin, gezielt und vorsätzlich auf bestimmte ganz spezifische gesellschaftliche Veränderungen hinzuwirken, habe ich im Falle der deutschen Science Fiction in drei Fällen beobachtet: Erstens im Zusammenhang mit Bestrebungen, die man heute die Achtundsechziger-Bewegung in der Bundesrepublik nennt und die zunächst von sozialistischen oder im amerikanischen Sinne liberalen Positionen aus gegen das auftraten, was sie in der Science Fiction als reaktionär empfanden, und die Gegenentwürfe verlangten; zweitens als Forderung von SED-Kulturfunktionären, die DDR-SF möge die kommunistische Utopie illustrieren, zum weltweiten Sieg des Sozialismus im Klassenkampf beitragen oder – in späteren Jahren – den spezifischen DDR-Sozialismus stärken; drittens schließlich als nachträgliche Erwartung an die DDR-SF, sie hätte gefälligst das kommunistische Terrorregime entlarven sollen. Ich will mich auf das konzentrieren, was ich aus der Nähe erlebt habe, und den beiden gegensätzlichen Forderungen an die DDR-SF nachgehen, besonders der letzteren, die noch immer erhoben wird, obwohl sie keinen Adressaten mehr hat.

Sozialistische und »sozialistische« Science Fiction in der DDR

> »Zwar wissen wir, daß die Zukunft dem Sozialismus/Kommunismus gehört, aber über die Details läßt sich so schön phantasieren.«
> (Wolfgang Kellner in der Broschüre *Wissenschaftliche Phantastik*, 1978)

Entgegen einer vagen, aber weitverbreiteten Annahme ist die DDR-SF in viel geringerem Maße von sowjetischen Vorbildern geprägt worden als die bundesdeutsche von amerikanischen. Nachhaltig beeinflußt wurde sie aber von den ideologischen Forderungen der Partei einerseits und von den tatsächlichen Lebensverhältnissen andererseits, und die waren beide den sowjetischen verwandt. Die doch noch vorhandenen Unterschiede wirkten sich auch auf die Literatur aus, so der wesentlich höheren Lebensstandard in der DDR und die trotz der Mauer viel geringere Abschottung gegen Westen, die gewisse Rücksichten nahelegte. Während in der UdSSR zu gewissen Zeiten immer wieder gehäuft SF-Autoren – etwa die Strugazkis – wegen vorgeblich unsozialistischer Werke in der Presse angegriffen wurden, kam derlei in der DDR nicht einmal bei den wenigen Autoren vor, die wie die Brauns Opfer der Zensur wurden. Die Science Fiction der DDR war in toto sozialistisch, und das nicht nur in den offiziellen Verlautbarungen, sondern weitgehend auch de facto, solange man nicht so genau hinsah, was mit ›sozialistisch‹ gemeint war; tat man es, waren freilich manche sozialistischer.

Der Klassenkampf als platt propagandistisch gefaßtes Motiv hat die DDR-SF von den Anfängen bis zum Schluß begleitet – als Abwehr westlicher Spione und Saboteure, Kampf gegen amerikanische Kriegstreiber und Angriffsvorbereitungen, als Revolutionsexport auf fremde Planeten oder seltener als revolutionäre Aktion in kapitalistischen oder Entwicklungsländern –, doch fast nie als eigentliches Thema, sondern als Folie für eine Abenteuerhandlung, die mit umgekehrtem Vorzeichen kaum anders verlaufen müßte. Für die fünfziger und sechziger Jahre darf man annehmen, daß manche Autoren meinten, was sie schrieben, wenn sie in ihrer Science Fiction den Kalten Krieg aus östlicher Sicht reflektierten; später dann trat die Klassenkampf-Thematik in den Hintergrund, um zum wohlfeilen Klischee zu verkommen, das eine Abenteuerhandlung motivierte oder in einigen seltenen Fällen sogar parodistisch eingesetzt wurde.

In einigen Fällen läßt sich nachweisen, daß Autoren in ihre Science Fiction auf Wunsch des Verlages nachträglich Klassenkampf einbauten; so erwies sich der Held in Gert Prokops Timothy-Truckle-Geschichten, der seine Beliebtheit bei den Lesern nicht zuletzt seiner Rolle als US-amerikanischer Privatdetektiv verdankte, am Ende des ersten Bandes als getarnter Revolutionär – an einer frühen Fassung des Buches, die Prokop zu einem SF-Wettbewerb eingereicht hatte, war die zu geringe Rolle der progressiven Kräfte bemängelt worden –, und im zweiten Band lieferte der Autor von selbst mehr klassenkämperische Ausruferungen als erwartet.

In einer irgendwie kommunistischen Zukunft konnte man sich derlei von vornherein ersparen, auch wenn sie mit Weltrat, Wohlstand und Wissenschaft sichtlich nur Staffage war; derlei wurde mit wenigen Stichwörtern aufgerufen, aber von *Star Trek* unterschied sich diese Zukunft im Grunde nur dadurch, daß der Kommandant eher russisch als amerikanisch hieß.
Die ernsthaften Versuche, eine utopische Gesellschaft darzustellen, sind in der DDR-SF so selten, daß del'Antonios *Heimkehr der Vorfahren* (1966) lange Zeit der einzige blieb; seit den späten sechziger Jahren und vor allem in den Siebzigern fand man gelegentlich Utopien als kontrastierenden Hintergrund zu einer Satire auf die reale Gegenwart, etwa bei den Brauns, doch auch da war die Utopie Zitat aus einem verschwommenen, allgemein bekannten und doch nirgends konkret ausgeführten Fundus. Erst in den achtziger Jahren häuften sich in der DDR-SF komplexe Gesellschaftsentwürfe, weniger die klassischen statischen Utopien als vielmehr Werke, deren Hauptgegenstand die Vielfalt möglicher Entwicklungen oder der

zwiespältige Charakter des Fortschritts waren, und man darf annehmen, daß die mit der sowjetischen Perestroika verknüpften Hoffnungen dabei ebenso eine Rolle gespielt haben, wie ihre demonstrative Brüskierung durch die SED-Führung.

Die Politisierung der DDR-SF nahm in den achtziger Jahren freilich auch auf andere Weise zu – mit dem Rückfall in die Denk- und Handlungsklischees des Kalten Krieges in etlichen Werken bekannter und neuer Autoren. Zum Teil ist das der damals akuten Kriegsangst durch die nukleare NATO-'Nachrüstung‹ mit Pershings, Cruise Missiles und SDI sowie der sich verhärtenden Abwehrhaltung der DDR-Führung gegen die Friedensbewegung im eigenen Lande zuzuschreiben, zum weitaus überwiegenden Teil nutzten Autoren hier aber die Gelegenheit, Action mit simpler Gut-Böse-Konfrontation zu schreiben, die mit der früheren Lehrmeinung, die Zukunft müsse kommunistisch und also friedlich sein, schwer zu machen gewesen war.

Kritische Science Fiction in der DDR und ihre Grenzen

> »Besonders auffallend war der sozialkritische Qualitätssprung, den SF-Altmeister wie Frederik Pohl und Cyril M. Kornbluth schafften: Der Sprung war durch den nicht nur ideellen, sondern durchaus auch geschäftlichen Druck der McCarthy-Inquisition auf den Mainstream ausgelöst – ein Druck, der ansehnliche Talente Zuflucht im politisch kaum beachteten Schmuddelgenre suchen ließ.« (Carl Amery: Vorwort zu *Lobgesang auf Leibowitz* von W. M. Miller jr.)

Science Fiction galt in der DDR vor allem als Unterhaltungsliteratur, ihr Status in der Literaturgesellschaft ähnelte dem des Krimis oder des exotischen Abenteuerromans. Von den beiden DDR-Verlagen, in denen Science Fiction systematisch gepflegt wurde, war denn auch einer, Das Neue Berlin, auf diese drei Genres spezialisiert; der andere war der Verlag Neues Leben, der Literatur für Jugendliche und junge Erwachsene herausbrachte. Von seltenen Ausnahmen abgesehen, fanden die Unterhaltungsgenres kaum Beachtung in der Literaturkritik, und die staatliche Zensur wurde in ihnen oft rein schematisch gehandhabt. Diese Lage am Rande des offiziellen Blickfeldes ermöglichte in der Tat Kritik und Satire in Fällen, wie sie in weniger verfremdeter Form schwieriger anzubringen gewesen wären.

Mitunter war allerdings die Verfremdung so durchsichtig, das Ziel der Satire so deutlich und auch für die DDR-Gesellschaft signifikant, daß von wirkungsvoller Tarnung keine Rede sein kann; ein besonders auffälliges Beispiel ist Wolfgang Landgrafs Erzählung *Die Stadt*, eine Parabel auf die Entartung der kommunistischen Utopie, 1990 in Olaf R. Spittels Anthologie *Geschichten vom Trödelmond* erschienen, aber deutlich vor der Wende von der Verlagsleitung, wahrscheinlich auch von der Zensurbehörde genehmigt – während zur gleichen Zeit eine weitaus harmlosere Geschichte (*Flug ohne Cockpit* von Hans-Jürgen Dittfeld) wiederholt abgelehnt wurde, weil sie eine kritische Randbemerkung zu den Wohnsilos in der DDR enthielt.

War die Science Fiction in der DDR also ein Freiraum zur Verbreitung von phantastisch getarnter Systemkritik an der Zensur vorbei? Natürlich ist man mitunter versucht, es derart medien-schubladengerecht zu sagen, schon um den sonst im Westen automatisch folgenden Verdacht besonderer Regimetreue abzuwehren. Aber wie auf anderen Gebieten der DDR-Literatur hätte es zwar beachtlichen Mut, aber wenig Scharfsinn erfordert, deutlich zu sagen, was sowieso alle wußten; in phantastischer Verfremdung indes wäre, was nicht alle wußten (oder wissen wollten), nicht wiedererkannt worden. Aus dem Wiedererkennen aber zog die Science Fiction im Sozialismus einen Großteil ihrer eher ästhetischen als politischen Wirkung; auch bei ganz und gar nicht brisanten Gegenständen konnte der Autor mit einem aufmerksamen Leser rechnen, und da Autoren wie Leser als gemeinsames Bezugssystem eben nicht die Weiten des Kosmos teilten, sondern die DDR-Alltagsrealität, findet man ironische Seitenhiebe sogar in Büchern von SF-Autoren, die sonst wacker den alsbaldigen Triumph des Sozialismus im internationalen, wo nicht interplanetaren Klassenkampf schilderten.

Als Schlaglichter waren Einsichten in die tatsächlichen Zustände durchaus möglich. Das Sprechen in Andeutungen und mit ironischer Verstellung war ja ein allgemein verbreitetes Gesellschaftsspiel, das weniger etwas über die Verhältnisse als über die Position des Sprechers mitteilen sollte. Es gab praktisch keine Autoren, die den Sozialismus stürzen wollten, etliche wollten ihn zementieren, andere ihn reformieren, die weitaus meisten aber wollten nichts von alledem, sondern mitsamt den weitaus meisten Lesern vor allem eins: Ihren Interessen nachgehen, ohne auf Schritt und Tritt mit sozialistischer Propaganda behelligt zu werden. Das wollten viele andere Schriftsteller und Leser natürlich auch, nur war das nicht so einfach, wenn man seine Geschichten im sozialistischen DDR-Alltag spielen ließ oder als FDJ-Bezirkspoet in die Literatur gekommen war. Die Science Fiction war in allererster Linie eine Nische in der Nischengesellschaft der DDR. Sie eignete sich dafür besonders gut, weil das Genre aus Gründen, die keiner Politik anzulasten sind, ohnehin weltweit zur Ghettoisierung neigt.

DDR-SF als Ghettoliteratur

> »Die Science-fiction ist keine gewöhnliche Straßendirne, denn ausgestattet mit Anmut, Scharfsinn und Witz verhält sie sich ganz mustergültig wie ein hochklassiges Callgirl, das ... sich bei den Cocktails sogar über Philosophie zu

unterhalten versteht ...« (Stanislaw Lem: *Über das Science-fiction-Ghetto*)

Der Begriff vom Ghetto, in dem sich die SF-Literatur befyindet, ist fast so alt wie die amerikanischen SF-Magazine, die das Bild der modernen Science Fiction am nachhaltigsten geprägt haben; nicht zufällig gilt in den USA ja nicht etwa Verne oder Wells als Begründer der Science Fiction, sondern Hugo Gernsback. Der Terminus kennzeichnet die Tatsache, daß Autoren und vor allem Kritiker der etablierten Hochliteratur Science Fiction prinzipiell nicht zur Kenntnis nahmen, es sei denn mit der Attitüde eines Gerichtspathologen oder eines Völkerkundlers bei den Primitven im 19. Jahrhundert.[4] Die Science Fiction hat sich darüber weidlich beklagt und unterdessen fleißig weiter an den Mauern des Ghettos gebaut, denn wie die mittelalterlichen Ghettos ist die Science Fiction zunächst freiwilliges Rückzugsgebiet, das Sicherheit bietet oder äußeren Druck mildert, übrigens auch Konkurrenzdruck. So hat Lem darauf hingewiesen, daß viele Autoren der englischen New Wave in den sechziger Jahren eigentlich modisch-experimentelle Literatur schreiben wollten und die nur deshalb als Science Fiction etikettierten, weil außer den SF-Magazinen niemand ihre Arbeiten druckte. Die Konkurrenz mit anderen Gebieten der DDR-Literatur war vernachlässigbar, aber ihr Wohlergehen verdankten die DDR-SF-Autoren nicht zuletzt der Tatsache, daß die übermächtige anglo-amerikanische Konkurrenz zunächst aus ideologischen, dann vor allem aus wirtschaftlichen Gründen größtenteils ausgesperrt blieb.

Natürlich unterschied sich die Science Fiction beispielsweise von den Nischen der Aquarianer, Fußballfans oder Schrebergärtner, sie war schon von etwas intellektuellerer Natur. Zwar waren SF-Leser nie die geistige Elite, für die sie sich um so eher halten, je abgeschlossener das Ghetto ist, aber es sind Leute mit einem lebhaften Interesse an der wirklichen Welt, am Unbekannten, das es darin zu erkennen gibt, oder einfach mit einem überdurchschnittlichen geistigen Spieltrieb. Die Science Fiction bot Freiräume vor allem für Gedankenexperimente und Spekulationen – auch gesellschaftliche –, die nicht sichtlich im Widerspruch zur offiziellen Ideologie standen, andererseits aber auch nicht direkt von ihr veranlaßt waren. So war der äußere Druck, dem man in die SF-Nische auswich, nicht wirtschaftlich, nicht einmal unmittelbar politisch, sondern ideologisch, wie man im Ghetto von alters her seiner draußen mißbilligten Religion nachgehen darf.

Besonders augenfällig wird solch ein Arrangement dann, wenn es versagt und ein Pogrom losbricht. Anfang 1973, mitten in einer eher von Liberalisierung der Kultur geprägten Phase, wurde in Dresden der *Stanislaw-Lem-Klub*, ein bis dahin wohlwollend geförderter großer SF-Klub beim Kulturbund, unter dem Vorwurf der Verbreitung antisozialistischen und antisowjetischen Gedankenguts zerschlagen. Nichts dergleichen hatte stattgefunden, wohl aber das Anwachsen des Klubs zu einer rund hundert Mitglieder starken Organisation, die zwar pro forma sogar einen eigenen Parteigruppen-Organisator hatte, aber ziemlich viel Energie in Dinge steckte, die niemand von oben angeordnet hatte. Einer der nur am Rande laut gewordenen, aber wahrscheinlich gewichtigeren Vorwürfe war es denn auch, die Klubmitglieder, überwiegend Studenten, hätten die FDJ-Arbeit vernachlässigt.

Was weiß man noch vom traditionellen Ghetto? Daß zwischen seinen Bewohnern ein äußerst enges Beziehungs- und Kommunikationsgeflecht bestand. Das klassische Medium, das eine Art Literaturgesellschaft in der Science Fiction trägt, sind die professionellen SF-Zeitschriften, deren Fehlen in der Bundesrepublik Ursache und Folge des moribunden Zustands der deutschen Science Fiction ist. Obwohl es aber in der DDR (vor Gründung von *Alien Contact* 1990) nie eine SF-Zeitschrift gegeben hat und die Organisation des Fandoms zahlreichen Restriktionen unterlag, bestanden nicht nur enge Kontakte zwischen Autoren und in Klubs organisierten Lesern, auch beim anonymen Publikum konnten die Schriftsteller eine weitgehende Übereinstimmung des Bezugsrahmens voraussetzen: Sie sahen dieselben albernen Losungen, erzählten dieselben Witze und hatten mit ziemlich hoher Wahrscheinlichkeit die gleichen SF-Bücher gelesen, nämlich einen Großteil der in der DDR erschienenen oder eine kalkulierbare Auswahl daraus. Bei Leman etwa gibt es Anspielungen auf Werke der Strugazkis und andere sowjetische Science Fiction, denn wer Leman las, hatte vielleicht nicht del'Antonio oder Branstner gelesen, Lem und die Strugazkis aber gewiß. Standardsituationen sozialistischer Science Fiction, insonderheit die kommunistische Zukunft oder der interplanetare Klassenkampf, konnten mit einem Stichwort, mit dem Fragment einer Situation aufgerufen werden und standen dann als Folie oder aber als Objekt ironischer Brechung zur Verfügung. Ob auf dem gegenwärtigen völlig unübersichtlichen Buchmarkt ein Autor sein Publikum erreicht oder ein Leser seinen Autor findet, hat mit den Texten nichts und mit Marketing alles zu tun.

Als ich oben SF-Lesern geistiges Interesse an der wirklichen Welt und intellektuellen Spieltrieb zuschrieb, habe ich zunächst das dritte häufige Motiv für SF-Interesse übergangen, den Eskapismus. Das Ausweichen in private Interessensphären ist natürlich eine Art von Eskapismus, den man überall und immer antrifft; auch das vage Gefühl, an irgend etwas Großem und Bedeutsamem teilzuhaben, vermittelt *Perry Rhodan* genausogut. Allerdings fand man sich, wenn man das SF-Ghetto der DDR verließ, von anderen, weitaus festeren Mauern umgeben. So fiel der Rückzug nach innen mitunter mit dem fiktiven Ausbruch nach außen zusammen; es war kein zentraler Wesenszug der DDR-Science Fiction, aber doch einer ihrer Aspekte, daß sie nicht nur gedankliche Welterkenntnis bot, sondern ebenso sinnliche Welterfahrung ersetzte. Anders ist die von mir vielfach gemachte Beobachtung nicht zu erklären, daß vor allem jüngere SF-Leser in der DDR dazu neigten, ein Buch um so besser zu finden, in je weiter abgelegenen Gegenden des Weltalls die Handlung spielte, auch, wenn es sich dabei um eine rein verbale Etikettierung handelte.[5] Aber auch exotische Weltgegenden wie Schweden standen hoch im Kurs, so hat die von Arne Sjöberg alias Jürgen Brinkmann auch innerhalb des Textes seiner SF-Romane gestützte Fiktion, der Autor sei Schwede, sehr zu deren Beliebtheit beigetragen. Für den normalen DDR-Bürger war Schweden praktisch ebenso weit entfernt wie der Andromedanebel.

DDR-SF im Rückblick

> »Nachdem das Regime gestürzt ist, steigt die Zahl der Widerstandskämpfer und Revolutionäre zunächst steil, dann langsamer an und erreicht nach etwa sechs bis acht Jahren den Sättigungswert, der gleich der Bevölkerungszahl ± 4% ist.« (Imre Kison: *Mathematik der Revolution*)

Obwohl sich die weitaus meisten DDR-Autoren in ihrer Science Fiction eben nicht primär für politische Fragen interessierten, sehen sie sich doch heute der Erwartung gegenüber, sie hätten es tun müssen. So erklärt sich heute mancher zum Systemkritiker, bei dem man das seinerzeit nicht vermutet hätte, oder erklärt sich die Tatsache, daß sein Buch nicht oder mit großer Verspätung veröffentlicht wurde, nicht mit immerhin denkbaren Gründen wie literarischer Schwäche oder den Unwägbarkeiten der DDR-Druckindustrie, sondern natürlich mit politischer Zensur. Hinzu kommt, daß drei Dinge mitunter stark divergieren: die Absicht des Autors, die Wahrnehmung von politischen Aspekten durch die Leser in der DDR und ihre Deutung heutzutage. Als Beispiele dazu drei Streiflichter zu den Grenzen der Kommunikation:

Beispiel 1: Übersehene Kritik

1961 erschien *Der Mann aus dem anderen Jahrtausend*, der einzige SF-Roman von Richard Groß. Die Kapitalisten sind vor der Weltrevolution auf einen fernen Planeten geflohen und haben dessen menschenähnliche Bewohner versklavt, zweihundert Jahre später treffen Raumfahrer von der kommunistischen Zukunftserde ein und verhelfen nach allerlei Winkelzügen der Ausbeuter auch dort der Revolution zum Sieg – ein typischer Fall des damals in der DDR verbreiteten Klischees von der ›interplanetaren Revolution‹. Nicht nur aus eigener Leseerfahrung als Jugendlicher, sondern von vielen anderen Lesern weiß ich, daß ein weiterer politischer Aspekt des Buches damals kaum wahrgenommen wurde: die paranoide und intrigante Bespitzelung und Verfolgung des aufrichtigen Helden, eines seinerzeit auf der Erde in Anabiose zurückgebliebenen Kapitalistensprosses, durch den Sicherheitschef der Expedition. Schon in den achtziger Jahren fiel dieser Handlungsstrang stärker ins Auge, und die ganze Atmosphäre, etwa das Ausbleiben von zeittypischer Versöhnung und Einsicht seitens des Irrenden, läßt kaum Zweifel, daß da durchaus Kritik am kommunistischen Sicherheitsdienst bezweckt war, übrigens assoziiert man, erst einmal aufmerksam geworden, bei dem ausgerechnet polnischen Namen des Sicherheitschefs unweigerlich Feliks Dzierynski. In der sechziger Jahren aber wurde dieser Aspekt vom Klassenkampf-Klischee weitgehend überdeckt.[6]

Beispiel 2: Hineingelesene Kritik.
1983 erschien der Kurzroman *Eiszeit* von Eberhard Panitz. Er schildert die isolierte Welt eines Berghotels im von einer starken nuklearen Explosion zerstörten Thüringen. Die Art, wie die Führer der zufällig zusammengesetzten Gruppe den anderen die Wahrheit vorenthalten und sie mit Zwang und Tricks daran hindern, das Hotel zu verlassen, wurde von vielen als versteckte Kritik an den Zuständen in der DDR aufgefaßt. Wer freilich den Autor aus dem Berliner Schriftstellerverband kannte oder ihn auf Lesungen erlebte, wußte bzw. erfuhr, daß nichts dergleichen beabsichtigt war, sondern daß Panitz die Beschränkungen der Informations- und Bewegungsfreiheit im Roman wie auch in der realen DDR ausdrücklich billigte. So ist auch der neuerdings öfters zu hörenden Ansicht, dieser oder jener SF-Autor der DDR habe Kritik pro forma in den Westen verlagert, aber die DDR gemeint, mit Skepsis zu begegnen, insbesondere, wenn sie von den betreffenden Autoren selbst kommt oder einem Autor derlei Absichten postum nachgesagt werden. Erstens konnte der Autor sich einfach anschmieren wollen, zweitens gab es ja auch im Westen genug Kritikwürdiges, drittens war der Westen exotisch (siehe oben unter Eskapismus), und viertes wird der häufigste Grund, die Handlung in den Westen zu verlegen, gewesen sein, daß sie in der DDR schlicht nicht möglich gewesen wäre, Privatdetektive mit all dem schicken Zubehör gab's im Sozialismus nun mal nicht.

Beispiel 3: Perspektivwechsel
Um bezüglich der Absichten nicht nur rätseln zu müssen, nenne ich als Beispiele zwei eigene Erzählungen. *Wissenswertes über den Planeten Ikaros*, 1971 geschrieben und 1976 gedruckt, gibt ein knappes Bild von einem hohlen Planeten, dessen intelligente Bewohner lange Zeit alle kargen Ressourcen darauf verwandten, in die für sie ganz hypothetische Außenwelt vorzu-

dringen, und sich mitsamt ihrer Welt zerstörten, als es ihnen schließlich gelang. Ich halte das heute für ein Bild von der DDR und ihrem Ende, aber natürlich dachte ich, als ich die Geschichte schrieb, weder an das eine noch an das andere, vielmehr an jenen pseudomittelalterlichen Stich aus dem 19. Jahrhundert, wo ein Mann unterm Rand des Himmelsgewölbes hindurchkriecht und draußen die fremdartigen Mechanismen des Universums sieht. Weder habe ich den Untergang der DDR bzw. die Befindlichkeit der aus sicherer Enge in bedrohliche Weite ausgebrochenen Ostdeutschen vorausgesagt, noch glaube ich, daß irgendein Leser den Text damals so aufgefaßt hat. Heute ist es eine mögliche Lesart.

In unserer 1986 erschienenen Geschichte *Etemenanki* haben Reinhard Heinrich und ich freilich durchaus bewußt die kampagnenhafte Arbeitsorganisation und selbstorganisierte Mangelwirtschaft der DDR, Neuererwesen und sozialistischen Wettbewerb verulkt, indem wir sie von einem Zeitreisenden mit dem bekannten Ergebnis beim Turmbau zu Babel anwenden ließen. Inzwischen habe ich zweimal bei Lesungen – und zwar in Ostdeutschland! – Verwunderung gehört, daß derart kühne Kritik über-haupt möglich gewesen sei und die Zensur passierte. Hier hat sich nicht die Interpretation verschoben, wohl aber das Bild von Gegenstand der Satire – die wurde zu DDR-Zeiten zwar verstanden und goutiert, aber nicht im mindesten als sensationell empfunden, weder von uns Autoren noch von den Lesern; das Vergnügen an der Ironie überwog bei weitem jede politische Absicht, und wenn die Zensur sich für derlei harmlose Späße interessiert hätte, wären Dreiviertel der DDR-Literatur verboten worden.[7]

Deutsche Science Fiction im Überblick

> »Jeder SF-Autor, bei dem ein privates Unternehmen Bergbau auf den Asteroiden betreibt, gibt damit ein politisches Statement ab.«
> (John Brunner in einer Rede 1990)

In der DDR-SF finden sich zu den politischen Zuständen in der DDR affirmative und kritische Elemente, oft beim selben Autor, ja im selben Buch, beide erweisen sich aber zumeist als oberflächlich, und ein Großteil der Werke ist entschieden apolitisch, wiewohl er auch dann bewußt oder unwillkürlich DDR-Wirklichkeit spiegelt. Unter den Bedingungen der Medienzensur, die weniger ein Informations- als ein Diskussionsdefizit erzeugte, wurden aber auch schon Splitter von politischen Botschaften und Anspielungen begierig aufgenommen.

Die Politisierung der bundesdeutschen Science Fiction in den sechziger und siebziger Jahren wurde zunächst als Gegenentwurf zur herkömmlichen deutschen Science Fiction wahrgenommen, insbesondere zum Typus der *Perry-Rhodan*-Hefte. Politisch ordnete sie sich in eine damals kräftige Strömung ein, was ihr Rückhalt gab; das Establishment, gegen das sie kämpfte, war aber zuvörderst nicht das in der Gesellschaft, sondern das in der deutschen Science Fiction. Diesen Gegner hat sie insoweit bezwungen, als sie ihn zu Modifikationen nötigte und sich selbst daneben etablierte. Darüber hinaus aber hat sie die deutsche Science Fiction nicht nachhaltig geprägt, insbesondere ist es der politischen, meist linken Science Fiction nicht gelungen, die Grenzen des SF-Ghettos zu durchbrechen und sich als politische Literatur zu behaupten, anstatt im Verein mit aller deutschen Science Fiction auf dem Buchmarkt unterzugehen.

Nun gibt es ja noch deutsche Science Fiction, und ein Teil davon hat politische, gesellschaftskritische, auch utopische Aspekte. Dennoch ist das keine politische Literatur im eigentlichen Sinne, denn die setzt voraus, daß entweder (im alten Sinne der Fürstenerziehung) die herrschende politische Klasse erreicht wird oder aber (im Sinne revolutionärer oder auch nur demagogischer Propaganda) ein nennenswerter Teil des Volkes. Beides trifft für deutsche Science Fiction nicht zu.

Hinzu kommt, daß sich die politischen Ambitionen deutscher Science Fiction mittlerweile in das Spektrum der arrivierten, bekannten und pluralistisch integrierten Strömungen einordnen, wie es etwa die Umweltproblematik oder der Feminismus (zumindest in seinen weniger militant-chauvinistischen Spielarten) sind, und daß beispielsweise im Cyberpunk die Bilder einer kaputten Zukunftswelt längst keine politische Aussage mehr sind, sondern ein gängiges Klischee, das man genauso ignorieren kann wie den Hassemanemack-Punk vorm Supermarkt.[8] Von einer Science Fiction, die sich als gesellschaftskritisch oder als utopisch versteht, wäre vor allem zu erwarten, daß sie einerseits an bestehende Vorstellungen anknüpft, um überhaupt verstanden zu werden, aber mit ihrer Kritik oder ihrem Gegenentwurf darüber hinausgeht. Alles andere ist in politischer Hinsicht nur affirmativ, auch wenn vielleicht nicht die vorherrschende Mehrheitsmeinung bestätigt wird, sondern die Überzeugung ebender kleinen Minderheit, die überhaupt nur bereit ist, das Werk zur Kenntnis zu nehmen.

Soweit die Science Fiction der DDR apolitisch war, hat sie nur den gegenwärtigen Normalzustand jeglicher Literatur vorweggenommen, wenn wir von ausgesprochener Gesinnungslyrik und -prosa (»... nicht Kitsch, sondern gut gemeint«, wie Benn sagte) und von grob pöbelnder Satire à la *Titanic* absehen; die politische Attitüde ist für gewöhnlich Teil des literarischen Gesellschaftsspiels, wo politische Wertungen von Kunst auf dem Niveau jener Feuilleton-Raserei stattfinden, die jeden zum Nazi erklärte, der von *Schindlers Liste* nicht rundum begeistert war, weil über historische Wahrheit natürlich allein Hollywood entscheidet. Der Souverän, den aufzuklären Literatur unternehmen könnte, ist längst nicht mehr auszumachen in einer reizüberfluteten, atomisierten (also auch stochastischen) und virtualisierten Überfluß- und Überdrußgesellschaft mit ihren bis ins kleinste vorgefertigten und perfektionierten Unterhaltungen, deren Emblem das Bungee-Springen ist und als deren Ziel sich nicht mehr die Schönen Neuen Welten der klassischen Antiutopie abzeichnen, sondern Herbert W. Frankes *Orchideenkäfig*.[9]

Anmerkungen

1) Dieser Ausspruch über das Buch Die Marsfrau gegenüber dem Autor Alexander Kröger geriet über Kröger selbst und einen ihn ausforschenden Informellen Mitarbeiter in einen Bericht ans Ministerium für Staatssicherheit, wo man Dr. Helmut Routschek (A. Kröger) für einen Wirtschaftsspion hielt; nachzulesen in H. Routschek: Das Sudelfaß.
2) Die deutsche SF hat stärker als andere Gebiete der Literatur unter dem Fernsehen gelitten, weniger, weil es ihr die Leser abspenstig gemacht hätte, sondern vor allem, weil es eine neue Vorstellung vom Genre geprägt hat: SF besteht aus einer Abfolge teurer und bombastischer Effekte mit kruder Action und ansonsten vernachlässigbarer Handlung. Solchen Erwartungen kann keine Literatur gerecht werden, und andere Erwartungen an SF gibt es in Deutschland nur noch in kleinen, ziemlich isolierten Zirkeln.
3) Daß private Umfragen in der DDR verboten waren, wußten die Veranstalter nicht, und es passierte auch weiter nichts.
4) Vielerorts ist diese Haltung bis heute ungebrochen, und daß etwa in den USA SF weitaus salonfähiger ist, liegt einfach an der Tatsache, daß man dort mittlerweile eine Menge Geld damit verdienen kann; für die deutsche SF ist derlei nicht zu gewärtigen.
5) So habe ich von mehreren Lesern – auch noch lange nach Erscheinen des Buches – gehört, besonders bedeutsam an Klaus Frühaufs Erstlingsroman Mutanten auf Andromeda (1974) sei, daß damit erstmals ein DDR-Autor die Handlung nicht auf einen anderen Planeten, nicht zu einem anderen Stern, sondern in (freilich nicht »auf") eine andere Galaxis verlegte.
6) Eine interessante Parallele ist übrigens Horst Müllers Roman Kurs Ganymed, 1962 erschienen, wo eine klassenlose, im Grunde kommunistische Gesellschaft Außerirdischer von ihrem Führer mit Methoden beherrscht und manipuliert wird, von denen einige wie aus der Biographie Stalins abgeschrieben wirken. Diese Anspielungen waren etwas deutlicher, aber auch Müllers Roman wurde hauptsächlich als Raumfahrtabenteuer mit Außerirdischen und einem ungebrochen kommunistisch-utopischen Hintergrund gelesen.
7) Man kennt aus amerikanischen Action-Filmen jenes Bild der Sowjetunion, wo an jeder Ecke ein Rotarmist mit Fellmütze und entsicherter Kalaschnikow im Schnee steht und fast ebenso viele ordensbehängte Offiziere mit riesigen Schirmmützen pausenlos brüllend zwischen ihnen umherfahren; ich wüßte doch gern, ob auch die Russen inzwischen ihre Erinnerung an die zehn Jahre zurückliegende Vergangenheit in diesem Sinne korrigiert haben.
8) Das kennzeichnet übrigens nicht nur deutschen Cyberpunk. Bruce Sterlings Klassiker

Schismatrix beispielsweise ist ein herausragender Roman, der sich seinem eigentlichen Thema, den Grenzen des Menschseins, allmählich und überzeugend nähert; die politischen Konstellationen darin jedoch sind schlechthin albern, schematisch wie in einem Comic der vierziger Jahre.

9) In diesem Roman aus dem Jahre 1961 trifft eine künftige Menschheit, für die das Spiel der zentrale Lebensinhalt geworden ist, auf einen anderen Zweig, der sich in nicht arbeitende, nicht lernende, nicht denkende, aber glückliche pflanzenähnliche Wesen verwandelt hat und in dem die Protagonisten ein mögliches Endstadium ihrer eigenen Entwicklung erkennen.

Pop * Kritik

H. J. Krysmanski

Varianten des amerikanischen Planetarismus

Rockefeller, Independence Day, Contact and Beyond ...

Für den Philosophen Gotthard Günther (1900-1984), der heute heiß gehandelt wird[1], gibt es drei große Weltepochen: erstens die Epoche einer primitiven Globalzivilisation vor ungefähr dreißigtausend Jahren, als mutige, ausdauernde Jäger und Sammler den Planeten umwanderten (bei einer täglichen Marschdistanz von 10 Kilometern läßt sich schließlich – theoretisch – die Erde im Laufe von 23 Jahren zweimal umrunden); zweitens die Epoche der Hochkulturen des Orient und Okzident, in der sich gerade auf der Grundlage der Einhegung, der regionalen Begrenzung – sozusagen die Tiefen und nicht die Flächen erkundend – das entwickelte, was wir bis heute mit dem Begriff der Kultur verbinden möchten; die dritte Weltepoche beginnt mit der Entdeckung der neuen Welt, mit dem ›neuen Himmel und der neuen Erde‹ Amerikas.

»Es scheint den Tatsachen zu entsprechen«, schreibt Günther, »daß der amerikanische Kontinent das Wesentliche aller Hochkulturen der anderen Halbkugel zurückweist. Die Ursache hierfür liegt jedoch nicht darin, daß Amerika sich etwa dagegen sträubt, sich von einem primitiven geschichtlichen Niveau auf ein höheres hinaufheben zu lassen, oder daß es schicksalhaftere Formen des kulturellen Lebens ablehnt.« – Vielmehr scheint Amerika »lediglich solche Formen des geschichtlichen Lebens anzunehmen und zu ertragen, die wirklich planetarischen Umfanges sind.« – »Es sieht nun so aus,« so Günther 1952, »als stehe eine neue geschichtliche Epoche von globaler Ausdehnung bevor. Trifft dies zu, so wird die nächste Hochkultur die erste ohne regionale Grenzen sein. Sie wird sich über die ganze Erde verbreiten und eine dritte Epoche der Weltgeschichte einführen: die Ära planetarischer Zivilisationen.«[2]

Diese Sätze stammen aus einem der berühmten Beiträge Gotthard Günthers zu ›Rauchs Weltraumbüchern‹, die in den 50er Jahren amerikanische Science Fiction erstmals in Deutschland bekannt machten. Er sah die Science Fiction Literatur als den Vorboten der Kultur dieser dritten Weltepoche. Science Fiction war für Günther überdies die bislang einzige originäre amerikanische Kulturleistung. Und tatsächlich entwickelte sich in Amerika und nirgendwo sonst in den Kolportagemagazinen und Zehncentromanen der

40er und 50er Jahre – zu einer Zeit, als der Begriff der Weltherrschaft in vieler Munde war – ein eigenartiger Blick auf diesen Planeten: ahnungslos, was die tieferen Traditionen der Hochkulturen, ahnungsvoll, was die Perspektiven einer künftigen Technikkultur betraf.

Die jugendlichen Schmökerer dieser Literatur von damals aber und vor allem die ersten jugendlichen Konsumenten der televisionären Massenkultur, die sich aus jenen frühen Science Fiction Quellen speiste, sind heute die Chefs der NASA, der CIA und der NSA. Sie leiten die Profitmaschinen von Hollywood und die amerikanischen transnationalen Konzerne. Die planetarischen Antizipationen der frühen Science Fiction liegen wie Nebelschwaden über *Microsoft* und *AOL*. Der amerikanische Weltherrschaftsanspruch basiert in seinen Tiefenschichten auf dem träumerischen Universalismus eines A.E. Van Vogt oder Robert S. Heinlein. Und gerade bei Gotthard Günther finden wir eine hochreflektierte, mit europäischer Skepsis durchsetzte Technikphilosophie, wie sie sich heute andererseits, in naivster Form, als ›California Ideology‹ (s.u.) über die Welt ausbreitet. Günther war zusammen mit John von Neumann und Heinz von Förster – unmittelbar nach dem Krieg in Diensten der *US Air Force* – maßgeblich an der Entwicklung der Kybernetik-Theorie beteiligt. Seine Geschichtsmetaphysik läuft auf die Bestimmung einer kommenden Epoche hinaus, in der nicht mehr die zweiwertige Logik der Menschen, sondern die mehrwertigen Logiken der Maschinenwelt dominieren. Ähnlich wie heute Bill Joy, der Chef von *Sun-Microsystems*, spricht Günther davon, daß die Übertragung von Bewußtseinsoperationen an Denkmaschinen in gewisser Weise eine Überstufung des Menschen, einen Identitätswechsel einleite. Dies werde sich in einer völligen Neustrukturierung des gesellschaftlich relevanten Raum-Zeit-Kontinuums ausdrücken. In diesen neuen Räumen würden dann auch Phänomene, die bisher als Wunder galten, eine technische Basis finden usw.[3]

Ich verlasse Gotthard Günther ohne ihm Genüge getan zu haben. Nur eines sollte klar sein: die Neustrukturierung des planetarischen Raumes, das Versprechen einer Welt der Wunder und das Ende der bisherigen Geschichte prangen auf den Fahnen von Microsoft und Sun-Microsystems und anderen amerikabasierten Giganten des digitalen Metaversums – erst recht nach dem 11. September 2001.

Rockefeller

Die Plage unseres sogenannten wissenschaftlichen Zeitalters sind Natur- und Weltbeherrschungsphantasien. Darin standen sich in der Moderne, in der untergegangenen Welt der Systemauseinandersetzung, beide Lager in nichts nach. Lange glaubte man, dieses Problems durch öffentlichen Diskurs und demokratische Vorkehrungen Herr zu werden. Doch nicht nur der Stalinismus, sondern auch der kapitalistische Zugriff auf die Informations- und Kommunikationstechnologien haben demokratische Öffentlichkeit nachhaltig zerstört. Und heute scheint – glaubt man den letzten Modernisten von Alexander Kluge bis Andy Müller-Maguhn – nur noch die Hoffnung auf subversive Unterwanderungen der kapitalistischen Produktionsöffentlichkeit zu bleiben.

Auf der anderen Seite lautet ein zentraler Mythos der Massenkultur: kleine Zirkel ungeheuer reicher und mächtiger Privatmenschen (die letzten wahren Privatmenschen überhaupt) – vor allem mehr oder minder böse, superreiche Amerikaner – beherrschten diese Welt. Kann man da widersprechen? *Dagobert Duck* hat uns darauf eingestimmt, daß praktischer Planetarismus in weltbeherrschender Absicht am besten in einzelnen Köpfen blüht, die bis über dem Schopf in Geld schwimmen. Größenwahn heißt der aus solchen Lagen erwachsende psychische Zustand, der auch manchen Theoretikern nicht fremd ist. Das alles gipfelt noch immer in ›Theorien‹ über eine Weltverschwörung, der einst John D. Rockefeller seine Milliarden eingehaucht haben soll.[4] Solche Theorien haben durch das Netz eine Verbreitung gefunden, die fast in materielle Gewalt umzuschlagen droht und die heute hauptsächlich von einer hochtechnisch-fundamentalistischen globalen Rechten getragen wird. Aber auch Linke begleiten interessiert die dabei aufscheinenden Einsichten in tatsächliche Machtverhältnisse. Und immerhin hat die Linke in Karl Marx, der das Verschwörungsdenken des Bundes der Kommunisten durch die Klassentheorie überwand, einen verläßlichen Vordenker.

Durch den massenkulturellen Untergrund geistern beispielsweise die Vorstellungen von Caroll Quigley, den Bill Clinton zu seinen Mentoren zählt. Quigley[5] bezeichnet nicht ganz zu unrecht das *Council on Foreign Relations* als eine von vielen Tarnorganisationen, die eine internationale Elite von Bankern, Industriellen und anderen Mächtigen aufgebaut hat, um eine neue Weltordnung, »ein Weltsystem finanzieller Kontrolle auf feudaler Basis in Privathänden zu schaffen, dem es möglich wäre, jedes politische System in jedem Land zu beherrschen.« (Carmin 1997, S. 194) Die Templer und die Illuminati dürfen dabei nicht fehlen. Umberto Eco hat sich mit seinem ›Foucaultschen Pendel‹ fast um seinen Ruf geschrieben, weil er weit unterhalb des wirklichen Ausbaustands blieb, den dieses Wahngeflecht in den neuen Massenmedien erreicht hat, bis zu Strategiespielen wie *WarZone* und Computerspielen wie *Gabriel Knight*. Aber wie gesagt, auch in ernsthaften Köpfen wird der allgemeine Verschwörungsverdacht zum akzeptablen Erklärungsmuster für Weltvorgänge, wenn auf der Bewußtseinsebene rationalere politische Herrschaftstheorien negativ sanktioniert werden – wie das heute in den Sozialwissenschaften der Fall ist.[6] Nach den Anschlägen auf WTC und Pentagon treibt diese Bewußtseinshaltung, als allgemeiner Terrorismusverdacht, zu allem Überfluß nicht nur die Medien in den Wahnsinn.

Vor einigen Jahren vertraute der Co-Chairman des Rates des *World Economic Forum* in Davos, Maurice Strong, einem Reporter die groben Umrisse eines utopischen Romans an, den er, Strong, gern zu Papier brächte. Jeden Februar kämen ja in Davos über tausend Chief Executive Officers, Regierungschefs, Finanzminister und führende Wissenschaftler zusammen, um den Gang der Welt für das folgende Jahr zu besprechen. »Was würde passieren«, so Strong, »wenn eine kleine Gruppe aus dieser großen Runde zu dem Schluß käme, daß das Wohlergehen der Erde in erster Linie durch die reichsten Industrieländer gefährdet sei?...Um den Planeten zu retten, entscheidet die Gruppe, es sei ihre Pflicht, den Zusammenbruch der westlichen Zivilisation herbeizuführen!« Maurice Strong redet sich heiß: »Diese kleine Gruppe von world leaders bildet also eine Verschwörung mit dem Ziel, die Weltwirtschaft aus dem Lot zu bringen. Es ist Februar. Alle entscheidenden Leute sind in Davos. Die Verschwörer gehören zur Führungselite der Welt. Sie haben sich in den globalen Waren- und Aktienmärkten positioniert. Mittels ihres Zugangs zu den Finanzmärkten, zu den Computernetzen und zu den Goldreserven erzeugen sie eine Panik. Dann verhindern sie, daß überall auf der Welt die Finanzmärkte schließen. Sie blockieren das Getriebe. Sie heuern Söldner an, welche die übrigen Konferenzteilnehmer in Davos als Geiseln festhalten. Die Märkte bleiben offen...« Der Reporter kann seine Überraschung nicht verbergen. Maurice Strong, Co-Chairman des Rates des *World Economic Forum*, kennt diese Weltelite. Er sitzt im Zentrum der Macht. Er könnte das alles tatsächlich in Gang bringen. Strong fängt sich und schließt: »Ich sollte so etwas eigentlich gar nicht sagen.«[7] Dieser kanadische Milliardär Maurice Strong, eine Figur für sich[8], hat es aber nun einmal gesagt. Er liegt damit auch mitten im Trend. In den Denkfabriken und Netzwerken der transnationalen Konzernwelt wird längst der Umgang mit den nicht vorhersehbaren Dynamiken des Globalisierungsprozesses geübt. Ökonomische und kulturelle Geopolitik ist zu Science Fiction, Science Fiction zu ökonomischer und kultureller Geopolitik geworden...

Auch das *World Economic Forum* fördert Träumer wie Joseph P. Firmage oder Cyberpunkgründungen wie das *Global Business Network* (ich komme auf beide zurück). Und was im *Bilderberg Club* (dem Bernt Engelmann einst den Schlüsselroman *Hotel Bilderberg* widmete[9]) vorgehen wird, wenn die ›Bourgeois Bohemians'[10] Einzug halten, wäre die Verwandlung in ein Mäuschen wert, desgleichen bei der *Trilateral Commission*. Sicher wird dort und in ähnlichen Organisationen wie der *International Chamber of*

Commerce oder dem *Business Industry Advisory Committee* der *OECD* vor allem brutalste Interessenpolitik gemacht. Doch imaginative Aufrüstung ist das Motto der Stunde, für ehrwürdige Zusammenschlüsse wie die *Mont Pelerin Society* ebenso wie für die neue *Evian Group*, die mit einem grandiosen Phantasiekonzept vorgeprescht ist: der Forderung nach einer *Global Corporate Statesmanship* (de Pury et al 2000). Und schließlich das *Council on Foreign Relations*: hier ist ein Phantast, Walter Russell Mead, der mit dem Vorschlag, die USA sollten Sibirien kaufen, bekannt geworden ist, gerade senior fellow und director of research geworden.[11]

Independence Day

Weltherrschaft und Massenkultur gehen zusammen, ob man das von oben oder von unten sieht. Am Anfang aller massenkulturellen Herrschaftskompetenz steht die Fähigkeit des Umgangs mit Allegorien im Sinne komplexer ästhetischer Repräsentation von Wirklichkeit. Allegorien vermögen, indirekt und lateral, verschiedene Informationsschichten ineinanderzuschachteln. »Will man etwas Ökonomisches sagen, sollte man es mit politischem Material tun. Steht etwas Politisches an, helfen Rohdaten aus der Ökonomie« (Jameson 1992, p. 67). Und hilft das alles nichts, hilft ein gemeinsamer Feind aus dem Weltraum.

Fredric Jameson hat den Begriff der geopolitischen Ästhetik – basierend auf Filmanalysen – für die Auseinandersetzung mit dem Globalisierungsprozeß von unten her entwickelt. Globalisierung: das ist der Versuch der Insertierung der amerikanische Perspektive in die übrigen Regionen der Welt. Dieser Prozeß erweckt aber auch, vor allem in der Kulturproduktion der Peripherie, das Bemühen um eine Insertierung regionaler Perspektiven in das ›amerikanische Weltbild‹. Insofern läßt sich zeigen, daß dieses global agierende Amerika längst auch gezwungen worden ist, »die nationale Allegorie in ein konzeptuelles Instrument umzuformen, das tatsächlich dazu taugt, unser aller neues In-der-Welt-Sein zu begreifen« (Jameson 1992, p. 3).

Zumindest ein Teil der amerikanischen Eliten, der interessantere Teil, hat die Welterklärungs-Schemata des Kalten Krieges, des Trikontismus usw. abgelegt. Man stößt zu Globalmodellen vor, die einerseits etwas vom kolonialistischen Blick der Zeit vor dem Ersten Weltkrieg haben, die andererseits aber, wie die Entwicklung in den Denkfabriken und Netzwerken zeigt, schon an die komplexen Allegorien der Science Fiction Literatur und eben auch der Hollywoodproduktion erinnern. Daran werden auch die alten kalten Krieger in der gegenwärtigen Bush-Administration in the long run nichts ändern können – im Gegenteil, sie lernen schnell, wie ihr und ihrer

Berater Verhalten nach den Terror-Anschlägen des September 2001 zeigt.

Für Jameson schälen sich aus der allegorischen Praxis amerikanischer Filme, die Politik und Ökonomie thematisieren, zwei ästhetische Prinzipien heraus, die beide sowohl kulturökonomischen Erfolg als auch aufklärende Annäherung an den tiefen Strukturwandel der postmodernen Gesellschaft versprechen. Das eine Prinzip ist das eines tastenden, dem elektronischen Scannen und den netzgestützten Suchprogrammen verwandten ›Blicks von oben‹, aus der Kreislaufbahn, der nichts mehr gemein hat mit der zentralistischen Selbstgewißheit hegemonialer Mächte. Das andere Prinzip nennt Jameson die ›Figuration der Konspiration‹, das Spiel mit dem Verschwörungsverdacht. Ich konzentriere mich an dieser Stelle auf das erste Prinzip.

Dem deutschen Hollywoodfilmer Roland Emmerich ist es gelungen, diesen ›view from above‹ – recht eigentlich den Blick der postmodernen globalen Eliten – in aller Naivität in die gewaltigen Raumschüsseln der ›Aliens‹ zu projizieren, die in *Independence Day* rohstoffgierig über allen strategischen Punkten unseres Planeten schweben und unter anderem New York City bedrohen. Er hat damit eine vollkommene Allegorie der tatsächlichen ökonomischen und politischen Verhältnisse geliefert. Roland Emmerichs Schema ist einfach und einleuchtend. Weltgefährdung erfolgt durch ›Alien Spaceships‹. Hinter dieser allegorischen Verkleidung sind unschwer die realen Rohstoffkonzerne zu erkennen. Die Welt sieht aus dieser Perspektive in der Tat völlig anders aus: ihre Räume sind, um es kurz zu machen, funktional restrukturiert. Es gibt keine nationalen Grenzen, keine Kulturregionen mehr, der Planet ist in rohstoff- und einflußstrategische Zonen aufgeteilt. Die Menschheit blickt nach Washington. In *Independence Day* naht die Rettung – allegorisch sogar die Rettung vor der reinen Profitgier – in Gestalt einer frappierenden Kombination amerikanischer Helden: eines heldenhaften Präsidenten, der seine Vergangenheit als Kampfpilot entdeckt, eines Black Panthers, der seine Bestimmung als Kampfpilot gefunden hat, und Jeff Goldblooms als ›brilliant Jewish scientist‹. Ihre hübschen Frauen nicht zu vergessen.

Diesem praktischen Planetarismus für schlichte Gemüter fügte ein anderer deutscher Hollywood-Regisseur, Wolfgang Peters, mit *Air Force One* wenig später noch eine andere Nuance hinzu: planetarischer Terrorismus, zu dem sich US-Präsident Harrison Ford durch böse regionale Terroristen genötigt sieht, ist gut; regionaler Terrorismus, durch planetarischen Terrorismus ausgelöst, muß mit allen Mitteln ausgelöscht werden. So wird der Globus allmählich zu einer beliebig formbaren Masse, die in reine Energie übergeht. Die Entfaltung dieser globalstrategischen Haltung erleben wir jetzt.

Folglich kann es beim schlichten Planetarismus nicht bleiben (auch wenn uns traditionelles Macht- und Herrschaftshandeln weiterhin beschäftigen muß). Denn typisch für die gegenwärtige Erkenntnissituation ist die Krise des geometrischen, euklidischen Raumverständnisses und der bisherigen Raumerfahrung. Jameson sagt dazu, »daß es mit dieser neuesten Verwandlung von Räumlichkeit, daß es mit diesem Hyperraum gelungen ist, die Fähigkeit des Körpers zu überschreiten, sich selbst zu lokalisieren, seine unmittelbare Umgebung durch die Wahrnehmung zu strukturieren und kognitiv seine Position in einer vermeßbaren äußeren Welt durch Wahrnehmung und Erkenntnis zu bestimmen.« Die Hyperräume stellen eine unvermeidliche historische und sozio-ökonomische Realität dar. Der Cyberspace ist »die dritte große neuartige und weltweite Expansion des Kapitalismus« (Jameson 1993, S. 94f.).

Contact und ISSO

Auch in einem, was das postmoderne Weltbild angeht, Schlüsselfilm wie *Contact* ist es ein Milliardär, der planetarisch agiert. Dieses Mal auf Seiten einer Menschheitsethik im Spannungsfeld von Wissenschaft und Religion. *Contact* ist ein Film über eine *nicht* an Kosten-Nutzen-Kalkülen hängende SETI-Forschung und damit über die Horizonte wissenschaftlicher Forschung selbst. Auch dieser Film allegorisiert die Umstrukturierung der Räume der Erde, nicht nur durch ›wormholes‹, sondern durch den möglichen Kontakt mit anderen Intelligenzen des Universums. Und wo die amerikanische Regierung ihrer kosmischen Verantwortung nicht gerecht wird, greift noch im Sterben – aus der Schwerelosigkeit der Raumstation MIR – der krebskranke milliardenschwere private Sponsor ein.

Mit *Contact* ist das Thema des Verhältnisses von Religion und Wissenschaft auf hohem Niveau in der Massenkultur angelangt. Amerikanische Astrophysiker sagen, *Contact* sei der unerreichbar genaueste Film über kosmologische Fragen, der jemals aus Hollywood oder sonstwoher kam. Zu verdanken ist er Carl Sagan kurz vor seinem Tod.

Schon mit dem Apollo17-Photo des blauen Planeten aus dem Jahre 1972 entstand im kollektiven Bewußtsein ein anderes Bild von Globalität. Der Blick ins Universum, den heute das Hubble Teleskop ermöglicht, ist noch kaum verarbeitet. Es steht ein Wandel unseres Weltbildes an, der die Ausmaße der Kopernikanischen Wende erreicht. Erinnern wir uns: mit der Kopernikanischen Revolution wurde der Horizont für die Entfaltung der Moderne ausgemessen. Der Mensch mußte sich auf die Existenz in einem insularen Sonnensystem einrichten, inmitten eines unüberquerbaren kosmischen Ozeans. Es wurde diese Isolation im Universum, diese Begrenzheit, welche die Energien der Moderne freisetzte, die diesen Planeten so vollständig umgeformt haben. Bis heute ist die Eroberung des Sonnensystems das Paradigma moderner – also veralteter – Naturwissenschaft.

Gleichzeitig bahnt sich eine neue Sicht auf die Stellung der Menschheit im Kosmos an. Zum ›postmodernen‹ Prozeß der Globalisierung gehören die Radioteleskope. Die Einsamkeit und Eingegrenztheit der menschlichen Spezies wird in Frage gestellt. Die Massenkultur ist voller solcher Bilder. In diesen Zusammenhängen bin ich auf Joseph P. Firmage gestoßen. Joe, um die 30, hat mit seiner Firma *USWeb* in Silicon Valley Milliarden gemacht. Dann stieg er aus. 1999 gründete er die *International Space Sciences Organization* (*ISSO*) mit vielen Millionen Dollar Stiftungsgeld. Er glaubt an UFOs, ›peace, ecology, ethics‹. Er sieht einen globalen gesellschaftlichen und kulturellen Paradigmenwechsel, ausgelöst durch die Umwälzung unseres kosmologischen Weltbildes. Er benutzt dabei Vorstellungen, Bilder und ›Einsichten‹ aus den Reservoiren der Massenkultur (aus *Star Trek*, *Akte X*, *Contact*, Science Fiction generell). Seine Schriften stellen einen der umfassendsten ›New-Age‹-Textkörper auf dem Internet dar: ›The Word is Truth‹.

Nach einem Besuch militärischer Einrichtungen auf Einladung des US-Verteidigungsministeriums zu Zeiten des NATO-Krieges gegen Jugoslawien schrieb VIP Firmage: »Wir sind in den Konflikt in Europa hineingeraten, weil dem internationalen System eine Vision für ein stabiles Zusammenleben der Völker fehlt, die leidenschaftlich verfolgte Idee eines ›Friedens in Vielfalt‹ ... Die Menschheit als System weigert sich, ihren Reichtum in die Jugend und in die Erhaltung der Erde zu investieren. Wir geben Billionen von Dollar jährlich für Armeen aus, um sie in symptomatischen Krisen einzusetzen. Aber wir wollen nicht sehen, daß Kräfte von solcher Größenordnung und operationellen Effektivität umgepolt werden könnten zu Organisationen, die durch weltweite Bildung und friedliche Hilfstätigkeit die Wurzeln menschlichen Leids beseitigen. Voller Stolz könnte das geschehen, als ein erster organisierter Schritt zu einem ›total social experience of Space and Earth‹.«[12]

Jetzt hat Firmage, gemeinsam mit der Witwe Carl Sagans und der *Planetary Society* in Hollywood ein Unternehmen für Internet-, TV- und Spielfilmproduktionen gegründet: *Project Voyager*. Doch behalten wir einen klaren Kopf. Eine Organisation wie *ISSO* und eine massenkulturelle Produktionsinitiative wie *Project Voyager* existieren nicht im Machtvakuum. Mit der Anwerbung von hunderten von MitarbeiterInnen, mit dem Aufbau einer Produktionsstruktur sind auch hier wie in ›jeder‹ massenmedial relevanten Organisation von einschlägigen Diensten wachsame Agenten eingeschleust worden – angesichts der Blauäugigkeit eines Wahrheitssuchers wie Firmage zudem ein Kinderspiel ...

Mit anderen Worten: der amerikanische Planetarismus ist zwar auf seine Milliardäre, gerade auch die verrückten oder scheinbar besonders ›individualistischen‹ – wie etwa auch Ted Turner oder sogar Bill Gates – angewiesen. Aber niemand glaube, daß dieses privat akkumulierte Beeinflussungspotential auf rein privaten Kanälen, unkontrolliert und unorganisiert die öffentliche Bewußtseinssphäre erreicht. Der amerikanische Planetarismus ist nur als ein Geflecht von ›liaisons dangereuses‹ zu verstehen, die heute selbstverständlich nicht nur am New Yorker Central Park oder im Silicon Valley oder auf den Cayman Islands, sondern auch in Wladiwostok, Monaco und Hamburg geerdet sind. Demgegenüber haben die saudiarabischen Islamkrieger es nur zu Spinnweben hier und da gebracht.

Global Business Network

»Im April 1985 ging auf einem Hausboot in Sausalito im Norden von San Francisco ›The WELL‹ ans Netz, der ›Whole Earth ʼLectronic Link‹. In einem geborgten Mini-PC entwickelte sich der Prototyp aller Online-Communities. Stewart Brand, Herausgeber des ›The Whole Earth Catalog‹, und seine Mannschaft boten Leuten mit Computer und Modem für drei Dollar die Stunde Online-Meetings, die bei Diensten wie Compu-Serve oder The Source ein Vielfaches kosteten. Die Ersten, die sich dafür interessierten, waren die Fans der Rockgruppe ›The Greatful Dead‹. Dann trudelte die Cyberprominenz der Bay Area ein, [darunter] Autoren wie Howard Rheingold. In seinem Buch ›Virtual Community‹ berichtete Rheingold als Erster von den Erfahrungen in [dieser] neuen sozialen Sphäre.« Später war er, Rheingold, einer der Architekten von *Hot-Wired*, dem Netzauftritt des Magazins *Wired*.[13]

In diesem Milieu gründeten *The WELL*-Initiator Stewart Brand, der Futurist Peter Schwartz, der Philosoph Jay Ogilvy das *Global Business Network* (*GBN*). William Gibson, der Autor des Cyberpunk-Klassikers *Neuromancer*, war dabei, und auch Rheingold irgendwie. Man begann, Ideen für eine hochkarätige Industrieklientel aufzubereiten. Inzwischen kann Stewart Brand, sagt man, mit den Kürzeln für Firmenkonglomerate genauso geschickt hantieren wie früher mit dem Frisbee. Das *Global Business Network*, schreibt das Magazin *brandeins*, » ist eine Art Müttergenesungswerk für verdiente ›Digerati‹, die Mitglieder des digitalen Adels« geworden. »Die erstklassig dotierten Referenten- und Beratungs-jobs verhelfen vielen Cyber-VIPs zu Geld und Einfluß.«[14]

Cyberpunk für transnationale Konzerne? Wir bewegen uns, würde ich mit Arnold Gehlen sagen, in einer Zone der kulturellen Kristallisation. Dies hat, nach dem Ende der einen Variante der Moderne, des Realsozialismus, etwas mit dem Zögern der Moderne zu tun, sich selbst zu verlassen und endlich Postmoderne zu werden. Eigentlich ist das Ende des Realsozialismus, sagt Immanuel Wallerstein, auch ›The End of Liberalism‹ (Wallerstein 1995). Die amerikanische Politologin Susan Buck-Morss meint, »daß das historische Experiment des Sozialismus so tief in der westlichen Modernisierungstradition verwurzelt war, daß seine ›Niederlage‹ gar nicht umhin kann, die gesamte westliche Narration in Frage zu stellen«.[15]

Vor diesem Hintergrund ist es bemerkenswert, daß die Digerati, die sich mit den ›Powers That Be‹ eingelassen haben, an ein ganz besonderes Herrschaftsmuster der Moderne, an den Stalinismus, anknüpfen[16]:

Stalinist communism	*California ideology*
vanguard party	Digerati
The Five-Year Plan	The New Paradigm
boy meets tractor	nerd meets Net
Third International	Third Wave
Moscow	Silicon Valley
Prawda	Wired
party line	Unique thought
Soviet democracy	Electronic town halls
Lysenkoism	Memetics
society as factory	Society as hive
New Soviet Man	Post-humans
Stakhanovite norm busting	Overworked contract labor
Purges	Downsizing
Russian nationalism	California chauvinism

Im *Global Business Network* (*GBN*) sind inzwischen rund hundert multinationale Konzerne vereint (60 amerikanische, 30 europäische, 10 aus dem Rest der Welt). Unter anderem verfolgt man die Vision eines weltweiten Netzwerks von ›small businesses‹. Das E-Magazin *Wired* und ›New Age'-Initiativen wie *The Long Boom* und *The Long Now Foundation* sind assoziiert. In der ›San Francisco Bay Area‹ und weltweit werden hochdotierte

Seminare angeboten. ›Conspiracy of Heretics‹ hatte *Wired GBN* genannt: so ganz stimmt das wohl nicht mehr. Inklusion wurde unvermeidlich. Vor kurzem heuerten die *Joint Chiefs of Staff GBN* an, um sich Szenarios anfertigen zu lassen über militärische Bedrohungen, die in den nächsten 30 Jahren auf die USA zukommen könnten. Das größte Problem der Militärs dabei war es zu erfahren, wie sie mit mehreren Deka-den des Friedens zurecht kämen[17] – dies Problem allerdings hat sich nach dem 11. September 2001 in Luft aufgelöst.

Die ›corporate members‹ des *GBN* interagieren heute mit Künstlern wie Laurie Anderson, Brian Eno, Peter Gabriel. Unter den zahlreichen *GBN*-Intellektuellen finden sich Francis Fukuyama, Sherry Turkle und Francis Varela. William Gibson spielt eine Rolle als Ideengeber und vor allem Bill Joy von *Sun-Microsystems*.[18] Wichtig für ein Verständnis des *GBN* sind die Projekte *The Long Boom* und *The Long Now Foundation*.[19] Es sind intellektuelle Bildungs- und Produktionsprojekte der kalifornischen Kulturindustrie, die eine große Zahl von Wissenschaftlern, Intellektuellen, Künstlern und Managern einbinden. Hier ist die Idee vom ›Ende der Geschichte‹ zum Programm geworden. *The Long Boom* erklärt die 40 Jahre von 1980 bis 2020 zur Schlüsselzeit für das nächste Jahrtausend, will aus einer Bestandsaufnahme der Möglichkeiten des Jetzt die ›California Ideology‹ des digitalen Kapitalismus auf Dauer stellen. *The Long Now* geht noch einen Schritt weiter und betrachtet die 10 000 Jahre vor und die 10 000 Jahre nach unserer Gegenwart als das Jetzt.

Das ist der ultimative Besitzanspruch des derzeitigen Globalisierungsprozesses (der ein Prozeß der Raumergreifung ist) auf die Zeit – oder, um mit Fredric Jameson zu reden: ›The End of Temporality‹.[20]

And Beyond

Das Ende der Geschichte also? Die Moderne geht in die Postmoderne über. Das Wesen der Postmoderne liegt in einem Prozeß der kapitalistischen Globalisierung, welcher die Räume umstrukturiert und in reine Energie, in reine Profitenergie verwandelt. Historische Zeit ist nicht mehr vonnöten, auch nicht zur Mehrwertproduktion. Dies läßt sich an der Bewegungsform des ›Finanzkapitals‹ und an der Bewegungsform des ›kulturellen Kapitals‹ demonstrieren.

Die Finanzwelt verknüpft täglich über weltweite Computernetze sekundenschnell millionenfach geldwerte Botschaften. Auf dem Finanznetz wird ›täglich‹ mehr Geld bewegt als alle Zentralbanken zusammen in ihren Reserven haben. Das Geld wird in einem Takt bewegt, der nichts mehr mit dem Zeittakt der industriellen Produktion zu tun hat. Für die Finanzwelt existieren der ›Globus‹ als eine geographische Größe und die ›materielle Welt‹ nicht mehr. Die Firma Swatch, angeregt durch Nicolaus Negroponte, entwickelt den 1000er Takt einer Internetzeit. Die abstrakten, völlig losgelösten Finanztransaktionen aber beherrschen den Gang der Welt. Sie verwandeln die Welt und ihre Wirtschaft in eine virtuelle, immaterielle Weltwirtschaft, die inzwischen geschichtslos wie die Phantasiewelt Hollywoods funktioniert.

Das kulturelle Kapital, oder genauer: die kapitalisierte Kultur, wird nicht mehr wie in den ›Culture Wars‹ der Nachkriegszeit unter die Leute gebracht. Es ist zur Bewegungsform der Tage und Nächte unseres Alltags geworden. Der Titel von Jeremy Rifkins neuem Buch drückt dies angemessen ›aus‹: ›Das Zeitalter des Zugriffs: Die neue Kultur des Hyperkapitalismus, die das Leben zu einer rundum zahlungspflichtigen Erfahrung macht‹ (Rifkin 2000). »AOL-Time Warner, Disney, Viacom und Sony Corp.«, schreibt Rifkin, »sind nicht nur Medienkonzerne, sie sind die globalen Kontrolleure des Zugangs zum gesamten Spektrum kultureller Erfahrungen, des Tourismus, der Themenparks und Unterhaltungszentren, des Gesundheitsgeschäfts, von Mode und Cuisine, Sport und Spielen, von Musik und Film und Fernsehen, von Buchverlagen und Zeitschriften...Dadurch, daß sie die Kommunikationskanäle kontrollieren, und dadurch, daß sie die Inhalte formen, die gefilmt, gesendet oder ins Internet plaziert werden, gestalten [sie] die Erfahrungen von Menschen überall auf der Welt. Diese Art der überwältigenden Kontrolle menschlicher Kommunikation ist beispiellos in der Geschichte.«[21]

Das alles ist ›The End of Temporality‹, ›The Long Boom‹, ›The Long Now‹, ›kulturelle Kristallisation‹. Aber: ist das alles? Ist die Geschichte wirklich zu Ende? Ist das Ganze wirklich ein bunter Kreislauf geworden?

Nicht zuletzt durch die neue Bush-Administration werden wir auf den real existierenden historischen Materialismus der herrschenden Weltmacht gestoßen. Wenn schon nicht die Digerati der Finanzwelt und der Kultur, so haben doch die geerdeten, die rohstoffverbundenen, die wirklichen Machteliten dieser Welt die Geschichte noch im Kopf. Der historische Prozeß scheint durch das Glasperlenspiel der Postmoderne hindurch. Die Machteliten rechnen nach wie vor mit ihm. Und der 11. September 2001 hat sie bestätigt. Warum wären die USA sonst so sehr an einer *National Missile Denfense* und vor allem an ›Theater Missile Defenses‹, weltweit dislozierbar, interessiert? Wären ›Capitalism‹ und ›Hypercapitalism‹ ohne Raketenabwehrsysteme denkbar? Und: Raketensysteme, die stehen und drohen, sind, so schrecklich das klingt, reale Vorkehrungen für den Fall, daß die Geschichte sich doch noch regt.[22] Ein weiteres Sicherheitsnetz, nicht in die Himmel, sondern in alle irdischen Winkel reichend, wird nun unter dem allgemeinen Terrorismusverdacht, ausgelöst durch uralte historische Traditionen, noch zusätzlich über die Räume ausgebreitet werden. Es muß bei diesen Hinweisen bleiben: aber hier begänne, und wieder aus Quellen der Science Fiction schöpfend, ein neues Kapitel zum Thema ›Zukunftsvisionen‹ ...

Zum Abschluß will ich deshalb nur ein Zukunftsszenario jenseits der ›California Ideology‹ erwähnen. Es stammt von Yale-Historiker W. Warren Wagar und handelt von der Rettung der historischen Zeit, zu einem sehr hohen Preis: Im Jahre 2001 (das Szenario ist von 1990, HJK) kommt es zur Übernahme der Vereinten Nationen durch die Kernstaaten USA/Kanada, Europäische Union, Russische Föderation und Pazifische Gemeinschaft (geführt von Japan). Mit dieser ›Ersten Wiener Übereinkunft‹ sollen, da die Ausbreitung der Kernwaffen nicht aufzuhalten ist, andere Staaten daran gehindert werden, Kriege auszulösen. Jeder der Kernstaaten kontrolliert eine Treuhandregion des ›Südens‹. Diese politische Ordnung ist so erfolgreich, daß 2026 auf einer Zweiten Wiener Konferenz die Vereinten Nationen zu einem ›Staatenbund der Erde‹ umgebildet werden. Eigentlich aber ist dieser Staatenbund nur Augenwischerei. Denn die wahren globalen Machthaber, die 12 Mega-Konzerne, welche die Weltwirtschaft kontrollieren, hatten zuvor schon das ›Globale Handelskonsortium‹ gegründet. Das GHK beeinflußt erfolgreich Regierungen und manipuliert die öffentliche Meinung im letzten großen Zeitalter des Kapitalismus. Während einer Weltwirtschaftskrise 2032 zerstreiten sich die Kernstaaten. Zwischen China und den USA entbrennt 2044 ein Atomkrieg, dem sieben Miliarden Menschen zum Opfer fallen. Nach dieser Katastrophe gelingt es der Weltpartei der Sozialisten, einen neuen Weltstaat zu gründen, das Welt-Commonwealth mit Melbourne als Hauptstadt. Sie betreiben zunächst weltweit eine erfolg reiche, populäre Politik für eine demokratische und egalitäre Gesellschaft. Doch Zentralismus und Bürokratie wecken die Sehnsucht der Menschen nach individueller Freiheit und Verschiedenheit. Das führt zum Aufstieg einer neuen radikalen Partei, der ›Small Party‹, einer Sammlungsbewegung unzufriedener Splittergruppen, die in den globalen Wahlen 2147 einen erdrutschartigen Sieg erringt. Das neue Regime löst das Welt-Commonwealth auf und bildet das ›House of Earth‹, das allen, die das wollen, einen autonomen Status zubilligt. Daraufhin entstehen auf unserem Planeten 41 000 autonome, sich selbst versorgende Einheiten, mit Einwohnerschaften zwischen einigen hundert und vielen Millionen.[23]

Für Intellektuelle sind solche und überhaupt alle Zukunftsvisionen im übrigen nicht mehr ohne den Rekurs auf die Revolution in den Kulturtechniken diskutierbar. Gerade wenn man gegen die intellektuelle Stimmung, die in Kalifornien erzeugt wird, mit Fredric Jameson, der das derzeit wohl am besten kann, ›Always Historicize!‹ ruft und diesen Ruf durch Reflexion auf die theoretische Sprache und auf das Problem der Repräsentation des historischen Prozesses in die Tat umsetzt, geht das nur mit High-Tech-Formen des kulturellen Kapitals, mit High-Tech-Formen des kulturellen Anti-Kapitalismus.

Das heißt für die ›Rettung der Geschichte‹ zum Beispiel folgendes. Im Internet, in modernen Ausstellungen und Präsentationen, auf Lehrmittel-CD-ROMs, in den Medien und in der Bildungsarbeit gibt es inzwischen interessante Versuche, geschichtliche Entwicklung visuell darzustellen. Jean-Christophe Victor etwa hat in seinem *le dessous des cartes*-Projekt (arte) überzeugend demonstriert, welche enorme geostrategische Bedeutung Afghanistan zukommt für die Sicherung der Erdöl-Flüsse in den Westen – und damit impliziert, worum es ›beiden‹ oder ›allen‹ Seiten in der neuen Runde postmoderner Wirtschaftskriege letzten Endes geht.

Besonders augenfällig ist diese ›neo-geopolitische‹ Tendenz in der Schulung des Personals transnationaler Konzerne, wo Organisationen wie das ›Global Business Network‹ (s.o.) ihre Trainingsangebote immer umfassender mit visualisierten Zukunfts-Szenarios und dergleichen bestreiten. Der ›Krieg gegen den Terrorismus‹ wird diese Sicht auf den durchfunktionalisierten globalen Raum zu neuen Gipfeln führen.

Aber auch die Vernunft entwickelt sich weiter.Unter dem Thema *Virtualisierung als neuer Vergesellschaftungstyp* (Bühl 1997) ist eine intensive Debatte über die Konzepte von Raum und Zeit in Gang gekommen. Auch hier wird mit Visualisierungen operiert und argumentiert. In der Grundlagenforschung sind Millionen-Projekte zur Visualisierung hochgeordneter Strukturen und Prozesse aufgelegt worden.[25] Und schließlich wachsen heute Jugendliche in einem Milieu auf, in dem Orientierung und Information auch durch nicht-euklidische Krümmungen des Cyberspace geprägt sind. Phantasiearbeit kann sich diesen Tendenzen nicht verschließen, schon gar nicht, wenn klar ist, daß auch sie letztlich zur Handlungskompetenz in einer Welt beitragen muß, die von den Vorstellungen transnationaler Konzerne geprägt ist, die ihrerseits keinerlei Hemmungen haben, die komplexe Repräsentation der Wirklichkeit visuell zu manipulieren. Evolution, Geschichte, Emanzipationsgeschichte werden gegenwärtig nicht zuletzt unter dem Gesichtspunkt revidiert, jede Alternative zum Kapitalismus zu obskurieren. Die kulturtechnischen Möglichkeiten jedoch verhalten sich neutral.

Der Planet als allgemeiner Arbeitsgegenstand und die Menschheit als ideeller Gesamtarbeiter – diese Ideen des Historischen Materialismus und der in der Science Fiction Literatur ausgemalte, in den *Apollo*- und *MIR*-Missionen realisierte und durch die Kulturindustrie zum Topos erhobene ›view from above‹: das alles ermöglicht Betrachtungen und Repräsentationen der Menschheitsentwicklung wie niemals zuvor – nicht unbedingt mit dem Blick des ›Alien‹, der in der Menschheit nur die Ausbreitung eines Virus auf einem kleinen Himmelskörper am Rande des Universums sieht, aber doch immerhin als die Möglichkeit einer wissenschaftlichen Observation historischer Prozesse mithilfe, um mit Gotthard Günther zu reden, transklassischer Meßinstrumente, für deren Gesamt ich gerne den Namen ›Histolabium‹ (zwecks späterer Ausführung) reservieren möchte.[26]

Anmerkungen

1) Vgl. z.B. das Günther Philosophy Web (http://www.vordenker.de/ggphilosophy/ggphilo.htm) oder die Günther-Site der Universität Klagenfurt (http://guenther.uni-klu.ac.at/); siehe auch Neuhaus (2000).
2) Wegen der schweren Zugänglichkeit des hier zitierten Textes Die Entdeckung Amerikas und die Sache mit der Weltraumliteratur(1952) sei hier auf seine Netzversion verwiesen. (http://www.vordenker.de/gunther_web/amerika_sf.htm).
3) Einen kreativen Einblick in Günthers Denken vermittelt ein unveröffentlichter Text von Gernot Brehm, Mediengesellschaft und transklassisches Weltbild – Zu Übergangsfragen der westlichen Kultur (http://www.uni-muenster.de/PeaCon/phantawi/Brehm-Expose.htm).
4) Die umfangreichste Kompilation stammt wahrscheinlich von Daniel Pouzzner (http://www.mega.nu:8080/ampp/).
5) Quigley geistert durch viele Conspiracy-Sites; ein erster Einstieg: http://www.uni-muenster.de/PeaCon/eliten/Quigley.htm
6) Ich habe mit einer Ad-hoc-Gruppe (Zur Aktualität von C. Wright Mills) des Soziologie-Kongresses 2000 in Köln auf diese Zusammenhänge aufmerksam gemacht (http://www.uni-muenster.de/PeaCon/dgs-mills/Millspage.htm).
7) Diese Geschichte gehört zum Repertoire politischer Verschwörungstheoretiker, auch wenn hier Fiktion allmählich in Wahrheit übergeht; vgl. Wood, Daniel: The Wizard of the Baca Grande, in: West Magazine, Alberta, Canada, May 1990 .
8) Vgl. z.B. Ronald Bailey, Who is Maurice Strong? In: The National Review, September 1, 1997 (http://www.afn.org/~govern/strong.html).
9) Vgl. vor allem die legendäre Website von Tony Gosling, einem ehemaligen BBC-Reporter (http://www.bilderberg.org) sowie Achim Medosch (2000).
10) Mit diesem Begriff umschreibt David Drooks einen neuen Typus der amerikanischen Oberschicht, die sanfte Elite der ›Bobos‹, die in Designer-Jeans und mit New-Age-Gedanken dem alten Machtspiel neue Formen gibt, vgl. z.B. Herkommer (2000).
11) Ich habe über Walter Russell Mead eine Spiegel-TV-Reportage gemacht, als er mit dieser Idee 1993 Sibirien bereiste (http://www.uni-muenster.de/PeaCon/arcdoce/texts/kryssib.html), vgl. auch Krysmanski (1998).
12) Firmage wurde 1998 einer breiteren Öffentlichkeit durch den Verkauf seiner Firma USWeb bekannt, vgl. Michael Krantz, From IPOs to UFOs, Time Magazine, 1 February 1999; Joel Achenbach, The CEO from Cyberspace, Washington Post, 31 March 1999; weitere Artikel unter: http://www.paradigmclock.com/firmage/Firmage_Links_Page.htm; aktueller: http://www.firmage.org/; kritische Informationen: http://www.uni-muenster.de/PeaCon/phantawi/seti/firmage.htm
13) Vgl. das Online-Magazin brandeins. (http://www.brandeins.de/magazin/archiv/

2000/ausgabe_02/realitaet/artikel4_2.html)
14) Ebenda.
15) Zitiert nach Andrei Denejkine, Traumwelten und Katastrophen. Das politische Imaginäre der Moderne – ein Portrait der Politologin Susan Buck-Morss, Frankfurter Rundschau, 28.11.2000; vgl. Buck-Morss (2000)
16) Das Schema stammt von Richard Barbrook, Cyber-Communism: how the Americans are superseding capitalism in cyberspace (http://www.nettime.org/ nettime. w3archive/199909/msg00046.html).
17) GBN unterhält eine komplexe und instruktive Website (http://www.gbn.org/); einen guten Überblick über die Frühphase der Entwicklung bietet der Artikel Conspiracy of Heretics aus Wired (http://wirednews.com/wired/archive/2.11/gbn.html).
18) Vgl. z.B. Michael Kohler, In jedem steckt ein Nanoboter. Eine Düsseldorfer Tagung suchte Antworten auf die von Bill Joy beschworene Technokratie, Frankfurter Rundschau, 6.12.2000.
19) Die entsprechenden Websites sind: The Long Boom (http://www.longboom.org/); The Long Now Foundation (http://www.longnow.org/).
20) So der Titel eines Vortrags von Jameson, den er im Oktober 2000 an der Universität Nürnberg-Erlangen gehalten hat.
21) Jeremy Rifkin, The New Capitalism Is About Turning Culture Into Commerce, International Herald Tribune, January 17, 2000.
22) Die besten Informationen zu diesem Thema finden sich auf der Website der Federation of American Scientists (FAS): http://www.fas.org/spp/starwars/program/nmd/ index.html
23) Vgl. Wagar (1999); die Zusammenfassung des Szenarios nach einem Papier von Kurt P. Tudyka, Globalisierung: ein utopisches Mitbringsel für das 21. Jahrhundert (http:// www.uni-muenster.de/PeaCon/eliten/Tudyka.htm)..
24) Aus dem umfangreichen Angebot hier nur Hinweise auf die arte-Sendung ›Mit offenen Karten‹ von Jean-Christophe Victor (http://w3.arte-tv.com/ledessousdescartes/ html/indexmag.html), das Millennium-Special von CNN (http://www.cnn.com/SPECIALS/1999/millennium/), den Microsoft Encarta Weltatlas sowie Arno Peters Synchronoptische Weltgeschichte (http://www.zweitausendeins.de/Peters/Peters_index. htm), mit deren Netzversion derzeit experimentiert wird (http://userpage.fu-berlin.de/~rpatzig/history/readme.htm).
25) Vgl. z.B den NRW-Forschungsverbund Visualisierungstrategien zur Strukturierung, ›Kartierung‹ und Exploration hochdimensionaler Räume dynamischer Daten. Ein Überblick: http://www.comnets.rwth-aachen.de/Schnelle-Netze/Verbund/mmverbund.html
26) Unter dem trademark Histolabium kommen derzeit in einer Arbeitsgruppe Überlegungen zusammen zu computergrafischen Visualisierungen von gesellschaftlich-historischen Strukturprozessen, Modellierungen von ›Zeit‹, Algorithmen der Konstruktion, Klassifikation und Visualisierung hochgeordneter räumlicher Strukturen und Prozesse usw. Spielerisches findet sich auch unter: http://www.uni-muenster.de/ PeaCon/histomat/histomat.html

Literatur

Buck-Morss, Susan: Dreamworld and Catastrophe. Boston: MIT Press 2000.

Bühl, Achim: Die virtuelle Gesellschaft. Ökonomie, Politik und Kultur im Zeichen des

Cyberspace. Opladen/Wiesbaden: Westdeutscher Verlag 1997.

Carmin, E.R.: Das schwarze Reich. Geheimgesellschaften und Politik im 20. Jahrhundert. München 1997.

Günther, Gotthard: Die Entdeckung Amerikas und die Sache mit der Weltraumliteratur. Düsseldorf: Karl Rauch Verlag 1952.

Günther, Gotthard: Das Bewußtsein der Maschinen. Baden-Baden/Krefeld: Agis-Verlag 1963.

Günther, Gotthard: Das Problem einer transklassischen Logik. In: Sprache im technischen Zeitalter 16/1965, S. 1287-1308.

Herkommer, Sebastian: Von der Power Elite zur neuen Klasse der Bourgeois Bohemians. In: Sozialismus 10/2000 (Supplement ›Macht und Lebensstil').

Jameson, Fredric: Postmodernism or, The Cultural Logic of Late Capitalism. Durham 1991.

Jameson, Fredric: The Geopolitical Aesthetic. Cinema and Space in the World System. London 1992.

Jameson, Fredric: Postmoderne – zur Logik der Kultur im Spätkapitalismus. In: Huyssen, Andreas/Klaus R. Scherpe (Hrsg.): Postmoderne. Zeichen eines kulturellen Wandels. Hamburg 1993, S. 94f..

Krysmanski, H.J.: Zur Logistik der Globalisierung. Bericht über eine geopolitische Filmexpedition‹. In: Uske, Hans/Hermann Völling u.a. (Hrsg.): Soziologie als Krisenwissenschaft. Festschrift zum 65. Geburtstag von Dankwart Danckwerts. Münster: Lit-Verlag 1998.

Medosch, Achim: Keine Angst vor den globalen Eliten. Die Bilderberg-Konferenzen: Geheime Weltregierung oder seniler Debattierklub?. Telepolis, URL: http://www.heise.de/tp/deutsch/inhalt/co/4258/1.html (2000)

Neuhaus, Wolfgang: Die USA als Hort einer planetarischen Kultur?. Telepolis, URL: http://www.heise.de/tp/deutsch/inhalt/co/5861/1.html (2000).

de Pury, David/Jean-Pierre Lehmann: Speak Up for Globalization. In: International Herald Tribune, 14 June 2000.

Quigley, Carroll: Tragedy and Hope. A History of the World in Our Time. 1966.

Rifkin, Jeremy: Access. Das Verschwinden des Eigentums. Frankfurt/Main: Campus Verlag 2000. (Orig.: The Age of Access: The New Culture of Hypercapitalism Where All of Life is a Paid-For Experience).

Wagar, W. Warren: A Short History of the Future (1990). 3rd edition. Chicago 1999.

Wallerstein, Immanuel: After Liberalism. New York 1995.

Ingrid Lohmann

Cognitive Mapping im Cyberpunk

Wie Jugendliche Wissen über die Welt erwerben

Cyberpunk

Cyberpunk (CP) als Teil der Science Fiction-Literatur gibt es seit den achtziger Jahren. Als Klassiker des Genres gilt die *Neuromancer-Trilogie* von William Gibson (1984, 1986, 1988). Gibson war einer der ersten, die randständig erscheinende Stränge der Popkultur in die SF-Literatur aufnahmen. CP galt deshalb als radikal, als eine Art Untergrundkultur. Neuere Cyberpunk-Romane sind etwa *Snow Crash* (1992) und *The Diamond Age* (1995) von Neal Stephenson. Gibson und Stephenson sind US-Amerikaner; ihre Werke liegen auch in deutscher Übersetzung vor. In der zweiten Hälfte der neunziger Jahre wurden Stimmen laut, daß Cyberpunk schon längst wieder ›out‹ ist (Leonard 1998).

Achim Bühl faßt die CP-Spezifika wie folgt zusammen: »In der negativen Utopie der Cyberpunk-Erzählungen dominiert das ›System‹ das Leben der ›einfachen Leute‹. Das Systemische kann ein diktatorisches Regime, eine fundamentalistische Religion oder – wie bei William Gibson – die Herrschaft multinationaler, globaler Konzerne sein. Die Systeme sind zutiefst verkoppelt mit modernen Informationstechnologien [...]. Das Interface, die Direktverbindung zwischen menschlichem Gehirn und elektronischen Datenverarbeitungsanlagen, wird so zur Verkörperung systemischer Extension, der Mensch zum Bestandteil der Maschine [...]. Der Hacker, der die Rechner von Firmen und Institutionen durchstreift und versucht, elektronische Invasionsabwehrsysteme [...] zu durchbrechen, ist ein Söldner krimineller Subjekte, ein Teil der Maschine, drogensüchtig, physisch zerstört. Dies ist der ›Cyber‹-Aspekt des Cyberpunks. Die Helden in den Erzählungen der Cyberpunk-Literaten kommen aus den marginalisierten Schichten des Technosystems, es sind Kriminelle, Ausgestossene, Abtrünnige, Drogensüchtige, Prostituierte, Hehler, Visionäre und Irre. Die Cyberpunk-Literaten richten den Blick ihrer Kameras auf die Straße, auf die Gosse, auf den Überlebenskampf, auf die Verliererseite des High-Tech. Ihre Figuren sind [...] häufig Speed-Freaks, beheimatet im Straßenmilieu der Halbwelt, Consolencowboys, welche versuchen, die Technomaschinerie für ihre

Zwecke im Überlebenskampf auszunutzen [...]. Dies ist [...] der ›Punk‹-Aspekt des Cyberpunks« (Bühl 1997, 140).

Inzwischen ist CP längst über das literarische Genre hinaus zu einem einflußreichen Segment der Popkultur geworden, unter anderem im Film. Ridley Scotts *Blade Runner* (USA 1982) ist da nicht wegzudenken, außerdem *Johnny Mnemonic* (USA 1995), zu dem William Gibson das Drehbuch geschrieben hat, Andy und Larry Wachowskis *The Matrix* oder, in bestimmter Hinsicht, David Finchers *Fight Club* (beide USA 1999). Es gibt ein Rollenspiel namens *Cyberpunk*, das auf einem Mix von Elementen aus der *Neuromancer-Trilogie* und dem *Blade Runner* basiert, und dieser Film wiederum dient als Vorlage für ein Computerspiel.

Für die ›wissenschaftliche‹ Auseinandersetzung mit Cyberpunk als kultureller Praxis und Produktion ist zentrale Anlaufstelle Fredric Jamesons *Postmodernism or, The Cultural Logic of Late Capitalism* (1984) samt der Debatte, die sich an diesem Artikel entzündet hat. Von Jameson stammt der Terminus des ›cognitive mapping‹, der kognitiven Kartierung: Es geht um die Frage, wie wir bewerkstelligen, daß wir uns in dieser Welt verorten können, daß wir uns in den komplizierten Beziehungen zwischen Lokalem und Globalem, Zentrum und Peripherie, Oben und Unten, Arm und Reich, Apokalypse und Hoffnung, Untergang und Utopie wiederfinden. Meine erste These lautet, daß Cyberpunk in Teilen der Jugendkultur zu einem Mittel für ›cognitive mapping‹ geworden ist und daß dieser Umstand näherer Betrachtung wert ist. Darauf komme ich unten am Beispiel des CP-Abenteuerrollenspiels *Shadowrun* zurück.

Postmoderne

In der Diskussion über Postmoderne wird hervorgehoben, daß Jameson in seinem programmatischen Aufsatz, indem er charakteristische Züge der Postmoderne analysiert, bereits alle cyberpunk-typischen thematischen und stilistischen Tendenzen hellsichtig beschrieben hat: die Neigung zur Collage und zum Pastiche, die Scheu vor ›Tiefe‹ und Betonung von ›Oberfläche‹, das absichtliche Zuviel an Sinneseindrücken und von Zeichen ohne Bezeichnetes, welches die Individuen unfähig werden läßt, sich selbst physisch und psychisch zu verorten, die merkwürdige Euphorie, die sich angesichts des sensorischen Überflusses einstellt, der Mangel an Affekten, die nostalgische Art, die Generierung von Sinn aus Plagiarismus (Kadrey/McCaffery 1991, 26; Tabbi 1995, 208ff). Für die Buchausgabe seines Aufsatzes, die 1991 erschien, hat Jameson einen Passus ergänzt, der in der deutschen Übersetzung noch nicht enthalten sein konnte. Darin weist er auf William Gibsons *Neuromancer* hin und bedauert, daß in seinem Buch ein Kapitel über Cyberpunk fehlt: »und damit, wie viele von uns meinen, über den höchsten ›literarischen‹ Ausdruck wenn nicht der Postmoderne, so doch des Spätkapitalismus selbst« (Jameson 1991, 419). Erzählungen vom Typ der Verschwörungstheorien, die ihren ersten narrativen Ausdruck in Spionageromanen fanden, kristallisierten sich seit kurzem »in einem neuen Typ von Science Fiction, genannt Cyberpunk, der ebenso umfassender Ausdruck transnationaler Konzern-Wirklichkeiten wie globalen Verfolgungswahns selbst ist« (Jameson 1991, 38).

Jameson versteht die Postmoderne als kulturelle Dominante des Spätkapitalismus. Im Zentrum der ideologischen Aufgaben einer Theorie der Postmoderne steht demnach die Analyse der Koordinaten zwischen neuen kulturellen Praktiken, sozialen und mentalen Gewohnheiten einerseits – dessen also, was Raymond Williams, Ahnvater der ›Cultural Studies‹, als »structure of feeling« bezeichnet hat – und den neuen Formen ökonomischer Produktion und Organisation andererseits, wie sie in der Welt globaler Arbeitsteilung und transnationaler Konzerne, der neuen Medien und des ›Weltmarktes‹ hervorgebracht werden. Die Beziehungen zwischen Kultur und Ökonomie bilden dabei keine Einbahnstraße, betont Jameson, sondern interagieren untereinander und beeinflussen sich wechselseitig (Jameson 1991, xivf, xviiif). Über eine spezifisch postmoderne »Gefühlsstruktur« verfügen diejenigen, die in der Lage sind, in der seltsamen sozio-ökonomischen Welt eines scheinbar geschichts- und alternativlosen Spätkapitalismus zu agieren, und zwar in und mittels einer Kultur, die »fast zu nah an der Haut des Ökonomischen haftet, als daß sie davon abgestreift und in ihrer eigenen Logik inspiziert werden könnte« (Jameson 1991, xv). Es ist eine Art der Repräsentation von Wirklichkeit, die nicht nach einem neuen Zeitalter Ausschau hält, wie die Modernen, sondern nach Brüchen und Änderungen der Dinge in einer Welt, in der bereits alles geändert ist (ebd. ix).

Kennzeichnend für die Differenz zwischen Moderne und Postmoderne ist nach Jameson, daß an die Stelle der ›Natur‹ als dem ›Anderen der Moderne‹ heute die Technologie getreten ist. Das bedeutet nicht, daß Technologie damit ein ›in letzter Instanz‹ bestimmendes Moment unseres gesellschaftlichen Lebens oder unserer Kultur geworden wäre. Vielmehr sind »unsere unzulänglichen Repräsentationen eines immensen Kommunikations- und Computernetzes eigentlich nur verzerrte Darstellungen von etwas Tieferliegendem [...], Darstellungen des globalen Systems des gegenwärtigen multinationalen Kapitalismus« (Jameson 1984/89, dt. 80). Die Technologie der heutigen Gesellschaft bietet – in dieser Situation unzulänglicher Repräsentation – die geeignete Kurzformel für die Repräsentation eines Netzwerks von Macht und Kontrolle, »das mit unserem Verstand und unserer Imagination schwerlich begriffen werden kann« (ebd.). Am besten könne man »den

Prozeß der künstlerischen Repräsentation zur Zeit an Hand der Formen der Unterhaltungsliteratur betrachten, die man auch ›High-Tech-Paranoia‹ nennen könnte. Die Schaltkreise und Systeme eines vermeintlich globalen Computersystems werden hier narrativ mobilisiert in einem Labyrinth der Verschwörungen autonomer, aber tödlich miteinander verknüpfter und wettstreitender Informationsagenturen« (Jameson 1984/89, dt. 81).

Die Auseinandersetzung mit Jamesons Postmoderne-Artikel hat in den USA die Interpretation von Cyberpunk erheblich beeinflußt. Unstrittig ist dabei, daß CP unsere Beziehungen zum Universum des transnationalen Spätkapitalismus thematisiert; dieses Universum formt den CP-Autoren, im Guten wie im Schlechten. »Von Anfang an war Cyberpunk nur allzu leicht erkennbar als eine Ästhetik, die zu den Exzessen und der ökonomischen Überheblichkeit der Ära Reagan paßte« (Tabbi 1995, 213). Die strittige Frage gilt der möglichen Reichweite der kulturellen – mentalen, literarischen, ästhetischen – Repräsentation dieses Systems bzw. den Grenzen seiner Repräsentierbarkeit überhaupt. Gibt es einen Standpunkt außerhalb des Systems, von dem aus es möglich ist, die technologisch erzeugte Welt des transnationalen Kapitalismus zu repräsentieren oder gibt es ihn nicht? Handelt es sich um ein einziges hegemoniales System oder um verschiedene, miteinander konfligierende Systeme? Und ist mit Cyberpunk nicht eine ästhetische Form gefunden, die die Tatsache unseres Eingeschriebenseins in die Reproduktionsprozesse des transnationalen Kapitals akzeptiert? Dessen Netzwerke so groß sind, daß sie ein Menschenleben überdauern, dessen Kreisläufe so klein, daß sie sich der unmittelbaren Wahrnehmung entziehen und die dennoch nicht länger als außerhalb des menschlichen Geistes und Körpers befindlich gedacht werden können?

Zu den strittigen Fragen gehört des weiteren, ob das ökonomische System des globalen Spätkapitalismus als solches, als ökonomisches also, so undurchschaubar geworden ist, daß es nur noch vermittelt, nämlich auf dem Umweg über die Analyse der kulturellen (literarischen, filmischen) Praktiken und Produktionen, die es hervorbringt, darstellbar und analysierbar ist. Und wie verhalten sich kulturelle Produktionen (wie CP) zu Veröffentlichungen, die, wie beispielsweise Jeremy Rifkins *Access* oder Noam Chomskys *Profit over People*, die Machtförmigkeit der spätkapitalistischen Ökonomie als solche zu thematisieren suchen, oder auch zu der Tatsache, daß in Seattle, Prag und Victoria öffentlich demonstriert wird, wenn WTO, IWF und andere Stoßtrupps ihre Treffen abhalten, und auch in Maastricht, in Davos und am Mont Pelerin schon demonstriert worden ist?

Jameson hat übrigens in einer späteren Veröffentlichung – seiner *Geopolitical Aesthetic. Cinema and Space in the World System* – seine frühere Zurückweisung verschwörungstheoretischer Annahmen ausdrücklich revidiert und ihnen eine epistemologische Funktion zugesprochen angesichts eines Systems, welches so riesig ist, »daß es mit den natürlichen und historisch entwickelten Kategorien der Wahrnehmung, mit denen menschliche Wesen sich normalerweise orientieren«, nicht erfaßt werden kann (Jameson 1992/1995, 2).

Der Aufschwung der Informations- und Kommunikationstechnologien, des Internet und insbesondere des World Wide Web, hat neuartige kulturelle und ökonomische Praktiken hervorgebracht. Für diejenigen, die da hinein wachsen und diese Praktiken mit hervor bringen und prägen, ist Technologie nicht unbedingt etwas ähnlich Undurchschaubares wie das spätkapitalistische Machtsystem. Für sie ist Technologie als Kurzformel für die Repräsentation eines Netzwerks von Macht und Kontrolle, das »mit unserem Verstand und unserer Imagination schwerlich begriffen werden kann«, tendenziell vielleicht sogar ungeeignet. Filme wie *Independence Day*, *Staatsfeind Nr. 1* oder *Matrix* weisen mittels diverser Allegorisierungen der Technologie bereits auf Änderungen im Herangehen hin. In ihnen wird auf je unterschiedliche Weise Technologie zur ›so präzise zugespitzten‹ Kurzformel für Macht und Herrschaft des Kapitals, wie man vom Massenkino nur eben erwarten kann. In einem Film wie *Fight Club* hingegen spielt Technologie – der Cyberaspekt von CP – kaum noch eine Rolle, und in einem Film wie *Art of War* tritt sie hinter der »realen« Verschwörung gegen den Beitritt Chinas zur WTO zurück.

Eines der zentralen Elemente von Cyberpunk ist die Thematisierung der neuen Beziehungen zwischen Technologie und Körper. Für diejenigen, die ihre prägenden Sozialisationserfahrungen der Moderne verdanken, mag der Gedanke an künstlichen Ersatz für Körperteile, die weder krank noch zerstört sind, etwas zutiefst Verstörendes und Abscheu Erregendes beinhalten. Ihnen liegt der Gedanke fern, daß Körperteile in ihrer natürlichen Beschaffenheit unzureichend sein könnten (wie in Cyberspace, fiktionalem und realem Straßenkampf der Fall). Für diejenigen aber, die in der Postmoderne sozialisiert werden ›und‹ für die der Umgang mit den neuen Technologien alltägliche Praxis ist – was bekanntlich nicht für alle gilt (vgl. HaiskenDe-New u.a. 2000) –, hat der Gedanke an Cyberware als Teil des eigenen Körpers nichts Erschreckendes – im Gegenteil: Sie perzipieren Technologie unter anderem als ein Mittel potentieller Gegenwehr, als ihre ureigene, direkte Schleuse ins Machtzentrum der transnationalen Konzerne.

CP als Bildungsmittel

Ich präsentiere nun Ergebnisse von Feldforschungen, die ich in Verbindung mit Lehrveranstaltungen zusammen mit Studierenden durchgeführt habe;

Ergebnisse daraus finden sich z.T. auch als elektronische Hausarbeiten im Internet oder liegen als Examensarbeiten vor. Bestandteil der Forschungen waren Einzel- und Gruppeninterviews mit Jugendlichen und jungen Erwachsenen, teilnehmende Beobachtungen ihrer kulturellen Praktiken, Erstellung von Profilen ihrer außerschulischen Aktivitäten, Erkundungen ihres sozialen Umfelds usw. – Im Zentrum stand die Frage nach dem Stellenwert von Cyberpunk in der Alltagskultur vierzehn- bis siebzehnjähriger männlicher Jugendlicher aus einem bürgerlich-urbanen Wohnviertel in Hamburg. Das Bild dieses Viertels prägen zahlreiche Akademiker, aber auch soziale Randgruppen, Migrantenfamilien und Geringverdienende. Für die meisten am Projekt Beteiligten treffen zentrale methodologische Voraussetzungen der ›Cultural Studies‹ zu, nämlich Ablehnung der »Prämisse, dass sich kulturelle Prozesse auf bestimmte (hochkulturelle) ›Objekte‹ und definitive Aneignungsformen fixieren lassen«, außerdem »Parteinahme oder gar *fandom* für den kulturellen Bereich, den man erforscht, [... als] Voraussetzung für eine erkenntnisbringende und kreative Erforschung des jeweiligen Gegenstandsbereichs« (Wenzel 2000).

Also Cyberpunk. Literaturfans mögen seine mittlerweile zu verzeichnende Marktgängigkeit und Trivialisierung oder, wahlweise, sein vermeintliches Ableben bedauern – Tatsache ist, so meine zweite These, daß CP im Zuge dessen für einen Teil der Jugendlichen zu einem erstrangigen Mittel der (Selbst-) Bildung geworden ist. Was ist ein »Selbstbildungsmittel«? Eine gängige, sozusagen konservative, Definition lautet: ›Bildung‹ ist »ursprünglich Gestalt oder Geformtheit schlechthin, seit dem Ausgang des 18. Jhs. (Wieland, Herder) innere Formung des Menschen, Entfaltung der geistigen Kräfte durch Teilhabe an dem geschichtlichen und kulturellen Leben. Der heutige Begriff [...] umfaßt: 1. den Entfaltungsvorgang eines Menschen im Medium der geistigen Welt; 2. den Grad der inneren Geprägtheit, Durchformtheit und Verarbeitung der Bildungsgüter; 3. das Bewirken dieser Entfaltung durch Erziehung und Unterricht« (Hehlmann 1964, 57). Entsprechend sind Bildungsmittel oder Bildungsgüter »solche Güter des kulturellen (wissenschaftlichen, sittlichen, sozialen, religiösen, künstlerischen) Lebens, die bildenden oder erzieherischen Wert besitzen. Sie machen einen Hauptteil der unterrichtlichen Lehrgegenstände aus: Sprache, dichterische, künstlerische, wissenschaftliche, religiöse Werke, geschichtliche Denkmäler, Volkstümer usf.« (Hehlmann 1964, 58). Zweifellos hätte der Autor dieser Wörterbuch-Artikel kulturelle Praktiken und Produktionen, wie sie hier in Rede stehen, sämtlich mit Verachtung gestraft; daß Segmente der Popkultur – wenn es diese zu seiner Zeit denn schon gab – oder Science Fiction unter Umständen bildenden Wert besitzen können, hätte er sicher bestritten. Deutlich ist auch die Fokussierung auf schulisch institutionalisierte, formelle Erziehungsprozesse. Auch Cyberpunk im schulischen Unterricht zu thematisieren, wäre für ihn eine skandalöse Verletzung der Grenzen zwischen legitimer und illegitimer Kultur (gewesen). Aber dies ist eigentlich Geschichte, denn in der wissenschaftlichen Diskussion ist längst darauf hingewiesen worden, daß die säuberliche Trennung von ›high‹ und ›low culture‹ – auf der schulische Bildungsgänge weithin noch beruhen – den Zusammenschlüssen der postmodernen Literatur ohnehin nicht mehr standhält (McCaffery 1991, 14; Tabbi 1995, 208ff).

CP als Selbstbildungsmittel von Jugendlichen, das bedeutet zum Beispiel, Stunden und Tage, ganze Wochenenden und am liebsten schulferienlang bis in alle Einzelheiten Charaktere und Szenarien zu erdenken und schriftlich zu fixieren. Mit einer Sorgfalt, von der die Deutschlehrerin nur träumen kann, dafür vorgesehene Formblätter auszufüllen. Fertigkeiten, Karmapools, Reputation, Waffenarsenale, Cyberware und – vor allem – ›connections‹, über die die Charaktere verfügen, zu bestimmen: »Connections sind das Wichtigste«, so einer der Befragten. Und schließlich mit zwei, drei Freunden, in wechselnden Konstellationen und mit variierten Plots, Szenarien durchzuspielen. Schätzungsweise zehn Prozent der männlichen Heranwachsenden im Alter zwischen 13 und 20 Jahren spielen Abenteuerrollenspiele. Orte des Geschehens können sein: ›open air‹ (Wald und Feld; Stadtpark) oder das Wohnzimmer (vernetzte Computer; Internet). Shadowrun allerdings spielt sich ausschließlich mit Blatt und Bleistift und 20eckigem Würfel (so jedenfalls eine Hamburger Variante) ab, meist bei einem der Beteiligten zuhause – eine neue Unterart der »Wohnzimmer-Kriege« (Wenzel 2000). Was geht dabei vor sich?

Gegenüber späteren Trivialisierungen des Bildungsbegriffs und lehrplangerechten Kanonisierungen von Bildungsgütern können, einem bildungstheoretischen Klassiker wie Wilhelm von Humboldt zufolge, nur allgemeine formale Zeichensysteme – wie Sprache, Mathematik – Bildungsmittel sein. Zeichensysteme zeichnen sich dadurch aus, daß sie 1.) zu erkennende Wirklichkeit ›und‹ Mittel der Erkenntnis zugleich sind und 2.) eine eigene, symbolhafte Wirklichkeit erzeugen und darstellen. *Version 3.01 D* des Rollenspielsystems *Shadowrun* (*SR 3*) ist – so meine dritte These – ein solches Zeichensystem.

SR 3 ist eine von 1999 datierende Weiterentwicklung der Erstversion, die die als transnationales Vertriebsunternehmen agierende *FASA Corporation* mit Sitz in Chicago im Jahre 1989 herausbrachte. In Deutschland wird Shadowrun von *Fantasy Productions GmbH* in Erkrath bei Düsseldorf vermarktet. Vertrieben wird es außerdem in Australien, Belgien, Brasilien, Kanada, England, Finnland, Frankreich, Hongkong, Ungarn, Israel, Japan, den Niederlanden, Neuseeland, Norwegen, Polen, Singapur, Spanien,

Schweden und Taiwan. D.h. es wird vermarktet in Ländern, die zu den »Globalisierungsgewinnern« gehören oder reelle Chancen haben, dazu zu werden.

Zu den Entwicklern von Shadowrun gehören u.a. L. Ross Babcock III., Spielentwickler für *Strategic Simulations Inc.* (die die *Advanced Dungeons & Dragons Collector's Edition* herausgebracht hat) und für *The Gamers Company* (»quality wargames since 1988«); ferner Jordan Weisman, seit kurzem Creativ-Direktor für Spiele bei der *Microsoft Corporation.* (Dieser Umstand veranlaßte einen der interviewten Jugendlichen zu der Bemerkung: »Dann macht Microsoft ja hoffentlich bald mal brauchbare Spiele«.) Entwicklung und Design von *SR 3* stammen von Michael Mulvihill und Robert Boyle. Gegenüber früheren Versionen zeichnet sich *Version 3.01* dadurch aus, daß – neben den wichtigsten Erläuterungen – jetzt alle nötigen Spielregeln in einem 336 Seiten umfassenden, großformatigen, illustrierten, im übrigen stark textlastigen Handbuch zusammengefaßt sind. In den Vorversionen waren die Regelwerke des *Shadowrun*-Universums noch in verschiedenen Handbüchern verstreut. Hingegen besitzen die drei Dutzend Einzeldarstellungen über ›Megakonzerne‹, ›Die Universelle Bruderschaft‹, ›High Tech & Low Life‹, ›DNA‹ und ›Biotechnologie‹, ›Konzernkrieg‹ usw., die sich ergänzend hinzuziehen lassen, weiterhin Gültigkeit und damit Verkaufswert. Wie dem auch sei, man kann sich bei *SR 3* auf das eine Handbuch beschränken, und jeder Spielleiter, der etwas auf sich hält, hat es mehrfach durchgeackert und – neben der soziokulturellen Grundstruktur eines postmodern-fantastischen nordamerikanischen Westens »nach dem Dritten Weltkrieg« – vielfältige ungezählte Details im Gedächtnis.

Die meisten SF- und Fantasy-Rollenspiele, auch die großer Firmen, haben eine Lebensdauer von nicht mehr als 3 bis 5 Jahren, bevor die Spieler zum ›nächsten‹ neuesten System übergehen. Selten bindet ein Spiel genügend Spieler, damit sich eine zweite Ausgabe rechnet. Eine ›dritte Ausgabe‹ ist eine echte Rarität, und insofern gilt es unter Kennern als erstaunlich, daß der »ungewöhnliche Mix ausScience Fiction, fantasy und cyberpunk« nach wie vor die Kassen klingeln läßt (*www.sfsite.com*).

Im Unterschied zu anderen Rollenspielen basiert *Shadowrun* auf einer »Verschmelzung der beiden völlig unterschiedlichen Genres Fantasy und Cyberpunk« (SR 321). Das Milieu ist vertraute Cyberpunk-Szenerie. Wir schreiben das Jahr 2060; Hacker und Straßenkämpfer tummeln sich in Mega-Sprawls wie dem zentrenlosen posturbanen Seattle, wo sich Banden, Yakuza und multinationale Konzerne Schlachten liefern und Consolen-cowboys die Matrix befahren – eine apokalyptische nahe Zukunft, »wo kriminelle Subkulturen Seite an Seite mit der Konzernelite zu finden sind« (SR 8). Die zentralen Charaktere sind die ›Shadowrunner‹; sie begehen Auftragsverbrechen, für die sie mehr oder weniger gut bezahlt werden, hauptsächlich im Bereich von Industriespionage, dem illegalen Beschaffen und Transfer von Daten. »Wenn ein Konzern oder ein anderer Auftraggeber jemanden sucht, der seine Drecksarbeit erledigt, dann sieht er sich in den Schatten um«; für den Auftraggeber sind Shadowrunner »nützliche – und entbehrliche – Werkzeuge« (SR 10).

Spielentwickler wie Rezensenten betonen als Besonderheit von *Shadowrun* die Rückkehr des Elements der Magie in die Welt des Cyberpunk, wo Drachen sich um die US-Präsidentschaft bewerben und Banden von Untoten durch die nächtlichen Straßen streifen. Charaktere aus dieser Dimension sind die Metamenschen: Trolle, Zwerge, Elfen, Orks. Menschen und Metamenschen zusammen können Teams von Runnern bilden, um die vertraglich festgelegten, bezahlten Leistungen zu erbringen. Mit dem verdienten Geld finanzieren sie sich ihren individuellen Lebensstil; aber es besteht auch die Möglichkeit, Pools zu bilden, um für das ganze Team einen gehobeneren Lebensstil zu ermöglichen oder gar ein Büro zu eröffnen in der Hoffnung auf lukrativere Aufträge (*www.sfsite.com*). Die interviewte Hamburger Spielergruppe verwendet nach eigener Auskunft die magische Dimension von Shadowrun allerdings nicht, d.h. Zaubersprüche kommen in den Szenarien, die in ihrem Team erdacht und gespielt werden, nicht vor. Dasselbe vermuten sie für das Spielerumfeld, das sie selbst überblicken. Fast alle Szenarien kreisen um den Kampf gegen multinationale Konzerne; am Ende siegen die Runner, aber immer nur im jeweiligen lokalen Geschehen. Niemals wird die Macht der Konzerne global überwunden. Anders als unter Zuhilfename von Magie denkbar wäre, gibt es keinen Ausgang aus der Negativ-Utopie, außer eben partiell und lokal. Trotzdem: ungewöhnlich ist die Kombination von Cyberpunk und Magie keineswegs; Elemente des Magischen, Bezüge auf die Kabbala u.a.m. finden sich etwa auch in *Snow Crash*. Und der Untersuchung von Julia Berndt (2000) zufolge ist Shadowrun bei manchen Spielergruppen gerade wegen des magischen Elements beliebter als etwa das Cyberpunk-RPG, denn es weist über die Welt der Konzernmacht hinaus.

Spieler-Identitäten

Zu den Interviewten gehört ein 16jähriger Gymnasiast, der sich für eine Spielesequenz lang Philip Protagon genannt hat. Die Idee für diesen Namen stammt aus Stephensons *Snow Crash*; eine der Hauptfiguren darin ist der Pizzaauslieferer und freiberufliche Hacker ›Hiro Protagonist‹. Straßenname von Philip Protagon ist ›MDK‹. Das ist ›eine‹ der nach eigenen Angaben etwa fünfzig verschiedenen Spieleridentitäten, die er seit Beginn seiner

Shadowrun-Praxis vor zwei Jahren für sich entworfen hat. Das zugehörige ›Charakterdatenblatt‹ zeigt eine lebhafte Mischung aus der geringfügig abgewandelten, jetzigen, realen Identität, der bevorstehenden Identität als junger Erwachsener in naher Zukunft und der fiktionalen Identität als Hacker im symbolischen Parallel-Universum. Es gibt folgende Auskunft (Auszüge, zitiert mit redaktionellen Überleitungen, ohne Eingriff in Inhalt und Wortwahl):

Alter: 20; Geschlecht: männlich; Rasse: Mensch; ethnische Gruppe: französisch/englisch; Aussehen: kurz geschnittene, dunkelblonde Haare, blaugraue Augen, ein eher unauffälliges Erscheinungsbild, aber attraktiv, 1,89 groß und schlank. Lieblingsaktivität: Jiu Jitsu und andere Kampfsportarten. Gehaßte Aktivität: Schwimmen. Mitglied in einem Insider-Techno-Club [d.i. ein Clubtreffpunkt von Deckern]; im Matrix-Club [d.i. ein Treffpunkt von Prominenten und Programmierern]; und bei Newsnet, das auch seine Lieblingsshow produziert. Gegen Cyberware hat er eine Abneigung – denn wie das Handbuch erläutert: »Schwer verchromte Individuen müssen in der Regel einiges an sozialer Mißbilligung in Kauf nehmen (wann hatten Sie die letzte nette Unterhaltung mit jemandem, der wie ein Verkaufsautomat aussah?)« (SR 92). Insbesondere dieser Aspekt – die Haltung zu in den eigenen Körper eingebauter Cyberware – kann bei einer der anderen maßgeschneiderten Identitäten übrigens ganz anders gelagert sein.

MDK verfügt über gute Wissensfertigkeiten in den Bereichen Decker-Treffpunkte in Straße und Matrix, Matrixentwicklung, *Shadowrunner*-Treffpunkte, Auffinden von Verstecken, ferner über gute Sprachkenntnisse in Englisch und Netspeak sowie etwas Japanisch. Auf der Straße trägt er normale Kleidung, meist braune oder schwarze Hosen, schwarzen Rollkragenpullover, Cyberbrille, und er hat Taschensekretär, Scanner und 2 Pistolen bei sich. Zu seiner Ausrüstung gehören außerdem festgestochene Ohrgeräte, Kopfspeicher und diverse weitere Waffen und Cyberware. Früher hat MDK als Programmierer gearbeitet, aber er konnte nicht gut mit Geld umgehen und ist aus der Oberschicht [der zweitreichsten Sozialschicht] bis in die Unterschicht [die drittunterste Sozialschicht gerade oberhalb von jenen, die in Mietskasernen oder gar auf der Straße leben; SR 278] abgerutscht. Ein anderes Spielszenario sieht beispielsweise den Aufstieg von der Unterschicht in die Oberschicht infolge erfolgreich erledigter Aufträge vor. Aber das soziale Schicksal des jeweiligen Protagonisten changiert nicht nur zwischen den ›wahrscheinlichsten‹ Fällen – Aufstieg in die nächsthöhere, Abstieg in die nächstuntere Schicht: ›Jede‹ mögliche soziale Schichtzugehörigkeit wurde in den verschiedenen Szenarien bereits mehr oder weniger intensiv durchgespielt.

MDK ist von seinen Kameraden betrogen worden und hegt nun eine

Abneigung gegen die dekadente Oberschicht und besonders gegen Programmierer. Er ist mitverantwortlich für einige gute Software-Produkte. Er hat sich schnell und gut in der Subkultur von Seattle etabliert und kommt mit ihr besser zurecht als mit der High Society. Er ist Samuraidecker. MDK ist erste Wahl für Decker-Aufträge und ›Runs‹, in denen es um Diskretion und Professionalität, aber auch um Waffengewalt geht. Er ist der Schnellste, vielseitig ausgebildet und ein ausgezeichneter Hacker, der sich hervorragend mit der Hacker-Subkultur sowie illegalen Dingen wie BTL und dem Fälschen von Credsticks auskennt, außerdem mit der japanischen Kultur. MDK ist nicht derjenige, der alles bis ins kleinste Detail plant, lieber stürzt er sich ins Geschehen und improvisiert; natürlich besorgt er sich entscheidende Informationen. Er hat gute Connections in verschiedenen Bereichen: zu einem Konzernmann; zu Mr. Johnson [dem Unterhändler von Konzernaufträgen an Runner]; zu einer Schieberin; zur Besitzerin eines nobleren Clubs; zur Produzentin von Newsnet. Sein Kumpel ist ein Konzerndecker namens ›Rage‹. – Mit diesem Charakter wurden unterschiedliche Szenarien durchgespielt, zuerst eines der vorgefertigten *Shadowrun*-Szenarien namens ›Silver Angel‹, dann selbsterdachte wie: unabhängiger Decker-Bruch bei ›Cavilard Computech‹; Shadowrunner zocken einem Biochemiker eine Kampfstoffprobe; Hack bei Mitsuhama; Hack bei Fuji; *Shadowrun* in einem Mitsuhama-Hochhaus; Überführung von zwei Fuji-Spionen; mehrere Hacks in acht kleine Datenbanken; Bruch bei einem Angestellten von Mitsuhama. Dabei eingesetzte Suchprogramme sind u.a. Online-Gespräche über legale Konzernleitungen mit Wörtersuche in optionaler Zusammenstellung; Matrix-Suchprogramme nach Wörtern, Namen, Begriffen, Verzeichnissen oder Vorgängen; Suchprogramme, die Datentransfer überhaupt bzw. illegale Konzerntransfers usw. aufspüren. Zu den eingesetzten Computerfertigkeiten gehören: Knacken von Codes; Löschen von passivem Alarm, [d.h. das System] ist sich nicht sicher, ob der Benutzer autorisiert ist, und beobachtet [dessen Aktivitäten eine Zeitlang unbemerkt]; Teleportation in beliebige Knoten des Systems, Shutdown des Systems; Lesen, Editieren und Löschen von Dateien; Herauf- oder Herunterladen von Daten, Kontrolle über die Tore zu einzelnen Systemen bzw. über alle angeschlossenen Geräte (Kaffeeautomaten, Rolltreppen usw.).

Wenn Spieler bzw. Spielleiter sich den Inhalt des Handbuchs angeeignet haben, wird das Spiel meist nur noch als ›mind game‹ mit Würfel und Notizblock gespielt. Man kann sich allein damit beschäftigen, so beim Entwerfen neuer Szenarien, oder es in kleinen Gruppen spielen. Natürlich wird z.B. unter neuen Fragestellungen immer wieder auch das Handbuch zu Rate gezogen.

Die Beliebtheit von Shadowrun hat mit dazu beigetragen, den Markt für ein Computerspiel wie *Deus Ex* zu bereiten, das ebenfalls dem Cyberpunk-Genre angehört (vgl. *GameStar 7+8/2000, PCGames 8/2000*). *Deus Ex* ist naturgemäß wesentlich weniger komplex und verfügt außerdem nicht über einen Multiplayer-Modus. Die Vermarktung dieses Spiels zeigt aber, daß Cyberpunk über verschiedene Medien in der Jugendkultur vermittelt wird und dort auch weitere Nutzergruppen erreicht. Für männliche Jugendliche und junge Erwachsene behauptet es neben Rollenspielklassikern wie *Dungeons & Dragons* oder *DSA* einen festen Platz. Damit wird CP derzeit allerdings nicht nur weiter diversifiziert, sondern vor allem in den für den Computer aufbereiteten Formen (jedenfalls derzeit noch) auch trivialisiert. Wenn man also, bei lokaler Betrachtung, für ein Spiel wie Deus Ex nicht mehr vom Charakter und der Wirkung eines ›Zeichensystems‹ sprechen kann, wie ich es für Shadowrun behaupte, so ist andererseits nicht zu verkennen, daß große Teile des nötigen Vorwissens und der mentalen Grundlagen beim Spielen auch der reduktionistischsten Computervarianten von CP beim Publikum mittlerweile vorausgesetzt werden können.

Handlungsentwürfe

Die Antwort auf die Frage, was vor sich geht, wenn Shadowrun gespielt wird, lautet also wie folgt: Die Spieler entwerfen Modelle ihrer Subjektivität, sie entwerfen sich selbst als Handelnde. Die Identitäten, die sie dabei annehmen, entsprechen dem modernen Konzept eines individuellen, separaten Subjekts nur noch am Rande (vgl. Tabbi 1995, 213). Sie entwerfen sich selbst in Gestalt fiktionaler Handlungsoptionen, die sie zur Verfügung haben. Nicht als Helden, aber als miteinander verbündete Individuen, die über je unterschiedliche Wissen, Fertigkeiten, Datenbanken, Waffen und Connections verfügen, die sich miteinander kombinieren lassen und dann bis ins Innerste der Konzernmacht, bis in die weitverzweigten, unpersönlichen ›corporate networks‹ hineinreichen. Mit Jamesons Terminus des ›cognitive mapping‹ gesprochen: Sie nehmen die Herausforderung an, die darin besteht, sich selber in den postmodernen Raum einzuschreiben, der durch große Systeme, die über globale Macht verfügen, erzeugt wird. In gewisser Weise tun sie nichts anderes als andere Gruppen von Jugendlichen auch, wenn sie sich in Cliquen zusammenschließen und sich mit mal mehr, mal weniger geeigneten Mitteln daran machen, soziale Räume anzueignen und ihre Position darin zu verteidigen (May 1997, 373). Da sie dies mittels sprachlich-symbolischen Handelns tun – und nicht als frustrierte Einzelkämpfer; auch wenn sie im fiktiven Kampf unterliegen, haben sie immer ihren Spielspaß gehabt –, ist die Gefahr repressiver Exterritorialisierung von Gewalt und schwelender aggressiv-destruktiver Phantasien (Eisenberg

2000, 99) gering. Vielmehr entwickeln sie dabei Züge einer Weltsicht, wie sie Christoph Spehr mit Hilfe des Apokalypsewürfels für Variation 221 der cineastischen Apokalypse-Entwürfe ausgemacht hat, nämlich für »das Revier der desillusionierten *profiler* und der unheimlichen Serienkiller«: »In der 221 gibt es oft keine glatte ›Lösung‹ [...]. 221er sind anti-fundamentalistisch und anti-fanatisch. Der Versuch, die Gesellschaft mit Inbrunst zu verdammen und mit groben Schnitten kurieren zu wollen, ist darin dem Serienmörder vorbehalten [...] Der Detektiv geht unter, wenn er sich auf eine solche Denkweise einläßt« (Spehr 2000). Auf die Frage, warum – wie übrigens bei anderen Abenteuerrollenspielen auch (Tews 1999) – bei Shadowruns keine Mädchen mitmachen, gibt es aus der Hamburger Gruppe diese Auskunft: »Die gehen lieber shoppen.« Bleibt die Frage, ob sie damit den besseren Teil erwischt haben.

Quellen

Berndt, Julia: Cyberpunk. Seminararbeit, Hamburg 2000, http://www.erzwiss.uni-hamburg.de/conspag/AG1/Cyberpunk/Cyberpunk.htm

Bühl, Achim: Die virtuelle Gesellschaft. Ökonomie, Politik und Kultur im Zeichen des Cyberspace. Opladen, Wiesbaden 1997.

Eisenberg, Götz: Amok – Kinder der Kälte. Über die Wurzeln von Wut und Haß. Reinbek bei Hamburg 2000.

Gibson, William: Newromancer. Count Zero. Mona Lisa Overdrive. (1984, 1986, 1988) Dt.: Die Neuromancer-Trilogie. Frankfurt am Main 1996, zweite Auflage 1998.

Haisken-DeNew, John/Rainer Pischner/Gert G. Wagner: Wer nutzt eigentlich Computer und Internet. Einkommen und Bildung entscheiden. In: Frankfurter Rundschau vom 20. Oktober 2000, 9.

Hehlmann, Wilhelm: Wörterbuch der Pädagogik. (1931) 7. Auflage, Stuttgart 1964.

Jameson, Fredric: Postmodernism or, The Cultural Logic of Late Capitalism. Duke University Press 1991, siebte Auflage 1997.

Jameson, Fredric: The Cultural Logic of Late Capitalism. In: ders., Postmodernism, 1-54 (mit Erweiterungen z.B. p 38 gegenüber dem Erstabdruck in der Zeitschrift New Left Review 1984). Dt. in: A. Huyssen, K.R. Scherpe (Hrsg.): Postmoderne. Zeichen eines kulturellen Wandels. Reinbek bei Hamburg, 13.-15. Tsd. 1989, 45-102.

Jameson, Fredric: The Geopolitical Aesthetic. Cinema and Space in the World System. (1992) Bloomington (Indiana) und London 1995.

Leonard, Andrew: Is cyberpunk still breathing? (1998) http://www.salonmag.com/21st/books/1998/09/14books.html (im April 2001).

May, Michael: Kritik der Dienstleistungsorientierung in der sozialen Arbeit. In: Neue Praxis. Zeitschrift für Sozialarbeit, Sozialpädagogik und Sozialpolitik (1997) 4, 371-378.

McCaffery, Larry (ed): Storming the Reality Studio. A Casebook of Cyberpunk and

Postmodern Fiction. Durham, London 1991.

Shadowrun, Version 3.01 D, FASA Corporation 1998, 2. korrigierte Auflage der Neuausgabe, Fantasy Productions, Erkrath 1999.

Spehr, Christoph: Ein Mann macht weiter und verfällt dem Teufel – Apokalypse und Religion im Kino der Jahrtausendwende. Vortrag auf dem 5. Kongress der Phantasie, Passau, 24. Juni 2000 (Typoskript).

Tabbi, Joseph: Postmodern Sublime. Technology and American Writing from Mailer to Cyberpunk. Ithaca, London 1995.

Tews, Sönke: Fantasy-Rollenspiele in der Jugendkultur. Eine pädagogische Erörterung. (Wiss. Hausarbeit im Rahmen des Ersten Staatsexamens für das Lehramt Oberstufe Allgemeinbildende Schulen) Universität Hamburg, FB Erziehungswissenschaft 1999.

Wenzel, Eike: Wohnzimmer-Kriege. Cultural Studies, Anti-Methode, Mode und Kanon [Sammelrezension], http://iasl.uni-muenchen.de/rezensio/liste/wenzel.htm seit 22.8.'02.

Hinweis

Netz-Version: http://www.erzwiss.uni-hamburg.de/Personal/Lohmann/Cyberpunk

Barbara Kirchner/Dietmar Dath

Life Sciences, Außerirdische und die Putnamsche Krankheit

Anmerkung

[Wegen allerlei Verpflichtungen, Verwicklungen und Verspätungen haben wir nur den letzten Tag der mehrtägigen Veranstaltung mitbekommen, die dem nachfolgenden Ding den Rahmen stellte – genaugenommen sogar nur unsere eigene Arbeitsgruppe, an der außer uns auch ein aufgeräumter Klaus Theweleit und ein Haufen netter Gäste teilgenommen haben. Nachdem die anregende Runde beendet war, versuchten wir uns in Einzelgesprächen ein Bild davon zu machen, was da in Bremen bisher überhaupt so gelaufen war, und stießen dabei außer auf Erleichterung, daß eine Veranstaltung wie diese ›überhaupt‹ mal wo stattfand und damit ein in Deutschland einigermaßen unterbelichtetes Thema seine längst verdienten fünfzehn Minuten academic&non-academic scrutiny verpaßt kriegen konnte, auch auf einigen Unmut bzgl. des bei dergl. ja eigentlich nie ganz zu vermeidenden Problems, daß von einigen offenbar durch keine Inkongruenz ihres Geschwafels mit der vorgeblichen Thematik zu erschütternden Weltweisen, die sich auf den so freundlich zur Verfügung gestellten Tribünen von *Out of this World* bis dahin getummelt hatten, wieder mal locker von oben herab ein reicher, popkultureller Kosmos – in diesem Fall die Science Fiction und diverse ihr affiliierte Bilder- und Zeichensprachen mit Begriffen abgebürstet worden war, die eben ›nicht‹, und sei's noch so fadenscheinig, aus den zur Diskussion stehenden Sachen, sondern aus autoritären, »wissenschaftstheatralischen« (Klaus Theweleit zurecht über einen besonders flagranten Fall, den wir noch erlebt haben) und sonstigen staubigen Argumentationsgebetsmühlen wie denen, die wir im nachfolgenden unter die Lupe nehmen, entwickelt worden war. Sollte das tatsächlich mehr als einmal so gewesen sein, wäre das zwar schade, aber auch wieder auf seine Art logisch, und letztlich ja wohl immer noch besser als das bloße Schweigen im Walde. Ansonsten aber legt schon der bloße Umstand, daß jemand das so ›empfunden‹ hat, ein paar Gedanken nahe, die uns bei unserem Vortrag zwar auf der Zunge lagen, die explizit zu machen wir aber aus geträumter Selbstverständlichkeit und an unser Skript gebundener Langsamkeit versäumt haben.

Es sei also nachgeholt: wir denken, ganz abgesehen vom Untenstehenden und sozusagen global & sowieso, daß:

▪ Hermeneutik, und wäre sie auch dreimal postmodern gewieft oder achtmal weltpolitisch beschlagen, niemals die ihr wenn schon nicht tatsächlich, so doch logisch vorgeordnete, oft aber gar nicht so einfache, über Faszination laufende Auseinandersetzung mit den Sachen selber ersetzen kann — ›Supplementieren‹ allerdings schon, sogar bereichern. Wer aber, beispielsweise, Science Fiction weder super noch ›aus der Sache heraus‹ begründbar lästig findet, m.a.W.: keinerlei Erkenntnisinteresse mitbringt, wenn er/sie sich Science Fiction vornimmt, soll bitteschön die Klappe halten.
▪ auch schlechte Filme können gute Ideen oder lustige Abende zeugen, ja sogar gebären.
▪ Doof bleibt doof, da helfen keine empirischen Sozialstudien. Wer nicht weiß, was er/sie überhaupt wissen ›will‹, oder glaubt, ein paar utopische, hipness-verblödete Future-Räusche oder laue gratis-kapitalismuskritische Allerweltsjamesonismen ersetzten Sachkenntnis, wird in diesem Leben nix mehr von der Welt erfahren. Alles in allem können wir uns nur nochmal dafür bedanken, daß man uns eingeladen hat, i.e. daß wir reden durften und zuhören, und besonders für die Stimmen aus ›dem Publikum‹ — Peace: B.&D.]

»Do this, don´t do that, can´t you read the signs?« (Tesla; Signs)

Liebe Leute,
was wir vortragen möchten, hat nur mittelbar mit dem zu tun, was bei der ersten Vereinbarung über einen Auftritt im Rahmen dieser Tagung ausgehandelt wurde, und was damals »Utopie und Biologie« hieß. Es wird zwar ›auch‹ um die sogenannte biotechnologische Revolution, den Life-Science-Boom u.ä. gehen, aber wenn wir dem heutigen Vortrag einen Titel, eine Überschrift voranstellen sollten, dann wäre der sich anbietende Wortlaut inzwischen wohl eher der:
»Warum bei Diskussionen mit Intellektuellen so oft der Eindruck entsteht, daß Wissen die Menschen zwangsläufig verblödet.« oder:
»Life Science, Außerirdische und die Putnamsche Krankheit.«

Da fragt sich natürlich sofort:
▪ welche Ausserirdischen?
▪ was zum Professor Sauerbruch ist die ›Putnamsche Krankheit‹?
▪ wer ist eigentlich dieser ›Putnam‹, der ihr seinen Namen leiht?

Die Antworten auf diese Fragen glauben wir nicht schuldig bleiben zu müssen; um sie darzulegen, muß man uns allerdings erlauben, ein bißchen auszuholen.

Die Themen Biologie, Biotechnologie, Life Science usw. sind im Augenblick ziemlich virulent. Wir haben beide darauf schon ein gerüttelt Maß an

Arbeitsstunden verwendet, ich (B.) als Naturwissenschaftlerin und Wissenschaftsjournalistin, ich (D.) als Kultur- bzw. politischer Journalist. Die dazugehörige Forschung ist, wie das Kevin Kelly, einer der Mitbegründer der Zeitschrift *WIRED* und einer der Hauptpropagandisten der ›New Economy‹, im Titel eines Buches zum Thema genannt hat »Out of Control«. Damit ist nicht gemeint, daß es im globalisierten Superwesten keinen Stalin gibt, der sich einen Hof- und Lieblingsbiologen aussucht — in Stalins Fall war das ja bekanntlich der Lamarckist, Darwinfeind und Scharlatan Lysenko — nein, »Out of Control« bedeutet bei Kelly einfach, daß man nicht weiß, welche Wunder einem der Bio-Boom als nächstes beschert. Witzigerweise aber ist die öffentliche ›Diskussion‹ über diese Themen nun gerade keineswegs ›außer Kontrolle‹, sondern kehrt vielmehr immer wieder zu denselben seltsamen Schleifen, Argumentationsfiguren etc. zurück: ist Clonen unmoralisch, bedeutet die Reproduktionstechnologie Enteignung und Entmündigung von Frauen, was ist mit den Tierversuchen und so weiter und so fort. Es scheint fast, als gäbe es weniger für die wissenschaftlichen Tatbestände selbst, als vielmehr für deren mediale, nun, nennen wir es: ›Politisierung‹ weniger ein ungeregeltes Feld, in dem alles drunter und drüber geht, als vielmehr eine merkwürdige semantische Starre, einen Strauß restringierter Codes, die verhindern, daß beispielsweise über »Utopie und Biologie« überhaupt so breit geredet wird, wie´s möglich wäre. Das ginge ja potenziell los bei der relativen Unsterblichkeit, d.h. wenigstens der indefiniten Verlängerung des menschlichen Lebens. Dafür steht im Moment besonders die Arbeit an Mitteln gegen die Zellalterung. d.h. die Erforschung der Telomere. Dies sind von einem Enzym namens Telomerase gesteuerte, ›angeklebte‹ redundante Abschnitte bzw. Endstücke der DNA, die das Zusammenkleben dieser großen aperiodischen Makromoleküle verhindern sollen und damit die Zellvervielfältigung regulieren. Im Alter wird die Telomerase weniger, die Reproduktionsrate nimmt ab, es werden keine neuen Zellen mehr produziert. Könnte man – und daran wird im Moment geforscht — das Vorkommen von Telomerase willkürlich steuern, so würde man durch deren Verknappung Krebszellen absterben lassen und umgekehrt durch deren Proliferation die Zellalterung bekämpfen. Wie gesagt, das ist nur eine der Grenzen, die im Moment eingerissen werden. Brian Stableford nennt das in seinen Romanen und Kurzgeschichten »Emortality«, eben: relative Unsterblichkeit.

Dann gibt es die auch viel zuwenig politisch, d.h. anders als unter ganz engen Begriffsvorgaben wie Vergiftung und Krankheit diskutierte Welt-Ernährungsfrage, Stichwort: Gen-Maniok für alle, da redet niemand darüber, ob so etwas überhaupt wünschenswert wäre, selbst wenn es keine Gesundheitsgefährdung brächte. Warum nicht? Und schließlich gibt es den ganzen Bereich pharmazeutischer Anwendungen, hier kam ja auch der erste Biotech-Goldrausch zustande, als in den Achtzigern der Cytokin-Boom losbrach. Nachdem Donald Metcalf in den Siebzigern die ersten Cytokine entdeckt hatte, das sind bestimmte Proteine, die das Wachstum, die Entwicklung und Funktion von Immun- und Blutzellen regulieren, löste das seinerzeit zig Firmengründungen aus, und all die Behauptungen, man könne Parkinson, Alzheimer und AIDS auf gentechnischem Weg therapieren oder besiegen, basieren eigentlich — neben der Herstellung von Insulin mittels rekombinanter DNA-Technologie — heute noch auf den damals erzielten Erfolgen. Wird aber alles nur in Fachkreisen und von SF-AutorInnen diskutiert, dabei wäre es keineswegs schwieriger zu erklären als die Tatbestände der BSE-Übertragung. Wie gesagt, diese Debatte findet kaum statt. Oberflächlicher Grund dafür ist wohl, daß die Form der Diskussion beim Thema ›Gesellschaftskritik als Technologiekritik‹ immer noch von den Restausläufern der nebulösesten 80er-Jahre-Öko-Ideologemen reguliert wird, wo sich als Technokratin oder Fiesling verdächtig macht, wer die Tatsbestände kennt, selbst wenn an ihrer oder seiner antikapitalistischen oder sonstwie integeren Haltung zunächst kein Zweifel besteht. Aber Schuld an der Enge der Debatte haben nicht allein die ›Grünen‹. Dahinter steckt ein allgemeineres Phänomen, nämlich das des sogenannten ›Bescheidwissens‹ auf allen Ebenen, also gerade auch da, wo die Wissenschaft und die Technik selber nicht zu finden sind, wohl aber ihre Kritik. Das heißt, daß es nicht nur Atomphysiker gibt, sondern daß die Anti-Atom-Bewegung ihre eigenen Gegenexperten schafft, Protestexperten eben, und deren Bescheidwissen reguliert, worüber im kritischen Milieu geredet wird, absurderweise nicht weniger als das der Establishment-Experten die Rede im administrativen Milieu.

Anmerkung

[An dieser Stelle gab es ›Live‹ einen Einschub von Dath, der ungefähr so ging: Wir wollen mit all dem keineswegs bejammern, daß die ›positiven Seiten‹, die etwa Biotech haben mag, unterschlagen würden, darum geht es nämlich gar nicht, sondern: es findet keine Diskussion darüber statt, was wünschenswert wäre, weil gar nicht mehr vorstellbar ist/ausgeschlossen wurde, daß das Zeug mal jemand anderem ›gehören‹, von jemand anderem bestimmt werden könnte, als denen, die jetzt buchstäblich ›das Sagen‹ (mehr noch als das Machen) haben. Die Diskussion läuft entlang der einmal vorgegebenen Linien, in *Konkret* nicht anders als in *Bild*. Das könnten ja auch umgekehrt ›positive‹ sein, s. die auf ›Befreiung‹ u.ä. restringierte Anti-Baby-Pillen-Diskussion in den 70ern etc. oder das tolle Internet und seine temporären autonomen Zonen bzw. Illusionen...]

In jedem sozialen Kontext, so scheint es, hinterläßt dieses Phänomen seine Spuren. Wenn man etwa die Leute, die man andauernd in der Kneipe und der Universitätsbibliothek trifft, so über Utopie, Kritik und Gesellschaft reden hört, könnte man fast glauben, daß ihr und damit natürlich auch unser geistiges Leben im Jahres-, Lustren- oder Dezennienrhythmus von so einer Art intellektuellem Steuerberatungsbüro vorausgeplant wird. Da ist immer alles vollkommen folgerichtig, ›die‹ haben wieder ›ihr Spiel‹ gespielt und ›uns‹ verarscht, aber dafür macht man als DissidentIn wenigstens stetig diese begeisternden Fortschritte zu immer abgeklärterer Aufgeklärtheit. All diese sympathischen IntelligenzlerInnen scheinen zu glauben, wenn man in seinem prima Breakbeatwissen oder seinen komischen Kenntnissen in Systemtheorie oder rudimentären Kryptographie- und Programmiesprachenkenntnissen und dazugehörigen Cyberpunk-Parolen so durch den Äther tuckert, dann hielte man da irgendwas in Händen, was einem durch die strukturelle Krise der Warenform, den Weltuntergang, die Rezession oder wenigstens durch die Nacht hilft. Tja, und das ist eben exakt die intellektuelle Immunschwäche, durch die, heimtückisch wie sie ist, sich die von uns so genannte Putnamsche Krankheit in die Gedankenkreisläufe stiehlt. Die genaue Herleitung möge ein konkreter Fall ergeben. Wir nennen ihn ›den Außerirdischen‹. Für die Brücke zur Anamnese, Diagnose und eventuell Therapie der Putnamschen Krankheit, möchten wir zunächst darauf hinweisen, daß der ganze Zusammenhang, der unter dem Namen ›Alien‹ so seine Blüten treibt, niemals ins Leben getreten wäre, wenn es nicht als notwendige Bedingung seiner Emergenz aus dem sonstigen Geschwätz den Diskurs der ›Naturwissenschaften‹ gäbe. Die notwendige Bedingung dafür, daß man von Außerirdischen Lebewesen sprechen kann, ist, daß man von irdischem Leben spricht, von dem man es damit unterscheidet, die notwendige Begriffsbedingung für ›außerirdische Intelligenz‹ ist irdische ›Intelligenz‹ — die Worte Lebewesen, Intelligenz und irdisch sind aber allesamt in Disziplinen wie Biologie, Kognitionsforschung, Physik, Geologie, Astronomie, Radioastronomie und so weiter zuhause. Die Existenz dieser Disziplinen und ihres Vokabulars ist also die notwendige Begriffsbedingung für den ›Alien'-Namen, aber noch nicht die hinreichende. Die hinreichende Bedingung dafür, daß sich Leute wie wir an einem Ort wie diesem, der erkennbar kein naturwissenschaftliches Seminar oder Institut ist, über solche Begriffe unterhalten, ist vielmehr die Aneignung von Expertenvokabular durch eine Öffentlichkeit, die dann sekundär wieder in FilmproduzentInnen, SF-SchriftstellerInnen, Pfarrer und Cultural-Studies-Gelehrte zerfällt. Daß es überhaupt Außerdische ›gibt‹, liegt also an der Wissenschaft. Daß es aber ›verschiedene‹ Außerirdische gibt, ›das‹ liegt an der Gesellschaft, die die Umwelt der Wissenschaft ist. Der spezifische Außerirdische, den wir oft meinen, ist der, dem man vom 14. bis zum 16. 11 1997 in der Berliner Volksbühne einen von Diedrich Diederichsen initiierten Kongress unter dem Header *Loving the Alien* widmete. Die Idee war, afroamerikanische und anglodiasporische, sogenannte schwarze KritikerInnen, SchrifstellerInnen, Cultural-Studies-Leute und Anti-Cultural-Studies-Leute wie Paul Gilroy, Greg Tate, Kodwo Eshun oder Edward George und ein paar deutsche SchreiberInnen, darunter ihn selber und uns, über die Figur ›Alien‹ reden zu lassen und das Sun Ra Arkestra seine großartige Musik dazu machen zu lassen. Diederichsen erklärte dazu: »Science Fiction, insbesondere einige spezielle Motive der großen SF-Genres, erfreut sich in aktuellen popkulturellen, antirassistischen, feministischen und kulturkritischen Diskussionen vor allem in den anglo-amerikanischen Ländern hoher Konjunktur.« Der in diesem Diederichsen-Zitat angeführte feministische Bezug fiel dann bei der Planung der Veranstaltung weg, weil sich die Sache in dieser Größenordnung, also wenn man den Debatten sowohl der afrodiasporischen wie der feministischen und womöglich noch der durch Köpfe wie Mark Dery vorgezeichneten cyber-oppositionellen SF-Bezugnahme hätte Rechnung tragen wollen, als nicht mehr sinnvoll bewältigbar präsentierte. Begriffe wie der ›Alien‹ aber, also diejenigen, bei denen man Entscheidungen treffen muß, was man eigentlich genau von ihnen will, weil sie mehr als nur einen Zugang erlauben, sind in Wirklichkeit die einzigen interessanten in einer von ideologischen, systematisch irreführenden und vor allem saudummen Begriffen verseuchten intellektuellen Atmosphäre, das heißt eben einer Atmosphäre wie der, die in den freien westlichen liberalen kapitalistisch-monopolistischen Demokratien herrscht, wo soviel Scheißdreck geredet, gedruckt und gesendet wird wie noch nie zuvor in der gesamten Menschheitsgeschichte – das Hochmittelalter und die Restaurationszeit nicht ausgenommen.

Auf der Veranstaltung haben wir daher versucht, zu erklären, warum diese äquivoken, reichen, ambigen Begriffe so interessant sind, natürlich immer am Alien-Beispiel. Wir haben diese Begriffe dort außerdem bei ihrem korrekten Namen genannt. Der lautet: ›Überdeterminiertheit‹. Die Ereignisse seit Ende der Veranstaltung und Veröffentlichung des dazugehörigen Readers haben uns nun allerdings gelehrt, daß offensichtlich kein Schwein weiß, was »Überdeterminiertheit« bedeutet, wo das herkommt, und wozu dieses Wort gut ist. Dabei ist alles wieder mal ganz einfach. Erstmals zu einiger Prominenz gelangte der Ausdruck durch das Werk des österreichischen Nervenarztes Sigmund Freud, der ihn insbesondere in seinem im Jahre 1900 erschienenen dicken Buch *Die Traumdeutung* immer wieder verwendet. Freud erklärt in diesem Buch – und wir wollen uns nicht damit befassen, ob diese Erklärungen richtig sind – Träume von Leuten, und weist dann mit dem Wort ›Überdeterminiertheit‹ eins ums andere mal darauf hin, daß, anders als beim Billardspiel, im psychischen Geschehen nicht das eine Ding das andere anstößt, sondern öfter sozusagen mehrere Kugeln mit einer bestimmten Kugel gleichzeitig zusammenstoßen und ihr so Bewegungsrichtung, Impuls undsoweiter verleihen. Eine Weile später hat der französische strukturalistische Marxist Louis Althusser den Ausdruck auf das ökonomische, soziale und politische Leben übertragen; damit wollte er sagen, daß sich traditionellere Marxismen als sein eigener die Sache etwas zu einfach vorstellen, wenn sie meinen, irgendetwas, was irgendein Politiker, Philosoph, eine Fabrikbesitzerin oder Revolutionärin redet oder tut, habe einen einzigen, wie die Mathematik sagen würde: ›wohldefinierten‹, nämlich ökonomischen Grund. Diese Dinge, argumentierte Herr Althusser, überlagern einander vielmehr häufigst, greifen ineinander und so weiter.

Und so ist das wirklich.Wenn man den Ausdruck ›überdeterminiert‹ für ›Begriffe‹ benutzt, heißt das, man sympathisiert mit der Ansicht, diese Begriffe hätten mehrere Eltern. Nehmen wir unter diesem Aspekt den Alienbegriff unter die Lupe; am besten anhand eines Beispiels aus der Science Fiction-Literatur, nämlich drei Romanen einer Frau namens Patricia Anthony. Alle drei handeln im engeren Sinne von Außerirdischen und sind doch äußerst verschieden:

- *Cold Allies*, wo es um einen zukünftigen Weltkrieg zwischen Ost und West geht, in den Außerirdische eingreifen, welche man, wenn man unbedingt alles interpretieren muß, als brillante Metapher für die Verselbständigung militärisch-strategischer Logik mit all ihren Kollateralschäden und unsichtbaren strukturellen Unausweichlichkeiten begreifen kann,
- *Brother Termite*, wo ein Außerirdischer, der zusammen mit seinen Artgenossen die Menschheit durch in menschliche Babynahrung eingeschmuggelte, die DNA schädigende Präparate sterilisieren will, es zum Stabschef des Weißen Hauses bringt, was man, wenn man unbedingt alles interpretieren muß, als Metapher für die technokratische Verwaltung der menschlichen Reproduktionsfähigkeit durch die Apparate von Staat und Wirtschaft begreifen kann, und schließlich
- *God´s Fires*, wo ein ausserirdisches Raumschiff zur Zeit der Inquisition in Portugal notlanden muß, auslöst, was man, wenn man unbedingt alles interpretieren muß, als brillante Metapher für Xenophobie und deren Zusammenhang mit kultureller Muster-Erkennung, wie sie in vielen Gesellschaften immer noch vor allem von der Religion implementiert wird, begreifen kann.

Da haben wir also schon mal drei grundverschiedene Herangehensweisen an die kleinen grünen Männchen. Hierbei aber werden noch nicht einmal diejenigen hochinteressanten Gebrauchsweisen der Alien-Trope gestreift, die auf dem *Loving The Alien*-Kongreß eine Rolle spielten, oder die, die wir in unseren Statements auf dem Kongreß und in unserem Reader-Textchen verbraten haben. Als da nämlich wären:

- Rassistische Kategorisierung
- Außerirdische in amerikanischen, überhaupt westlichen SF-Filmen und Büchern im kalten Krieg als Platzhalter für die sogenannten ›Russen‹
- Seit Kubricks *2001*-Film: Alien-Drogenerfahrungen
- Angst vor Wissenschaft und Technik
- Sexuelle Metaphoriken

Diese fünf sind die ersten fünf von schätzungsweise dreißig weiteren.

Aber in Diskussionen, Rezensionen des Readers, hier und da und sonst noch wo begegneten uns seither auf Schritt und Tritt Gestalten, deren, nennen wir es höflich »Argumentation« ungefähr folgendem Muster folgt: »Wie kann der Diederichsen sagen, dieses Zeug stünde für die Erfahrung schwarzer AmerikanerInnen? Es ist doch ganz klar, daß es für die soziale Situation von Homosexuellen steht!«, oder: »Kirchner/Dath sind bescheuert, wenn sie sagen, Alien-Sprachen seien fremde Sprachen im eigenen Land, wo es doch eigentlich um als fremd stigmatisierte Menschen, nicht deren Sprachen, in Deutschland, und nur in Deutschland, gehen müßte«, oder: »Aliens stehen gar nicht für Homosexuelle, sondern ›Roboter‹ stehen für Homosexuelle.« Was soll man solchen Leuten antworten? Was soll man jemandem sagen, der empört feststellt: »Man kann mit diesem Auto nicht nach Dortmund fahren. Denn man kann mit diesem Auto nach Bochum fahren, und da Bochum und Dortmund verschiedene Orte sind...« Sie verstehen, worauf wir hinauswollen.

Wir glauben, der Grund für diese unschönen Phänomene ist die Putnamsche Krankheit. Sie besteht schlicht darin, daß Leute aus bestimmten Gründen und ohne sich dessen bewußt zu sein, bei der Definition und beim Gebrauch von Begriffen einen Fehler machen, den der amerikanische Denker Hilary Putnam absichtlich und bewußt gemacht hat, als er versuchte, zu erklären, was der Begriff ›Bedeutung‹ bedeutet. Putnam hat den Fehler später korrigiert, aber das hilft den armen Opfern der Putnamschen Krankheit leider auch nicht. Der 1926 geborene Hilary Putnam ist ein amerikanischer Philosoph, der zur sogenannten analytischen Philosophie gerechnet wird. Das ist eine besonders in England und Amerika gepflegte, in mehrere einander gelegentlich bekämpfende Schulen aufgespaltene Richtung, die, ausgehend u.a. vom allerdings skeptisch betrachteten sogenannten Wiener Kreis, aber auch von Frege und manchmal dem frühen, manchmal dem späten Ludwig Wittgenstein, hauptsächlich damit beschäftigt ist, Philosophie als Klärung von Begriffen zu betreiben.

Die Spezialität von Putnam in diesem Feld war es nun stets, seine eigene analytische Sprachtheorie, bei der besonders die logische Geographie des Wortes ›Bedeutung‹ untersucht wird auch mit einer Theorie der Wissenschaften, d.h. mit einer Art Erkenntnistheorie und einer Theorie über das, was WissenschaftlerInnen tun, zu verbinden. Wenn jemand etwas von Putnam lesen möchte, empfehlen wir die beiden Bücher *Die Bedeutung von ›Bedeutung‹*, das ist vielleicht sein berühmtester Aufsatz, er stammt aus den frühen Siebzigern, und *Repräsentation und Realität* von 1988, wo mehr oder weniger die wichtigsten Anschauungen drinstehen, die Putnam heute vertritt.

Die Vorgeschichte des Irrtums, der die Putnamsche Krankheit ausmacht, ist folgende:
Die frühen analytischen Köpfe wollten erst eine logisch formalisierte, kalkülmäßige Idealsprache konstruieren, die zeigen sollte, wie Semantik ein Effekt logischer Syntax sein kann, die Bedeutung von Worten also von der Struktur von Sätzen ableiten. Dagegen trat bald inneranalytisch die ›Ordinary Language Philosophy‹ auf, die einige Mängel dieser Konzeption zeigte, worunter der wichtigste die mangelhafte Übertragbarkeit des Ganzen auf natürliche Sprachen gewesen sein dürfte. Die Ordinary Language-Leute schlugen deshalb vor, Bedeutung aus dem tatsächlichen Sprachgebrauch heraus zu erklären: ein Wort bedeutet bei ihnen das, was sein normaler, alltäglicher Sprachgebrauch mit ihm anstellt. Dummerweise ist der normale Sprachgebrauch nicht selten widersprüchlich und man kann zeigen, daß die angebliche Ordinary Language in Wirklichkeit auch nur wieder so eine analytische Idealsprache ist, nur anders codiert und formalisiert.

Putnams Weg aus vielen dieser Probleme war nun der: Er schlug vor, wir müssten Bedeutung zwar gesamtgesellschaftlich betrachten, aber innerhalb der Gesamtgesellschaft seien es sozusagen natürlich entstandene Arten analog den frühen analytischen Idealsprachen, an die man sich ›in Zweifelsfällen‹ immer wenden könne, und die damit dem ordinary Gebrauch von Worten das Sicherheitsnetz bereitstellen. Damit schuf Putnam eine Synthese von Ordinary Language-Theorie und Idealsprachensemantik.In einem Buch über Putnam von Alex Burri liest sich das so: »In einer Sprachgemeinschaft gibt es stets Fachleute, die anhand gewisser Testverfahren Aluminium von Molybdäum, Viren von Bakterien oder Früchte von Gemüse zu unterscheiden vermögen. Es sind diese Testverfahren, die die Referenz festlegen.« Hier haben wir ihn also endlich, den Erreger der Putnamschen Krankheit. Denn Putnam hat, wie er später mit anderen Worten und aus anderen Gründen selber einräumte, hier gar nicht wirklich beschrieben, wie Begriffe entstehen und gesichert werden, sondern wie Leute Kompetenzen legitimieren, also so ziemlich das Gegenteil. Tatsache ist nämlich, daß es viel zu wenige Worte gibt, bei denen man diese Experten überhaupt jemals braucht. Viel häufiger sind Fälle wie etwa die Wörter ›Mutter‹ oder ›Vater‹. Trotzdem gibt es die Experten, die man nicht braucht, gerade ›auch da‹, auch bei diesen Allerweltswörtern, sobald es Wissenschaft gibt, ja: sehr bald für fast alle Worte (im Fall Mutter und Vater etwa Juristen oder SerologInnen oder GenetikerInnen, die Vaterschaftstests und dergleichen durchführen können). Die Worte sind in Wahrheit also nicht auf die Experten angewiesen, weil es sonst Gesellschaften, die keine der heutigen Arbeitsteilung in WissenschaftlerInnen und NichtwissenschaftlerInnen vergleichbare Struktur ausbilden, aber trotzdem Sprache benutzen, nie gegeben hätte. Jeder weiß aber, daß es Sprache lange vor WissenschaftlerInnen gegeben hat.

Was Putnam also, wiederholen wir, beschrieben hat, ist eine Legitimationstechnik von Eliten der Neuzeit, kein ontologisches Gesetz der Referenz. Aber verdeckte, implizite, unausgesprochene Formen der Putnamschen Theorie liegen all den Dummheiten zugrunde, die wir vorhin vorgeführt haben. Wann immer Leute behaupten, sie besäßen die Testverfahren, mit denen Worte wie ›Alien‹ ihre Trennschärfe gegen andere Worte bekommen, rechnen sie heimlich damit, daß ihr Gegenüber stillschweigend in die Argumentation des frühen Putnam einwilligt, man bräuchte irgendwelche Befehlsketten und Ursprünge, um zu wissen, was man mit Begriffen meint. Das braucht man aber nicht. Man braucht Diskussionen, Argumente, man braucht als einzelne Mitdiskutiererin und einzelner Diskutierer eine Biographie, man braucht einen Kontext. Das sind alles Dinge, die natürlich ›auch‹ bei Experten vorhanden sind, aber eben nicht nur.

Damit wir nun nicht alle ganz deprimiert nach hause gehen, verraten wir zum Schluß das einzige Gegengift gegen diese furchtbare Seuche. Es ist allerdings bitter, wie das Medizin nun mal an sich hat. Gefeit sind gegen die üble Seuche nämlich nur Leute, die sich, Achtung: grundsätzlich für ›alles‹ interessieren. Das kann man nun leider nicht immer durchhalten, und die von der Putnamschen Krankheit Befallenen werden jedem und jeder, der und die es versucht, sofort ihre besitzstandswahrerwütige Bannvokabel ›Allzuständigkeitswahn‹ entgegenhalten. Der Sinn dieser Vokabel ist selbstverständlich: Wer hier redet, bestimmen wir. Aber darauf sollte man, schon weil das alles so schön durchsichtig ist, einen Scheißdreck geben. Wer einen Fehler macht, einen Irrtum begeht oder lügt, den/die soll man berichtigen, belehren oder bloßstellen, und zwar mit ›Daten‹, ›Beweisen‹ und ›Argumenten‹, d.h. mit ›Rede‹ zur ›Sache‹. Wenn man das nicht kann oder im Ernstfall plötzlich aus dem Vorwurf der Nichtzuständigkeit gegen den andern ganz schnell in den totalen Relativismus kippt (»Ich weiß nicht, was du Falsches sagst, aber du bist jedenfalls doch wohl nicht zuständig, weil ›ich‹ und meine Gang zuständig sind, obwohl natürlich jeder ›irgendwo‹ hat.«), darf man ›niemanden niemals‹ das Wort abschneiden, nur weil er/sie nicht 12 Semester Dissidentosophie studiert hat oder nie ›selber dabei war‹. Außerdem gibt es das Medikament auch in der handlichen Kinderpackung, und die ist allemal erschwinglich: wenn man sich schon nicht für alles interessiert, dann bitte wenigstens ganz besonders für das, wovon einem jemand einreden will, man sei dafür nicht zuständig. Das bedeutet: wenn irgendwo ein Schild hängt, auf dem drohend steht: »Das geht Euch gar nichts an«, dann empfehlen wir dringendst: sofort aktiv ignorieren.

Dankeschön fürs Zuhören. [bzw. Lesen]

Kai Kaschinski

Frankenstein, seine Schüler, ihre Monster, himmlische Versprechungen und die Angst vor dem Verlust menschlicher Natur

Biopolitik im Science Fiction zwischen Kritik und Ästhetisierung

Der Inhalt des folgenden Beitrags wurde für den Kongress *Out of this world! 1* von Marion Affeldt, Bente Hansen, Isabell Hohnroth, Ilja Schäfer und Kai Kaschinski in einem gut einstündigen Filmbeitrag verarbeitet.

Zwischen Science und Fiction

Eine produktive Partnerschaft

Science und Fiction sind keinswegs Widersprüche. Es stehen nicht harte Fakten gegen haltlose Fantasien. Vielmehr sehen wir eine produktive Partnerschaft vor uns. Wissenschaft ist geprägt von den sozialen Konzeptionen, den Utopien, ihrer ProduzentInnen. In der Moderne, in der die Wissenschaft zunehmend die Aufgabe von Sinnstiftung und weltanschaulichem Fundament übernommen hat, ist dies zu einem markanten Moment unserer kulturellen Entwicklung geworden. Der Science Fiction und der im Focus dieses Beitrags speziell der populäre Science Fiction im Kino ist ein Spiegel dieser Situation. Angefangen bei *Frankenstein* von Mary Shelley oder der *Reise zum Mond* von Jules Verne, immer wieder finden wir Diskussionen um den wissenschaftlichen Gehalt von Science Fiction. Es ist ein Wechselspiel: Wie der Science Fiction wissenschaftliche Utopien entwirft, so gibt die Wissenschaft die Inspiration für den Stoff des Genres. Nicht zufällig sind es deshalb unter anderem Wissenschaftler wie Michael Crichton oder Carl Sagan die Stories für den populären SF-Film vorgeben oder ist es der ›Einstein der Gegenwart‹, Stephen Hawking, der einen Gastauftritt in einer der *Star Trek*-Folgen hat.

Heute, betitelt als Leittechnologie, aber auch schon im 19. Jahrhundert, spielt die Biologie hierbei eine besondere Rolle. In keiner anderen Wissenschaft sind existenzielle Fragen nach dem Sinn des Lebens, seinem Ursprung und der Bedeutung, der Verletztlichkeit des eigenen Körpers von so großer Bedeutung. Keine Wissenschaft scheint einen umfassenderen Zugriff auf die Totalität menschlichen Daseins zu unternehmen als sie. Ebenfalls nicht zufällig überschneidet sich so im Verlauf des 19. Jahrhunderts die Herausbildung des Genre des Science Fiction mit der Konzeptionalisierung der modernen Biologie.

Agentin des Fortschritts

Wissenschaftliche Theoriebildung und ihre Vermarktung ist heute mehr denn je selbst Science Fiction und Gesellschaftsutopie. Die Diskussionen um den Ursprung des Lebens im All und die Züchtung von Cyborgs im Reagenzglas sind Beispiele dafür. Völlig zweitrangig ist dabei, ob die Wissenschaft ihre postulierten Potenzen tatsächlich in absehbarer Zeit realisiert. Entscheidend ist lediglich, dass es ihr gelingt eine glaubwürdige und alternativlose Geschichte zu erzählen, die sie zur Agentin des Fortschritts macht. So inspirieren sich Science und Fiction gegenseitig. Im Kontext der rasanten technologischen Entwicklung des wissenschaftlich-ökonomischen Komplexes verschimmen die Grenzen zwischen wissenschaftlicher Realität und ihren Zukunftsbotschaften. Die Fiktion von heute kann morgen bereits eine frapierende Realitätsnähe erhalten. Der ›Stand der Wissenschaft‹ und utopische Diskussionen bzw. die Projektion von Forschungsvorhaben wie im Bereich der Humangenetik werden zu einem kaum zu differenzierenden Konglomerat. So macht Science Fiction technische und soziale Utopien der Biowissenschaften denkbar und verhandelbar, die bisher noch keine praktische Relevanz haben.

Visionen im gesellschaftlichen Kontext

Der Science Fiction ist eines der populärsten Genres des modernen Kinos. Science Fiction-Filme wie *Star Wars* oder *Matrix* gehören zu den Kassenrennern des jeweiligen Kino-Jahres. Die Themen der grossen Science Fiction-Filme schaffen Diskussionsstoff, Fangemeinden und die Basis für ganze Weltanschauungen. Ihre Reflexion aktueller sozialer Praxis schafft mehr als rein utopische Visionen. Es sind Visionen, die in den Alltag eingehen, aber auch aus diesem entstammen. Sie sind Zukunft und Gegenwart zugleich. Sowohl die Interpretation als auch die Produktion der Filme selbst fussen in dem gesellschaftlichen Zusammenhang, in dem sie gesehen bzw. hergestellt werden.

Die Projektion wissenschaftlicher Fiktion in die Zukunft muss jedoch keineswegs deckungsgleich mit den Modellen der Wissenschaft und dem öffentlichen Mainstream sein. Zumindest theoretisch ist es nicht vorgegeben, dass Science Fiction lediglich Spiegel aktueller Entwicklungen sind. Sie können Utopien wagen, die fern wissenschaftlicher Fortschrittsversprechungen liegen oder diese negieren. Noch entscheidener ist aber letztlich der soziale Kontext der wissenschaftlichen Projektion, den sie malen. Dieser gesellschaftliche Rahmen und das dort formulierte Gesellschaftliche Naturverhältnis mit seiner Einbettung technologischer Entwicklung macht Science Fiction zu einer kritischen oder eben aber nur kurzweiligen Unterhaltung. Diese Vorbilder der Auseinandersetzung mit den wissenschaftlichen Innovationen, die der jeweilige Stoff anbietet, und seine Auflösungen charakterisieren seinen subversiven Gehalt.

Inwieweit hier noch innerhalb des Science Fiction in Bezug auf die Thematisierung der Biowissenschaften Spielräume bleiben für einen subversiven Blick und alternative Perspektiven gesellschaftlicher Entwicklungen ist die Frage, die sich dieser Beitrag widmen wird.

Zur Genese von Biopolitk und Science Fiction

Frankenstein

Klassische wie aktuelle Science Fiction-Filme haben immer wieder die Biowissenschaften zum Mittelpunkt ihrer Handlung gemacht. Schon der von vielen als erste Science Fiction angesehene Roman von Mary Shelley *Frankenstein* wählte dieses Thema als Hintergrund für seine Dramaturgie.

1816 am Genfer See entstand das Buch *Frankenstein: Der moderne Prometheus*. Mary Shelley, die Autorin und Tochter von Mary Wollstonecraft (1759-1797) und William Godwin (1756-1836), ihr Ehemann Percy Shelley, John Polidori und Lord Byron, der berühmte britische Lyriker, hatten eine Abmachung geschlossen. Nach der reichlichen Lektüre deutscher Gruselgeschichten, vereinbarten sie jeweils eine eigene Geschichte zur gegenseitigen Unterhaltung zu schreiben. Anregen ließ sich Mary Shelley unter anderem wahrscheinlich durch *Faust* und durch die Forschungen von Erasmus Darwin (1731-1802), dem Großvater Charles Darwins. Erasmus war ein Mitglied der *Lunar Society*. Eines Clubs von liberalen Vordenkern und Ingieneuren der britischen Industrialisierung, dessen Treffen jeweils zu Vollmond stattfanden. Erasmus selbst war Arzt, Erfinder und lyrischer Botaniker in einem, der bereits zur damaligen Zeit säkularisierten evolutionistischen Ideen anhing. Percy Shelley berief sich auf Erasmus Darwin und behauptete im Vorwort des Romans: »Das Ereignis auf dem diese Erzählung beruht wird von Dr. Darwin und einigen deutschen Naturwissenschaftlern keineswegs für ausgeschlossen gehalten.« 1910 wurde Frankenstein das erste Mal verfilmt — 1931 entstand die berühmte Fassung mit Boris Karloff als Monster.

Rückblickend läßt sich sagen, dass Mary Shelley tatsächlich bereits in der Frühzeit der Industrialisierung sehr treffend entscheidene Auseinandersetzungspunkte im Zusammenhang mit der Entwicklung der modernen Biologie vorwegnahm. Sie schuf mit Doktor Frankenstein und seinem Monster nicht nur den Science Fiction als literarische Gattung, sie erfasste zudem zentrale Elemente, die bis heute hin die Bilderproduktion des Science Fiction beeinflussen und untersuchte deren negative utopische Implikationen, die faustischen Allmachtsphantasien des ›modernen Prometheus‹. Andere bekannte Werke wie *Die Insel des Dr. Moreau* (1896) von H. G. Wells oder *Der seltsame Fall des Dr. Jekyll und Mr. Hyde* (1886) von R. L. Stevenson variierten dies Thema im Gefolge.

Die moderne Biologie

Erst über 40 Jahre nach Erscheinen von *Frankenstein* wurde 1859 von Charles Darwins das Buch über die *Die Entstehung der Arten durch natürliche Zuchtwahl* veröffentlicht und die moderne Biologie begann real an Gestalt zu gewinnen. Die in *Frankenstein* angelegten Säkularisierungstendenzen wurden zu einem zentralen Feld gesellschaftlicher Debatten. Die Kirche verlor zunehmend ihren weltanschaulichen Einfluss. An ihre Stelle trat immer vehementer eine neue Kaste aufstrebender Wissenschaftler und ihre Weltsicht. Politik und Gesellschaftsanalyse verwissenschaftlichten sich. Unter Bezug auf Darwin entwickelten sich biologische Utopien mit eugenischem Charakter. Der Sozialdarwinismus entstand. Diese Entwicklungen fanden vor dem Hintergrund einer neuen Phase gesellschaftlicher Reproduktion statt, die weit über die direkten Folgen der Industrialisierung hinausging. Die Säkularisierung und die Gestaltung neuer weltanschaulicher Paradigmen rückte mit ihren bevölkerungspolitischen und sozialen Umwälzungen den Körper des Menschen und seine (Selbst-) Definition in ein neues Licht. Die Subjekte und ihre Identität wurden ausgehend von der Neugestaltung der Produktionsbereiche und des gesamten sozialen und kulturellen Lebens bis hin zur Wahrnehmung ihrer Körperlichkeit in Frage gestellt. Die Wissenschaft definierte das, was die Allgemeinheit unter ›Menschsein‹ zu verstehen hat. Die Moderne stellte durch ihren zunehmenden Zugriff auf alle Bereiche sozialer Organisation und ihrer immer weitgehenderen Okkupation des Lebens auch in biologischer Hinsicht die Integrität eines Wesens in Frage, das bis dahin als ›Krone der Schöpfung‹ und somit ideell als unantastbar galt.

Biopolitik

Hieraus erwuchs ein soziales Programm von Herrschaft, das eine biopoloitische Dimension entfaltete. Neue Körperpolitiken und -ökonomien veränderten das Verständnis von Tod, Jugend und körperlicher Normalität. Fortschrittsversprechungen wurden von ›Degenerationsängsten‹ bezüglich der eigenen Rasse oder Kultur begleitet. Koloniale und sozialrassistische Bevölkerungspolitiken intensivierten genauso wie eine Zurichtung und Disziplinierung im Arbeitsprozeß die Ausbeutung. Die sexuelle Reproduktionsfähigkeit von Frauen und die patriarchale Arbeitsteilung wurden ebenfalls Teil des herrschaftsförmigen Zugriffs. Die Herrschaft über den Körper von Frauen soll die patriarchale Struktur der gesellschaftlichen Reproduktion insgesamt abgesichert werden. Ein hierauf basierendes bevölkerungspolitisches Denken wird in zunehmend mehr Bereichen der Sozial- und speziell der Gesundheitspolitik entscheidend. Eine Biologisierung von Sozialpolitik schuf Kriterien für Selektion und Normierung, die durch staatlich-medizinische Kontrolle durchgesetzt wurden. Die Biologie von Frauen und Männern wurde erobert, kolonisiert und zu einer ›Ware Mensch‹, die nicht nur als Arbeitskraft, sondern auch als natürliche Ressource zum Objekt von Profit- und Machtinteressen wurde. In diesem Zusammenhang läßt sich Foucaults ›Biomacht‹ stellen. Es ging nicht mehr darum ›sterben zu machen‹, sondern in der Perspektive darum ›leben zu machen‹. Leben sollte kontrollierbar und (produktiv) nutzbar werden.

Vor diesem politisch-historischen Hintergrund erschließt sich, dass biopolitische Konzepte von Beginn an mit rassistischen Ausgrenzungen und patriarchalen Entwürfen gesellschaftlicher Reproduktion verknüpft sind. Aus ihnen erwuchsen aufbauend auf dem Sozialdarwinismus die völkischen und später nationalsozialistischen Vorstellungen vom arischen Volkskörper und der Selektion so definierter ›lebensunwerter‹ Menschen. Nicht nur in Deutschland muß deshalb die Annäherung an den Science Fiction, der seine Utopien entlang der Biowissenschaft entwirft, auch eine Auseinandersetzung mit den biologisch-weltanschaulichen Elementen des Nationalsozialismus und den ihnen innewohnenden utopischen Varianten einschliessen. In den medizinischen Menschenversuchen, der gesamten Familien- und Bevölkerungsplanung des Nationalsozialismus sowie in seiner mörderischen Selektionspolitik spiegeln sich nicht nur die Vernichtungspolitiken des Nationalsozialismus, sondern ebenfalls Visionen einer modernen Biowissenschaft.

Und dies ist keineswegs nur von historischer Bedeutung, denn es sticht hervor wie sich die ›Träume der Genetiker‹ und ihre wissenschaftlichen Kontinuitätslinien im Rückblick auf die 150 Jahre moderner Biologie in vielerlei Hinsicht mehr durch ihre Konstanz als durch ihre Neuerungen auszeichnen. So lassen sich die gesellschaftlichen Projektionen der sogenannten lifesciences und ihre aktuelle Praxis im Rahmen von Medizin und Genetik nicht betrachten ohne vor Augen zu haben, dass die Infragestellung des Menschen und die Definierung seines Lebenswertes in der Konsequenz in ein Todesurteil münden kann.

Komplexe Projekte

Zwischen Heute und Übermorgen

Heute befinden wir uns in einer Phase der technologischen Intensivierung der biotechnologischen Entwicklung. Die Biotechnik greift zunehmend und immer weitergehender in unseren Alltag ein. Und sie wirkt nicht mehr nur an der Oberfläche unseres Körpers. Sie dringt immer tiefer in diesen ein. Sie erfasst das Genom und ›macht Leben‹. Genetisch veränderte Narungsmittel, humangenetische Diagnostik, Genscreening oder pflanzliche Biochemie-Fabriken sind nichts Ungewöhnliches mehr. Ein Science Fiction wie *Gattaca*, der wäre er vor 20 Jahren gedreht worden, noch als echte Zukunftsmusik gegolten hätte, wirkt heute als eine in ihrer Projektion sehr zeitnah angelegte Geschichte, fast schon als Dokumentarfilm. Andererseits wirken Reportagen — beispielsweise des *BBC* — über die neuesten biowissenschaftlichen Forschungen wie ein SF-Film und greifen naheliegender Weise bereits stilistische Elemente des SF-Genres auf.

Um entscheiden zu können wie subversiv der Blick des Science Fiction unter diesen Bedingungen tatsächlich ist, brauchen wir zu allererst eine Standortbestimmung unserer Kritik an der Biopolitik. Es gilt zu klären welches biopolitische Ideologie-Gebäude eigentlich zu stürzen ist, worauf es materiell aufbaut, woher es seine symbolische Stärke bezieht und wo Ansatzmöglichkeiten bleiben um es zu unterminieren. Eine kritische Filmanalyse benötigt diese Klärung genauso wie die politische Bewegung, wenn sie nicht in allgemein christlich-ethischen Einwänden verfangen bleiben will. Ohne diese Standortbestimmung kann die Filmanalyse nur oberflächlich bleiben und unterliegt selbst der Gefahr im Mainstream aktueller Diskurse zu bleiben oder den Gehalt filmischer Gesellschaftsentwürfe falsch zu bewerten. So folgen jetzt erst einmal Ausschnitte kritischer Debatten um die Entwicklung der Biowissenschaften, die als Basis für die folgende Betrachtung der Science Fiction geeignet sind. Inwieweit diese Ausschnitte bearbeitet werden und auf welche Art und Weise sie als Ausgangspunkte für die Projektionslinien der jeweiligen Story dienen, wird später zur Charakterisierung ihres subversiven Gehalts herangezogen.

Globale Strukturen

Legitimiert von der projezierten sozialen Utopie und einer später genauer ausgeführten Ästhetisierung von Biotechnologie entwickelt sich die politisch-materielle Durchsetzung der ›Life Science‹-Industrie. Diese verstanden als ein Komplex politisch-ökonomischer Strukturen prägt gesellschaftliche Entwicklungen weit über den engeren Produktionsbereich hinaus. Dieser Komplex eröffnet den Industrien nicht nur neue Profitbereiche, er unterwirft das Soziale insgesamt der Verwertung. Im Prozess politischer Steuerung, technischer Innovation, ökonomischer Verwertung und sozialer Umwälzungen entsteht ein Projekt, das weitreichende techno-soziale Veränderungen bis in den Alltag hinein beinhaltet. So wird Teilhabe an den technischen Innovationen zum Gradmesser für die soziale und ökonomische Kompetenz der Subjekte. Soziale Ausgrenzung geht folgerichtig immer stärker mit einem fehlenden oder verweigertem Zugang zu Technik einher. Die soziale Umstrukturierung und Modernisierung von Herrschaftsstrukturen auf ihrer materiellen Ebene verbunden mit dem geschilderten ideologischen Entwurf machen die Biotechnologie letztlich zu einer Leittechnologie für gesellschaftliche Entwicklungen insgesamt. Es kann also nicht nur um eine Kritik am Risiko wissenschaftlicher Forschung oder fehlgleiteter kapitalistischer Entwicklung gehen. Vielmehr ist es die Frage nach der Organisation gesellschaftlicher Macht und die nach Entwicklung und ihren Zielen im Generellen.

Das gesellschaftliche Verhältnis zur Natur wird mit der Biotechnologie grundlegend neugestaltet. Das biotechnische Modernisierungsprojekt darf in diesem Sinne keineswegs auf den Menschen als solchen reduziert werden. Die Biotechnologie umfaßt die Innere und Äussere Natur, die Bevölkerungs- und Körperpolitik mit Zugriff auf den Menschen wie auch den biotechnologischen Zugriff auf die Ökologie und Genetik von nichtmenschlicher Natur — oder anders: menschlicher Umwelt. Die in der Öffentlichkeit vollzogene Trennung in sogenannte ›grüne‹ (landwirtschaftliche) und ›rote‹ (medizinische) Biotechnik ist in ihren Folgen fatal. Erst die moralisch mit der Therapie unheilbarer Krankheiten begründeten Forschungen ermöglichen die Dynamik des gesamten Komplexes. Dies drückt sich nicht zuletzt in der Konzentration der Chemie- und Pharma-Konzerne zu Global Playern der life-sciences aus, die die vollständige Palette biotechnologischer Produktion auf den Markt bringen.

Identität und Soziale Kontrolle

Forciert im Kontext der neoliberalen Sozialpolitiken formiert sich in der Konsequenz ein umfassender biopolitischer Zugriff. Begleitet wird dies von einem Trend der individuellen Differenzierung im Lebensstil und -lauf während es gleichzeitig durch sozialpolitische Kontrolle wie Selbstkontrolle zu einer Homogenisierung der Subjekte kommt. Der Körper kann zwar zum Beispiel durch Schönheitsoperationen unterschiedlich gestaltet werden, seine Funktionsfähigkeit kann eine große Bedeutung erhalten, sein Wert an sich wird jedoch durch seine gesellschaftliche Kontrolle und ökonomische Inwertsetzung zur Disposition gestellt und enteignet. War die Frage der Moderne noch die nach der (mechanischen) Funktion der Biologie des Körpers: wie funktioniert das Innenleben meines Körpers, so dass ich arbeitsfähig bin? So ist die Frage der Postmoderne, die nach der Gestalt des Körpers im weitesten Sinne: wie möchte ich, dass mein Körper durch meine Gene bis hin zu meinem Äusseren gestaltet ist?

Neue durch die Biotechnologie begründete Normen und kulturelle Codes beeinflussen die Beantwortung dieser Fragen im Sinne einer Selbstkontrolle wesentlich. Begriffe wie Gesundheit, Normalität und Mensch werden in diesem Zusammenhang neu definiert. Das genetische Material und das statistische Risiko einer Abweichung vom Durchschnitt entscheidet zunehmend über die (Selbst-) Definition. Bodyart und Humangenetik geben den Subjekten scheinbar schon jetzt Möglichkeiten diesen Prozess selbst beeinflussen und fortzuschreiben zu können. Es kristallisieren sich die Vorboten des Durchbruchs und der Auflösung von der von vielen als letzte Grenze des Subjekts erfassten eigenen Körperlichkeit heraus. Die Körperidentität, Identitätsmodelle überhaupt, werden soweitgehend wie noch nie hinterfragt.

Gesellschaft als biologisches Experiment

Neue Probleme und neue Lösungsangebote werden schließlich für das Subjekt relevant. Es konstruieren sich Sachzwänge, die ihre Entsprechung in durchaus realen Bedrohungen haben, wie die durch Umweltgifte immer weiter verbreitete Unfruchtbarkeit. Gemeinsam ist ihnen die Vorgabe biotechnologischer Lösungen und dass das Subjekt dabei in der Konsequenz selbst zur Verhandlungssache und somit auch zum Manager seiner Biologie, der Ressource Mensch, gemacht wird. Demgegenüber steht die Intensivierung der Kontrolle des Körpers, des Genoms durch die Medizin als bevölkerungskontrollpolitischer Instanz. Während Verantwortung und Risiko auf der einen Seite materiell und ideologisch individualisiert werden, kommt es so zu einer Verkehrung der Sozialen Frage in eine Biologische. Wissenschaftliche Methoden und Objektivitätsmaßstäbe werden zur entscheidenen Richtschnur dieser Art von Weltanschauung. Die Modernisierung der Gesellschaft gerät zum ›biotechnologischen Groß-Experiment‹. Menschen werden zu den ›Versuchsmenschen‹ eines überdimensionierten Labors, deren Leiter jegliche Haftung ablehnen.

Die Verwertung des Menschen wird so durch die Biotechnologie nicht nur intensiviert, sie wird durch die in ihrem Kontext vorrangetriebene wissenschaftlich-ökonomische Reduzierung des Menschen auf eine biologische Ware und Substanz überhaupt erst denkbar. Der ›Lebenswert‹ eines Subjekts unserer Zeit wird als ein entlang einer fiktiven gesellschaftlichen Kosten-Nutzen-Rechnung definierter Negativsaldo gedacht. Hier liegt die Basis aktueller eugenischer Politiken, die sich entlang der zuvor angedeuteten Vorstellungen vom Normalen entfalten. Selektion mittels sozialpolitischer und labortechnischer Methoden ist auch heute noch Bestandteil der Biopolitik.

Projektionsflächen einer Poptechnik

Technologische Sinnstiftung

Es wird uns glauben gemacht, das keine Technologie in Zukunft umfassender Individuum und Gesellschaft prägen wird als die Biotechnologie. Nicht nur Arbeit, Gesundheit und Ernährung werden durch sie verändert, die Körperlichkeit selbst wird — wie oben dargestellt — durch sie zur Verhandlungsmasse des Utopischen. Unsere Wahrnehmung dieser Entwicklungen vor der uns hierfür angebotenen gesellschaftlichen Folie definiert unsere ›Realität‹ neu. Doch Biotechnik ist nicht nur im wissenschaftlich-technologischen Sektor zur vielbeschworenen Leittechnologie des 21. Jahrhunderts geworden und sichert nicht nur materiell-ökonomisch die Erschließung neuer Produktionsbereiche; inklusive der dazugehörigen neuen Ressourcen. Die Biowissenschaft beantwortet unsere Frage nach dem Sinn des Lebens. Zudem verspricht sie die Lösung globaler Probleme, Fortschritt und ›Heilung‹ im weitesten Sinne. Die Fortschreibung dieser Erzählung ist nicht nur ein Politikum, sie ist ebenfalls ein kulturelles Phänomen. Vor diesem Hintergrund gewährleistet die Biowissenschaft als ein zentrales Element gesellschaftlicher Formierung die symbolische Reproduktion und Legitimation der politischen Entwicklungen. Biowissenschaft wird selbst zur Inszenierung. Edutainment, Ausstellungen wie die *EXPO 2000* oder die sich verbreitenden Science Center sind wie auch der Science Fiction Beispiele für Orte, an denen dies sichtbar wird.

Scheinwelten

Diese Form der Ästhetisierung von Biotechnik macht sie in ihrer symbolischen Form zu einer Art Poptechnik. Zugespitzt kommt es so im Kontext biotechnologischer Denkfiguren nicht nur zu einer Ästhetisierung des menschlichen Körpers, sondern auch zu einer Ästhetisierung der Technik selbst, die ihr eine kulturelle Deutungsmacht verleiht. Die Beziehung zwischen Technik und Arbeit und mit ihr die Ausbeutungsstrukturen verschwinden dabei völlig. Technik wird allein zum Konsumgut und zur Projektionsfläche gesellschaftlicher Utopien und Bedürfnisse. Sie wird idealisiert, zur Schau gestellt und zum Motor kultureller Veränderungen. Statt gesellschaftlicher Verhältnisse sehen wir die Fassade eines irrealen biologischen Supermarktes.

So werden letztlich in der medialen Übersetzung der wissenschaftlichen Versprechungen und den öffentlichen Debatten um sie tatsächlich kaum reale technische oder allgemein medizinische Optionen verhandelt. Nicht dass es keine konkreten technischen Neuerungen in der Biotechnik gebe, die teilweise sehr weitgehende Auswirkungen haben. Aufbereitet für eine kritische Diskussion werden sie nicht. Sie dienen allenfalls als Aufhänger für die Diskussion um die mit ihnen assoziierten Zukunftsprojektionen. Die konkreten Fragen, die stattdessen in den Vordergrund gerückt werden sind grundsätzlicher, abstrakter Art. Die hier erzeugten Traum- und Wunschwelten werden so mehr zum Gegenstand der Auseinandersetzung als die gegenwärtige Praxis der Wissenschaft selbst.

Dominante Diskurse

Konkrete Entscheidungen darüber wie jetzt in diesem Moment gesellschaftliche Entwicklung, an welcher Stelle und mit welchen Ressourcen forciert werden soll, werden hingegen ausgeblendet. Es entstehen Illusionen von technischer Machbarkeit und Kontrolle frei von Interessenskonflikten. Bereits bestehende Konflikte wie um Präimplantationsmedizin oder Embryonen-Forschung treten in den Hintergrund. Sozialen Widerständen gegen die Durchsetzung der modernisierten Produktionsbedingungen und Kritik an den Risiken der Biotechnologie wird die Vision globaler Problemlösungskompetenz mittels life-science gegenübergestellt. In diesem Raster gibt es lediglich Steuerungsprobleme, kurzfristige Herausforderungen für den Fortschrittswillen. Alternative Entwicklungsmöglichkeiten werden nicht zur Diskussion gestellt. Nicht die praktische Relevanz spezifischer Techniken oder ihre sozialen Konsequenzen sind in diesem Zusammenhang ausschlaggebend für die Akzeptanz technischer Innovationen, sondern die Fähigkeit einen Diskurs so zu gestalten, daß der Mainstream von den Potenzen der jeweiligen Technik überzeugt ist. Aus diesem Blickwinkel heraus wird die Biotechnik mit den derzeitigen medialen Diskursen zu einer Projektionsfläche sozialer Utopien aufgewertet. An dieser demokratisierten Variante der Biotechnik können scheinbar alle teilhaben und von ihren Versprechungen profitieren. Aufgrund dieser Tendenz und des wissenschaftlichen Abstraktionsgrades der Diskurse um die Biotechnik sowie der angesprochenen hohen Geschwindigkeit mit der sich diese fortschreiben, werden die konkreten sozialen Auswirkungen der Biomacht zunehmend uneinsichtiger.

Ob es dem populären Science Fiction-Kinofilm gelingt, obwohl er Mitgestalter der Ästhetisierung der Biotechnologie ist, diese Muster der medialen Aufbereitung zumindest punktuell aufzubrechen ist ein weiterer elementarer Aspekt, der über seine subversiven Qualitäten entscheiden läßt. Es ist die Frage danach inwieweit die KinobesucherInnen Identifikationsmöglichkeiten erhalten, die sie wieder zu kritischen AkteurInnen werden lassen, die die Strukturen der Biopolitik und ihrer komplexen Projekte hinterfragen können. Es ist die Suche nach Szenarien, die mehr bieten müssen als korrupte WissenschaftlerInnen, profitgiere Konzerne und weltumspannende Katastrophen, wenn sie die Problematik der heutigen biotechnologischen Entwürfe erfassen sollen.

Die biotechnischen Vorstellungswelten des Science Fiction

Seismographische Qualitäten

An *Frankenstein* wurde gezeigt, dass die Bilder des Science Fiction aus der Welt der Biowissenschaft eine lange Vorgeschichte haben. Trotz der deutlich auszumachenden Nachwirkungen *Frankensteins* und seines stilbildenen Charakters für viele Aspekte und Deutungsweisen der biopolitischen Debatten im Science Fiction stehen wir heute jedoch insgesamt vor einer wesentlich differenzierteren Bildersprache, die es zu fassen gilt. Viele der Aspekte, die aktuell aufgeworfen und filmisch bearbeitet werden gründen sich zwar immer noch auf das Konkurenzverhältnis von Kirche und Wissenschaft wie auf die damals kreierten Mythen der industriellen Gesellschaft, doch haben sowohl die biotechnischen Neuerungen, als auch die gesellschaftlichen Debatten um sie eine ganze Reihe weiterer Blickpunkte hinzugefügt. So sind die Bilder des Science Fiction nicht nur in gewisser Weise Neuinterpretationen der gesellschaftlichen Debatten um die Herausbildung der Moderne mit ihrer Neudefinition des Menschsein im 19. Jahrhundert, sondern gleichfalls Spiegelungen der öffentlichen Kontroversen um ihre derzeitige Betrachtung. In diesem Sinn gibt es Generationen der gesellschaftlich-medialen Reflexion zu unterscheiden. Ihre Wahrnehmungen, Mythen, Bilder und Kritikpunkte schaffen die gegenwärtige Bilderwelt des Schience Fiction. Je nach Film, den wir betrachten, finden wir sie in anderen Kombinationen.

Wenn wir jedoch in der Zeit zurückgehen und einen historischen Blickwinkel einnehmen läßt sich feststellen, wie mit den Entwicklungen des biopolitischen Komplexes in Wechselwirkung mit dessen Rezeption Schwerpunkte der filmischen Bearbeitung einhergehen. So sind Science Fiction jenseits ihrer Zukunftsprojektionen vor allem auch Seismographen gesellschaftlicher Umbrüche. Und wie schon angedeutet ist die soziale Analyse, dieser in unserem Fall biopolitischen Dynamiken, das Qualitätsmerkmal des Science Fiction. Die Negation der herrschenden Zukunftsperspektive kann ihm eine subversive Dimension verleihen, selbst wenn er im popkulturellen Feld agiert. Es ist »kritische Theorie des Alltagsbewußtseins«, wenn wir ohne in der Popkultur des Films Eindeutigkeit zu erwarten diese Spiegelungen von Gesellschaftsprozessen im Science Fiction untersuchen und um ihre Zukunftsentwürfe streiten. Eine genauere Analyse dieses Felds der Science Fiction-Kritik ist in dem Artikel *Hoffen, Fürchten, Kritisieren? Gen- und Biotechnik in der populären Kultur und die Generationen der Kritik* nachzulesen, der in *Das Argument Band 242* veröffentlicht wurde.

Die Bilderwelten

Vollziehen wir nun historisch die Bilderwelt des Science Fiction in Bezug auf die Biopolitik nach und gleichen dies mit einigen der Klassiker des Science Fiction-Films ab, so können zunächst einmal ganz grundsätzlich positive und negative Bilder unterschieden werden. So haben wir die biotechnologischen Verheissungen von Ewigen Leben, gesundheitlicher Regeneration, körperlicher Perfektion, Schönheit, künstlich hergestellter ›natürlicher‹ Harmonie und unerschöpflichen Ressourcen. Die Wissenschaft, die ihre Traumwelten zum Wohle der Menschheit kreiiert. Fortschritt, der mit phantastischen Innovationen die Emanzipation des Menschen von der Natur vorrantreibt und damit seine Lebens- und Handlungsmöglichkeiten erweitert. Es ist das Versprechen sein Schicksal zu überwinden und das Leben bis zum letzten Gen selbst in die Hand zu nehmen. Biblische Mythen vom Paradies, von Glückseligkeit und einem ewigem Leben nach dem Ablauf der biologischen Uhr werden so im wissenschaftlich säkularisierten Denken konserviert und recycelt.

Doch besetzen diese die Biotechnik und ihre Verheissungen bejahenden Mythen im Science Fiction lediglich eine Nebenrolle. Sie werden zum Aufbau von Spannungsbögen genutzt und meist wird ihnen ihre Glorifizierung genommen. In *Flucht ins 23. Jahrhundert* stellt sich das Versprechen des Ewigen Lebens durch Wiedergeburt als brutale Bevölkerungspolitik heraus. Die filmische Dramaturgie zeigt die Pferdefüsse der Versprechungen: skrupellose Wissenschaftler, unkalkulierbare Risiken, totale soziale Kontrolle oder eine nicht zu zähmende wilde Natur.

Die Hauptrolle im Science Fiction spielen folglich die negativen Utopien. Zuerst war es die Angst vor der Degeneration menschlicher Natur, die Angst vor dem Verlust des menschlichen Wesens, seiner Natürlichkeit und seiner Werte in einem umfassenden sowohl seelischen als auch körperlich-biologischen Sinne. Dann nach 1945 waren es Formen der Kritik am Missbrauch von Wissenschaft und Technik wie in *Das Ding aus einer anderen Welt* im Zeichen des Atombombenbaus, der Shoah, Kaltem Krieg und wissenschaftlich-industrieller Dynamik. Das lineare Entwicklungsdenken, das schon Teil der Kritik des 19. Jahrhunderts war, wurde rezipiert. Aus diesem entwickelte sich in den 60ern eine systemkritische Haltung wie in *Im Jahre 2022 - Die überleben wollen*. Langsam mit den gesellschaftlichen Umbrüchen von '68 gingen Sexualität, Geschlechtlichkeit und sexuelle Reproduktion in die Palette der Bildsprache ein. Generelle Formen der Gesellschaftskritik, ökologische Sichtweisen und globale Problemanalysen bzw. Katastrophenszenarien lassen sich feststellen.

Bevor jedoch die Risikokritik in das SF-Kino kommt präsentiert der Science Fiction *Alien 1* von Ridley Scott. Ein Film, der wie die ihm folgenden Sequels — insbesondere Alien 4 —, von seiner thematischen Aufbereitung des Bio-SF neue Massstäbe setzte. Als einer der ganz wenigen Filme kann er als Auseinandersetzung mit der geschlechtlichen Struktur sexueller Reproduktion gelesen werden. Er untersucht intensiver als andere Filme das Spannungsverhältnis zwischen der Integrität des menschlichen Körpers, seiner Natur, und der wilden aussermenschlichen Natur, dem Anderen, dem ›Alien‹. Alien folgen in den 80er Jahren eine Reihe Cyber-SF auf die später genauer eingegangen wird.

Im Anschluss an die gesellschaftlichen Debatten um Ökologie und der sich verbreitenden Anti-Gentechnikbewegung entfalten sich in den 90er Jahren eine Reihe unterschiedlicher Spielarten dieser Generation der Kritik im Hollywood-Kosmos. Zu nennen sind Filme wie *Jurassic Park* oder *Outbreak.* Technologische Katastrophen und wissenschaftlicher Irrglauben waren mit Tschernobyl oder Seveso zur historischen Erfahrung geworden. Nicht nur aus dramaturgischen Gründen ist es deshalb naheliegend Fortschrittsglauben und Machbarkeitsphantasien im Science Fiction zu problematisieren. Die Dramaturgie fusst auf einer realen Basis.

Einen komplexeren Blick auf die herrschenden Strukturen und das Gesellschaftliche Naturverhältnis, das die Biopolitik aktuell kennzeichnet, kristallisiert sich im Film erst Mitte der 90er mit *Gattaca* oder *Alien 4* heraus. Die gesellschaftliche Einbettung der Biowissenschaften und ihre konkreten Auswirkungen auf das Subjekt werden mit diesen Filmen aufgegriffen. Wie schon gesagt: diese Charakterisierung ist eine generalisierende, die versucht schemenhaft die Entwicklung des Science Fiction in Relation zu den gesellschaftlichen Diskursen um Biowissenschaft zu setzen. Wir finden immer wieder unterschiedlichste Kombinationen und Versatzstücke, genauso wie Monstren, Biowaffen oder genetisch veränderte Nahrungsmittel, die nicht mehr als das übliche cineastische Beiwerk darstellen. Festzuhalten bleibt die Konstruktion des Spannungsbogens vor einem inhaltlich überwiegend kritischen Hintergrund. Ängste werden gezeigt. Konflikte zwischen den Fortschrittsversprechungen und Risiken einer in ihrem Anspruch omnipotenten Technologie werden in Bilder übersetzt.

Die Identität des Menschlichen

Um die Liste der Bilderwelten des Science Fiction in unserem Themenfeld zu vervollständigen soll hier eine Facette noch einmal besonders hervorgehoben werden, die heute das aktuellste, das spannenste seiner Bilder ist. Es ist der Blick auf die Identität. Diese um die Identität geführte Debatte ist in der Art und Weise wie sie Alltagsbewusstsein, biotechnologische Perspektiven der Kritik reflektiert beispielhaft für die seismographischen Potentiale des Science Fiction.

Werfen wir einen Blick zurück in die 80er Jahre. Wieder ist es Ridley Scott, der einen Klassiker des Genres dreht: *Blade Runner*. Rutger Hauer als Cyberwesen auf der Suche nach einer (Über-)Lebenschance, das seinen als Papst inszenierten Schöpfer den Tod bringt. Sein Gegenspieler ein ›natürlicher‹ menschlicher Held, Harrison Ford. *Blade Runner* folgen thematisch ähnlich gelagerte Filme wie *Terminator* oder *Universal Soldiers*.

Verhandelt vor dem Hintergrund der aktuellen Diskurse um die biotechnischen Optionen der Humanmedizin werden die Konsequenzen für das Selbstbild des modernen Menschen. Auf markante und zeitnahe Weise entfaltet sich hier der Spannungsbogen des Bio-Science Fiction zwischen den neuen und alten Momenten dieser Selbstdefinition. Während *Gattaca* und *Alien 4* die biopolitischen Einflüsse aus ihrer Perspektive im gesellschaftspolitischen Kontext negativ bewerten, vermitteln die Cyber-Filme Motive, die ihrer filmischen Übersetzung positiv zu lesen sind. Sie zeichnen ein Bild körperlicher Perfektion und Fitness, das auch in Konfrontation mit den ›menschlichen‹ Rollen Identifikationsmöglichkeiten eröffnet.

Aber nicht nur in der Bildersprache werden alte Stränge wieder aufgenommen. Wie bei Frankenstein, wie in der wissenschaftlich-gesellschaftlichen Debatte um Charles Darwins Evolutionstheorie, ist es auch bei den Cyber-SF-Filmen, die Stellung des Menschen, sein schöpferischer Wert, der die Gemüter am meisten erhitzt.

Es ist die Kontroverse um das, was ›den Menschen‹ ausmacht und die Integrität seines (biologischen) Lebens. Es ist die Spannung zwischen den Begriffen von Künstlichkeit und Natürlichkeit als Bewertungsmassstäbe für das menschliche Selbstverständnis. Eine Problematik, die bisher in der Debatte noch unentschieden ist und weit über die engeren Szenen von Gentechnik-KritikerInnen oder Science Fiction-Fans hinausgeht.

Am weitesten treiben den Streit um diese Begriffe und ihre Konsequenz für das Selbst- und Körperverständnis der Subjekte innerhalb der Science Fiction-Szene Cyberpunk und Cyberfeminismus, indem sie die Infragestellung künstlicher Eingriffe in den menschlichen Körper für obsolet erklären. Hier wird die technologische Veränderung des Menschen als gesetzt oder erwünscht betrachtet und es bleibt nur noch die Frage offen inwieweit das Subjekt frei ist sich in einer entsprechenden Gesellschaft selbst (körperlich) zu verwirklichen.

Eine Perspektive, die die weiter vorne angedeuteten Auswirkungen des biotechnologischen Komplexes und ihre Konsequenzen für das Alltagsbewusstsein hervorragend reflektiert. Sie fragt nach der Autonomie und der Identität der Subjekte in einer von künstlichen Körpern und künstlicher Intelligenz strukturierten Gesellschaft. So greift sie die gegenwärtigen Umbrüche und die mit ihnen zu verbindenen Ängste und Hoffnungen auf. Grundsatz-Kritiken an technologischen Projekten und ihren patriarchalem Wissenschaftsverständnis werden so allerdings — zumindest in ihrer filmischen Rezeption — weitgehend ausgeblendet. Die Technologie wird nicht hinterfragt, sie wird auch hier ästhetisiert. Es wird nach individueller Perfektion gesucht. Fragen nach den sozialen Bedingungen von Gesundheit fallen wie die Kehrseite, die Ausgrenzungen, die mit dem Primat körperlicher Leistungsfähigkeit einhergehen weg. Beeinträchtigungen und ihre soziale Eingebundenheit werden in dieser Wahrnehmung in der Konsequenz genauso unsichtbar gemacht wie in den derzeitigen gesellschaftlichen Debatten um die Biomedizin.

Dennoch haben wir mit der Frage nach der Identität des Menschen in ihren unterschiedlichen Betonungen das vielleicht elementare Thema des Science Fiction schlechthin vor uns. An dieser Problematik und ihrer Aufarbeitung wird nicht zuletzt auch die Gentechnik-Kritik ihre politische Projektionsfähigkeit zu beweisen haben. Es wird die ›Nagelprobe‹ der Kritik und über ihre gesellschaftliche Relevanz und Interventionsfähigkeit entscheiden.

Horizonte der Kritik

Ansatzpunkte

Resümieren wir jetzt noch einmal die Potentiale des Science Fiction mit Schwerpunkt auf den technologischen und sozialen Projektionen der Biowissenschaft, ist festzuhalten, dass es trotz aller popkulturellen Uneindeutigkeiten durchaus Ansatzpunkte für eine kritische, subversive Perspektive gibt. Zunächst geht der Science Fiction allein aufgrund seiner generellen Anlage als eine visionäre Kunstform über eine reine Kritik an Machbarkeitsvorstellungen hinaus. Damit rückt der Science Fiction geradezu zwangsläufig fast immer auch politische Komponenten in den Mittelpunkt der Handlung. Er umgeht damit — wenn auch vielleicht ungewollt — einen zentralen Fehler der Anti-Gentechnik-Bewegung, die Konzentration auf eine rein technologisch focussierte Risikokritik. Dieser weite Vorstellungshorizont des Science Fiction ist seine besondere kreative Seite.

Zudem dramatisieren Science Fiction wie geschildert in der Regel die negativen Seiten der Biomacht. Sie bestätigen so zumindest eine skeptische Haltung gegenüber den biotechnologischen Projekten und ihren Auswirkungen auf die Subjekte. Auch wenn dies dramaturgisch bedingt ist, negiert dieser Blickwinkel die glatte Verheissungsrhetorik der Biowisschaften. Es sind die Reibungen und Konflikte, die vor dem Hintergrund historischer Erfahrungen um die Gefahren von Technologie thematisiert werden Die Helden mit denen sich die ZuschauerInnen identifizieren können tragen diese Konflikte exemplarisch aus und führen diesen wie in *Der sechste Tag* die möglichen Folgen einer biotechnologischen Entwicklung vor Augen.

Um diese Form der Dramaturgie glaubwürdig zu machen, muß der Science Fiction das Alltagsbewusstsein, die Vorbehalte und Ängste des Publikums erfassen und in Übereinstimmung mit den biopolitischen Utopien der aktuellen Diskurse bringen. Hier liegt seine seimographische Qualität, die bisher immer wieder vielen Teilen der Gentechnik-Kritik in der Erfassung zukünftiger gesellschaftlicher Konfliktfelder vorraus war. Insbesondere gilt dies wiederrum für die Diskussion um die Identität des Subjekts im Zeichen der Biopolitik, aber auch für die historischen Bezüge und die damit verbundene Tiefe der Auseinandersetzung um das Selbstverständnis des Menschen in der Moderne.

Technik-Kritik — Fortschrittsmythen

Wenn auch oben die kritische Haltung des populären Science Fiction zur Biotechnologie zunächst positiv bewertet wird, so muss dies doch eingeschränkt werden. Die kritische Perspektive erfolgt weniger aufgrund einer generellen Infragestellung technologischer Projekte und Forschungen, als eben vielmehr aus dramaturgischen Gründen und auf einer Ebene, die zwar die destruktiven Erfahrungen mit Technik aufgreift, aber nicht grundsätzlich wissenschaftskritisch ist. Zur Debatte stehen Missbrauch, fehlgeleitete Entwicklungen und ihre Risiken sowie die daraus erwachsende Bedrohung bürgerlicher Autonomie und des Wesens von Menschlichkeit.

So haben die Filme zwar eine politische Dimension, die über eine engere technologisch focussierte Kritik hinausgeht, aber es fehlt ihnen an einer Analyse, die die gesellschaftlichen Strukturen wissenschaftlicher Produktion begreift. Anders als in der feministischen Wissenschaftskritik werden selten Fragen nach dem Entstehungszusammenhang und der grundlegenden Dynamik von Wissenschaft in Zusammenhang mit dem Gesellschaftlichen Naturverhältnis gestellt. Die *Alien*-Filme bilden hierbei mit ihrer Reflexion und Bildsprache, die die patriarchalen Strukturen von sexueller Reproduktion betrachtet und in Zusammenhang mit den Machtinteressen eines Konzerns bringt, vielleicht eine der wenigen Ausnahmen. Meist haben Science Fiction jedoch die Neigung Technik nicht als Ausfluss des Gesellschaftlichen Naturverhältnis, sondern als missbrauchtes Machtinstrument zu verstehen. Fortschrittsmythen bleiben so, obwohl wie dargestellt ihre abstrusen

Machbarkeitsphantasien thematisiert werden, im Kern unangetastet. Der populäre SF-Film stellt also keineswegs die Biowissenschaft an sich zur Disposition. Er sucht nicht nach anderen Formen von Wissensproduktion und es mangelt an alternativen Perspektiven auf die Formulierung von Problemstellungen.

Bürgerliches Subjekt ohne soziale Utopie

Im Gegensatz zur Science Fiction-Literatur und Büchern wie *Er.Sie.Es* von Marge Piercy hat der populäre Film in der Regel keine eigenständige emanzipative soziale Utopie. Die gezeichneten politischen Komponenten bleiben kleinräumig. Wenn die Stars in der Hauptrolle überleben dann, weil sie die gröbste Gefahr abwenden können und nicht weil sie eine emanzipative Gesellschaft geschaffen haben. Allenfalls huldigen sie einer klar dem New Age entlehnten quasi-religiösen Philosophie wie in *Matrix* und werden als eine Mischung aus Supermann und Erlöser präsentiert. Es sind diese HeldInnen, die ihre bürgerliche Autonomie wahren wollen, die der Infragestellung ihres Lebensstils entgegentreten und ihre körperlich-biologische Integrität verteidigen. So fighted Sylvester Stallone in *Demolitian Man* Mitte des 21. Jahrhunderts nicht nur gegen eine totalitäre Machtelite und den Super-Bösen Wesley Snipes, sondern in erster Linie für eine Wiederkehr des Lebensstils der 90er Jahre.

So unterliegen letztlich sogar die oft positiv besetzten Cyberwesen ihren menschlichen Kontrahenten, sind deren Untergegebene oder auf der Suche nach ihrer menschlichen Seite. Data aus der *Star Trek*-Serie *The Next Generation* ist ein bekanntes Beispiel dafür. Trotz aller Fiktionen bleibt so die Basis der heutigen patriarchal-kapitalistischen Gesellschaftsordnung unhinterfragt. Die soziale Utopie läßt sich dementsprechend sogar als geradezu rückwärtsgewand bezeichnen. Beispielhaft ist hier *Gattaca* zu nennnen. Die Kritik der genetischen Diskriminierung mündet in einer Bejahung von patriarchalem Leistungsdenken und Euthanasie (vgl. Kai Kaschinski, *Gattaca: Eine Filmkritik*, in *GENiale Zeiten*, *YetiPress*, 2001).

Rezeption und Ästhethisierung

Nicht zuletzt erscheint das subversive Potential des Bio-Science Fiction als fraglich, wenn das Verhältnis von sozialem Kontext der Interpretation und der filmischen Inszenierung der biotechnologischen Mythen noch einmal betrachtet wird. Denn was bleibt, wenn am Ausgang des Kinos die Dramatisierung der Biowisseenschaft wieder ihrer Normalisierung im eigenen Alltag weicht, die negativen Aspekte der Biopolitik zu Notwendigkeiten generieren und wissenschaftliche Abstraktionen die Entscheidungskompetenzen bestimmen? Gibt es tatsächlich den Zusammenhang zwischen filmischer

Dramaturgie und unseren Alltagssituationen der emanzipative Ansätze formt und unterstützt? Es erscheint zweifelhaft, ob mehr als eine Bestätigung der persönlichen Skepsis gegenüber biopolitischen Projekten durch den populären Science Fiction erfolgt, wenn die Grundstrukturen wissenschaftlicher Produktion und der Gesellschaftsordnung, die diese Alltagserfahrungen prägen nicht zur Debatte stehen.

Die filmische Reflexion des Alltagsbewusstseins im populären Hollywood-Kino bedeutet keineswegs automatisch, dass diese Reflexion bei den ZuschauerInnen eine politische Konsequenz in ihren Alltagshandlungen nach sich zieht. Ohne einen politischen Diskurs und eine entsprechende Praxis jenseits der Popkultur fehlt es an konkreten sozialen Orten des Widerstands, die notwendig sind für emanzipative gesellschaftliche Prozesse. Genauso falsch wäre es aber auch wie es bisher nur allzu oft geschah, die Alltagskultur auszublenden von der politischen Betrachtung. Das kritische Potential von Popkultur kann sich erst wirklich in der gesellschaftlichen Kontroverse um ihre Produktion und die Bemächtigung ihrer Bilder entfalten. Darum muss gestritten werden. Gleichgesetzt werden darf hierbei allerdings nicht der vornherein kritische Blick einer Biotechnik ablehnenden RezentIn mit der Vielfalt an möglichen Lesarten der KinogängerInnen und ihrer Kritikbereitschaft.

Wie Filme gelesen werden bzw. gelesen werden können ist jedoch nicht nur abhängig von der Kritikfähigkeit ihrer KonsumentInnen und deren sozialer Einbindung, ebenso wichtig ist der Produktionsprozess, der zu ihrer Herstellung führt. Hier entscheidet sich letztlich in welcher Weise die oben beschriebenen Bilder des Science Fiction zusammengeführt werden und welcher Bezug auf soziale Kontexte die Story nimmt. Die Identitätsangebote, die im Entwurf des Films ihren Ursprung haben, sind wie die Identifikationsangebote der Biowissenschaft Ergebnisse der gesellschaftlichen Verhältnisse. Aus diesem Blickwinkel heraus gilt es die Parallelität von Kultur- und Bio-Industrie bei der Formung der ›Ware Mensch‹ zu untersuchen. Kann der erfolgreiche Bio-Science Fiction in seiner Inszenierung auf den Rückgriff auf die Ästhetisierung der Biotechnik verzichten oder reproduziert er nicht gerade und durchaus gewollt diese Entwicklung? Und, ist der populäre Science Fiction damit nicht trotz seiner negativen Bilder von biopolitischen Vereinnahmungen nur ein weiteres Gewöhnungsmoment und Teil der Popularisierung der Biotechnologien?

Relevanter als die Analyse der Intention eines Filmproduzenten für die Beantwortung der Frage, ob die Dramatisierung der Biopolitik in the long run in ihrer Normalisierung enden wird, bleibt für uns jedoch der Versuch Orte der Diskussion um die Popkultur als Orte des Widerstands zu begreifen.

Christoph Spehr

Der Apokalypsewürfel

Ein Mann macht weiter und verfällt dem Teufel

Der Apokalpysewürfel

Apokalypse ist nicht gleich Apokalypse. Von der rechtzeitigen Erkenntnis, in welcher Art von Apokalypse man sich befindet, kann daher alles abhängen — wahlweise das eigene Leben, das eigene Seelenheil, oder das Überleben der Menschheit. Je nach Typus der Apokalypse sind nämlich völlig verschiedene Reaktionen gefordert. Was in der einen Variante richtig ist, kann in der anderen grundverkehrt sein und die übelsten Folgen nach sich ziehen.

Ein unverzichtbares Hilfsmittel ist daher der Apokalypsewürfel. Das hier vorgestellte Modell ist ein Prototyp, das sich zur Not aus Schaumstoffbällen und Schaschlikspiessen selbst herstellen lässt.

Die Serienfertigung wird es dann ermöglichen, dass der Apokalypsewürfel auf Berührung hin auch Auskunft über Erkennungsmerkmale und Handlungsempfehlungen gibt für die verschiedenen Apokalypse-Arten, die mit ihm dargestellt sind. Bis dahin müssen Sie sich mit meinen Ausführungen begnügen.

Den Apokalypsewürfel sollte man immer dabeihaben, im Leben und im Kino. Er gibt, durch eine Einteilung anhand von drei Achsen, einen weitgehend vollständigen Überblick über die wichtigsten zeitgenössischen Apokalypsen, wie sie uns vor allem im zeitgenössischen Film vorgeführt werden.

Der Apokalypsewürfel unterteilt zunächst nach der Reichweite der Apokalpyse in globale, lokale und persönliche Apokalypsen, was die erste Kennziffer ergibt.

Die nächste Einteilung betrifft das Verhältnis der Apokalypse zum herrschenden Gesellschafts- und Wertemodell; hiernach gibt es affirmative, indifferente und kritische Apokalypsen. Das wird durch die zweite Kennziffer ausgedrückt.

Die letzte Einteilung richtet sich nach der Sprache (und Bildsprache), in der sich die jeweilige Apokalypse ausdrückt: weltlich-materialistisch, mystisch-spirituell oder religiös. Dafür steht die dritte Kennziffer.

Um das zu verstehen, sehen wir uns als erstes eine typische 111er an.

Die 111er — der klassische Katastrofenfilm

Szene 1
Eine Frau sitzt im Auto. Nichts geht mehr. Das Radio meldet gerade: »... empfehlen wir Ihnen, die Ausfallstrassen und Highways zu meiden.« Die Frau flucht: »Na klasse, jetzt sagst du mir das!« Auf einem Hochhausdach versammelt sich eine Gruppe mit Plakaten. Die Menschen sehen erwartungsvoll zu dem riesigen Raumschiff auf, das sich direkt über ihnen befindet. Ein Polizeihubschrauber fordert sie vergeblich dazu auf, sich zu entfernen. Ein Mann sitzt im Auto, gleichfalls im Stau, und versucht seinen Anwalt zu erreichen. Das Weisse Haus wird evakuiert. Mit seiner Tochter im Arm erreicht der Präsident die Airforce One. Mit ihm sitzen der Verteidigungsminister, der Armeechef, die persönliche Assistentin des Präsidenten, ihr Ex-Schwiegervater und ihr Ex-Mann. Der klappt seinen Laptop auf, auf dem ein Countdown abläuft. Null. »Die Zeit ist um.«

Dann geht alles sehr schnell. Die Raumschiffe, die über verschiedenen Metropolen der Erde schweben, öffnen sich in der Mitte. Aus der Öffnung formt sich ein grünlicher Strahl, der zu einer blendenden Helle anwächst. Eine Energieentladung fährt durch den Strahl in die Gebäude, über denen die Raumschiffe hängen. Sie bersten in einer Flammenwolke auseinander. Trümmer und Autos fliegen herum und fallen auf die Menschen in der Umgebung, die auf die Explosion starren, dann zu rennen beginnen. Die wenigsten schaffen es. Der Mann im Auto bleibt sitzen und wird von einem Auto erschlagen. Die Airforce One kann gerade noch mit der Flammenwolke Schritt halten, von der sie verfolgt wird. Die Frau aus dem Auto packt ihr Kind und rennt weiter in den Tunnel, wo ihr Auto stand. Es gelingt ihr, eine Tür aufzutreten und Schutz zu finden. In letzter Minute springt auch ihr Hund noch durch die Tür, bevor die Flammenwand durch den Tunnel rast. Die Lampe zerplatzt. Dunkelheit. Die nächste Einstellung zeigt ein Trümmerfeld. Die Freiheitsstatue liegt umgestürzt und zerbrochen im rötlichen Licht des beginnenden Tages. (*Independence Day*, Roland Emmerich, 1996)

Wir erkennen sofort, dass sich die Personengruppe auf dem Hochhausdach offensichtlich falsch verhält. Rennen ist im Fall einer 111 dagegen keine schlechte Idee, sofern man nicht zu spät damit anfängt. In einer 111er müssen Sie immer mit katastrofalen Verkehrsstaus rechnen. Anzuraten ist unbedingt die Flucht mit dem Zweirad — ein Fahrrad ist gut, ein Motorrad (wie in *Deep Impact*) noch besser.

Der Vorteil einer 111er ist, dass sie leicht zu erkennen ist. Man kann sie in gewissem Sinne kaum übersehen. Riesige Raumschiffe am Himmel, Feuersbrünste, Explosionen, Asteroideneinschläge: Die 111 ist das Paradies der

Pyrotechniker. Sie gibt den klassischen Katastrofenfilm ab.

Betrachten wir die 111 nochmal im Licht des Apokalypsewürfels. Die Zerstörung ist global — die gesamte Erde ist von ihr bedroht. Die Apokalypse ist affirmativ, d.h. sie befindet sich in Einklang mit der herrschenden Gesellschaftsordnung und ihrem Wertesystem, ja bejaht beide geradezu. Niemand hat richtig schuld am drohenden Weltuntergang, und er wird bekämpft mit den Methoden und Werten, die die herrschenden sind: Militär, Technik, Wissenschaft, Heldenmut, wahrscheinlich Amerika.

Drittens: die Apokalypse ist säkular, weltlich. Es treten zwar Aliens darin auf, aber sie funktionieren nicht anders als Russen, Libyer oder Irakis. Eine mystisch-spirituelle Ebene kommt nicht vor.

Wenn Sie daher in eine 111er geraten, ist klar, wonach Sie suchen müssen: nach einem technischen Gimmick. Sie müssen einen technischen Trick finden, mit dessen Hilfe die Bedrohung in letzter Minute abgewendet werden kann. Sehr beliebt sind zur Zeit Computer-Viren. Sie haben die Nachfolge der lebenden Viren angetreten, die in H.G. Wells' *Krieg der Welten* die Rettung im letzten Moment brachten. Computer-Viren liefern den nötigen technischen Trick in *Independence Day* genauso wie in dem Cyberpunk-Roman von Myra Cakan *When the music's over*. Verschwenden Sie keine Zeit mit der Überlegung, ob ihr Rettungsversuch nach logischem Ermessen funktionieren kann. Wichtig ist nur, dass Sie ihn nicht zu früh starten. Lassen Sie zunächst anderen mit anderen Ideen den Vortritt, denn aus dramaturgischen Notwendigkeiten heraus gibt es zunächst gern ein paar Fehlschläge.

Die 111 war sehr beliebt in den 50er Jahren. Sie hat jedoch eine beachtliche Renaissance in den 90ern erlebt — *Independence Day*, *Armageddon*, *Deep Impact*, *Asteroid*, aber auch Filme wie *The Postman*. (*The Postman* spielt in einem postapokalyptischen Szenario, ist aber trotzdem eine 111, weil die eigentliche Apokalypse der Zustand der Gesellschaft ist, der vom Helden ebenfalls durch einen technischen Trick geheilt wird: er trägt Briefe aus. Zu Fragen der logischen Wahrscheinlichkeit siehe oben.) Ihr kleiner Bruder ist die 211. Hier fällt die Apokalypse etwas bescheidener aus, weil ihre Auswirkungen oder zumindest ihr Szenario lokal begrenzt sind. Beispiele sind *Volcano*, *Dante's Peak*, oder auch *Mimic*. Die Erkennungsmerkmale und Handlungsempfehlungen für die 211 sind die gleichen wie für die 111.

Die 133: Die Offenbarung findet statt

Szene 2

Haiti. Ein Mann, ein Weisser, geht zum Ufer. Ein Junge läuft ihm nach. Er sieht, wie der Mann ein versiegeltes Papier hält und das Siegel bricht. Der Mann geht weg. Der Junge läuft hin und sieht, dass im Wasser tote Fische treiben, erst einzelne, dann immer mehr. Er fasst einen an und zuckt voll Schmerz zurück. Er rennt zur Stadt zurück und ruft: »Die Fische sind tot!" Negev-Wüste. Ein Jeep fährt über die staubige Strasse. Am Steuer sitzt ein Soldat, daneben ein Mann im Anzug. Der Mann erklärt, es mache keinen Sinn, dass man ausgerechnet ihn geholt habe. Der Soldat fragt ihn, ob er Baldahar kenne, eine palästinensische Siedlung. Sie sei zerstört worden. Das Bemerkenswerte sei, wie sie zerstört wurde. Der Mann meint, er sei Meteorologe und hier sicher fehl am Platz. Der Jeep erreicht Baldahar. Der Wind weht weisse Schwaden über die Siedlung. Als die Kamera näher herangeht, sehen wir, dass der Wind Schnee und Eis aufwirbelt. Eine Spitzhacke gräbt sich in den vereisten Boden, der splittert. Der Soldat fragt den Mann, ob er eine Erklärung für das hier habe. Der Mann sagt, er sei sich nicht sicher. Nein, sagt jemand, Sie können das hier nicht erklären. Es ist ein Priester in einer schwarzen Soutane, der sich den beiden nähert. In wenigen Tagen werde alles geschmolzen und nicht mehr sein als eine flüchtige Aboration, sagt er. Um das Zeichen zu verstehen, müsse man wissen, dass Baldahar schon einmal zerstört worden sei, genauer genommen die Stadt, die damals, vor 3000 Jahren, an genau dieser Stelle stand. Ihr Name sei Sodom gewesen. (*Das Siebte Zeichen*, Carl Schultz, 1988)

Tote Fische, blutige Flüsse, verfinsterte Gestirne, vereiste Dörfer — all das sind untrügliche Anzeichen, dass Sie in eine 133 geraten sind. Die 133 ist ebenfalls eine globale Apokalypse, der Weltuntergang betrifft die gesamte Menschheit. Im Unterschied zur 111 erleben wir hier jedoch eine kritische Apokalypse, die sich in Gegensatz zum herrschenden Wertekanon stellt. Die 133 spielt sich ausserdem in einer religiösen Bildsprache und Symbolik ab.

In einer 133er können Sie mit technischen Gimmicks nichts erreichen. Auch Laufen nützt wenig. Hier sollten Sie sich stattdessen auf persönliche Prüfungen vorbereiten — Prüfungen, in denen Sie sich gegen Macht, Erfolg, Karriere, Gleichgültigkeit entscheiden sollten und für Selbstlosigkeit und Mitgefühl; Prüfungen, die Sie viel kosten können. Im Fall von Das Siebte Zeichen besteht der Weltuntergang darin, dass die Gnade Gottes erschöpft ist, da die Menschheit in sinnloser Gewalt ertrinkt. Der Sohn Gottes kommt wieder zur Erde und bricht das Siegel, die letzten Tage beginnen. Sie sind von sieben Zeichen des kommenden Untergangs begleitet. Die schwangere Abby wird das letzte dieser Zeichen hervorbringen: die Geburt eines Kindes ohne Seele, denn die Halle der Seelen ist dann leer. Es gelingt Abby schliesslich, dies abzuwenden, indem sie sich selbst opfert: sie stirbt, ihr Kind wird jedoch gesund geboren, die Halle der Seelen wieder gefüllt.

133er sind also eine ernste Sache. Glücklicherweise sind sie nicht besonders häufig.

Die 221: zwischen Serienkillern und Dante

Szene 3
Lt. Somerset sitzt in seinem Büro und tippt mit zwei Fingern auf der Schreibmaschine. An der Tür ist jemand damit beschäftigt, den Namenszug »Somerset« abzukratzen. Der Captain kommt herein. Er fragt Somerset, ob er die Nachrichten gehört habe, Somerset verneint. Der Captain erzählt, ein Richter sei ermordet aufgefunden worden. Der Mörder hat mit dem Blut des Opfers »Greed«, Habsucht, auf den Teppich geschrieben. Kurz zuvor ist ein anderer Mann dadurch ermordet worden, dass er gezwungen wurde, sich zu Tode zu essen.

Der Captain, der Somerset gerne noch im Dienst halten würde, fragt ihn, was er in Zukunft machen wolle. Er könne nicht glauben, dass Somerset wirklich in Pension gehen werde. Anstelle einer Antwort erzählt Somerset, am letzten Abend sei jemand überfallen worden, zwei Blocks von hier. Nachdem der Täter das Opfer niedergeschlagen und seine Brieftasche schon an sich genommen habe, habe er dem Wehrlosen noch in beide Augen gestochen, ohne Sinn und Grund. »Ich verstehe diese Welt nicht mehr«, sagt Somerset. Bevor er Somersets Büro verlässt, gibt der Captain ihm ein verschlossenes Gläschen: »Soll ich Ihnen vom Pathologen geben. Das hat man im Magen des Fettwansts gefunden. Irgendwelche Plastikspäne.« Schon im Hinausgehen, wie beiläufig, fügt er hinzu: »Die sind — mitverfüttert worden, wie's scheint."

Somerset fährt zum ersten Tatort. Es ist düster und schmutzig. Vor dem Kühlschrank findet er Auskerbungen im Boden, zu denen die Plastikspäne passen. Er rückt den Kühlschrank ab. An der Wand dahinter steht »Gluttony«, Masslosigkeit, und ein Zettel hängt daran: »Lang ist der Weg und beschwerlich/der zum Licht hinaufführt aus der Hölle«, Milton, *Paradise Lost*.

Im Polizeibüro erklärt Somerset dem Captain und dem jungen Lt. Mills, dass es sieben Todsünden gebe. »Wir können also noch mit fünf weiteren Morden rechnen.« Er wolle jedoch mit dem Fall nichts mehr zu tun haben. Mills sei doch ganz heiss darauf.

Somerset fährt nach Hause. Er wirft mit seinem Messer aufs Dartboard, wie immer. Dann verlässt er nochmal das Haus. Draussen regnet es in Strömen. Er nimmt ein Taxi. Auf dem Bordsteig liegt inmitten der Passanten ein Körper, der mit einer Plastikplane zugedeckt wird, eine Sirene ist kurz zu hören. Der Taxifahrer fragt: »Wo soll's denn hingehen?« Somerset antwortet: »Möglichst weit weg von hier.« (*Sieben*, David Fincher, 1995)

Die 221 ist das Revier der desillusionierten profiler und der unheimlichen Serienkiller: John Doe in David Finchers *Sieben* (1995), Francis Dolarhyde in *Roter Drache* (1986), Hannibal Lecter in *Das Schweigen der Lämmer* (1990) und demnächst in *Hannibal*. Der Killer ist meist überdurchschnittlich intelligent, liest Milton, Dante, Blake und inszeniert seine Morde gern als verschlüsselte Mitteilungen. Die 221 ist der Nachfolger des Film Noir der 40er Jahre. Ein erster Hinweis darauf, dass man sich möglicherweise in einer 221 befindet, ist die Tatsache dass es dauernd regnet und meistens ziemlich dunkel ist. (Ähnlich wie das penetrante Herumliegen von Schrott ein erster Hinweis auf eine 121 sein kann, die indifferente Postapokalypse.)

Generell ist die 221 jedoch nicht so leicht zu erkennen wie die 100er-Serie. Es handelt sich in der 221 meist nicht um unfallartige Einwirkungen von aussen oder andere, leicht wahrnehmbare äussere Katastrofen. Der Weltuntergang findet hier unmerklich statt, als schleichender sozialer Zerfall, als Untergang der Gesellschaft bzw. als Untergang des Lebens und der Beziehungen unter den Bedingungen einer bestimmten Gesellschaft. Die politische Haltung der 221 ist indifferent. Sie stellt etwas dar, was nicht gut ist, aber sie gibt keinen Hinweis auf eine Utopie oder Perspektive. Ihre Helden, das sei zu Ihrer Vorsicht gesagt, scheitern oft.

In der 221 gibt es oft keine glatte ›Lösung‹. Wenn Sie in eine 221 geraten, dann sollten Sie vor allem ›Versuchungen‹ widerstehen, sich nicht zu sehr hineinsteigern, auf ihre Beziehungen und ihre Integrität achten. 221er sind anti-fundamentalistisch und anti-fanatisch. Der Versuch, die Gesellschaft mit Inbrunst zu verdammen und mit groben Schnitten kurieren zu wollen, ist darin dem Serienmörder vorbehalten — am eindringlichsten ist dicscs Motiv, ausser in Sieben, in der Millenium-Folge Der Richter (5.Folge, 1.Staffel) dargestellt. Der Detektiv geht unter, wenn er sich auf eine solche Denkweise einlässt, so wie Lt. Mills in *Sieben*.

Sub-Genres und Trends

Wenn wir den Apokalypsewürfel in seine drei hintereinander folgenden vertikalen Ebenen zerlegen, können wir ihn in ein zweidimensionales Schema aus drei Quadraten mit je neuen Feldern abbilden. Wenn wir in dieses Schema einzelne Filme eintragen, lassen sich daraus bestimmte Häufungen und Tendenzen erkennen. In dem folgenden ersten Schema sind hauptsächlich Filme der letzten zehn bis fünfzehn Jahre eingetragen, in einigen Ausnahmen auch weiter zurückliegende, um das betreffende Feld zu illustrieren.

Schema 1:

Weltlich-materialistische Apokalypsen

	affirmativ	*indifferent*	*kritisch*
global	ID 4 Armageddon Deep Impact Postman ...	12 Monkeys Mad Max Planet der.Affen 2022 ...	Terminator 2
lokal	Volcano Dante's Peak Mimic ...	Sieben Roter Drache Schweigen der Lämmer ...	Strange Days
persönlich			

Mystisch-spirituelle Apokalypsen[1]

	affirmativ	*indifferent*	*kritisch*
global		Dark City	Matrix Akte X
lokal			Akte X
persönlich		Sixth Sense	

Religiöse Apokalypsen[1]

	affirmativ	*indifferent*	*kritisch*
global		End of Days	Das 7.Zeichen Millenium
lokal			Stigmata
persönlich		Sixth Sense	Die 9 Pforten Im Auftrag d.Teufels Millenium

Einige Felder des Schemas bleiben leer, die betreffende Apokalypse-Kombination wird im Kino der Jahrtausendwende offensichtlich nicht angewandt. Einige Felder sind spärlich besetzt. Bei den »Einzelkämpfern«, d.h. den Filmen, die sich auf sonst gemiedene Felder wagen, finden wir sowohl hervorragende Filme als auch Flops. *Terminator 2* von James Cameron, 1991, ist eine der wenigen »100er«, also Globalkatastrofen, die wirklich unter die Haut gehen — man denke an die Vision Sarah Connors von dem Spielplatz, der von der Atomexplosion vernichtet wird, und ihren anschliessenden Entschluss, die Zukunft zu verändern. *Strange Days* von Kathryn Bigelow, 1996, ist praktisch der einzige Film, der eine wirklich realistische millenium tension beschwört, weil sie eine soziale und gesellschaftliche ist. *End of Days* dagegen, 1999, gaukelt durch viel Regen und Düsternis, durch die Figur des desillusionierten Cops und durch Gabriel Byrne als kühlen, zynischen Gegenspieler die Atmosfäre einer 221 vor, während der Film sich gleichzeitig voll special effects-Vernarrtheit auf dem ideologischen Niveau und intellektuellen Anspruch einer 111er bewegt. Die daraus entstehende einsame, bierernste 123 kann wohl nicht zur Nachahmung empfohlen werden.

In anderen Feldern reicht dagegen der Platz kaum aus für die Filme, die darin einzutragen wären. Diese Haufenbildungen sind der Ort von Sub-Genres, von Film-Typen, denen sich eine ganze Menge einzelner Filmen zuordnen lässt. Wenn wir nach Sub-Genres zusammenfassen, erhalten wir folgendes zweites nebenstehendes Schema.

Historisch führt der Trend vom klassischen Katastrofenfilm der 50er Jahre (111) über die Postapokalypse der 60er und 70er (121) zum Verfallsmelodram mit Serienkiller der 80er (221) und schliesslich zum Mystery- und Horrorfilm der frühen 90er, wie er durch *Akte X* (1993 ff.) repräsentiert wird. Die 111er der 90er Jahre ist Nostalgie, ein Revival, das meist nur mit einer gehörigen Portion ironischer Brechung oder romantischer Unverfrorenheit funktioniert. Viele 111er der 90er sind ausgesprochen lustig, wenn sie nicht sogar direkt als Satire auf die 111 inszeniert sind wie etwa *Men in Black*, *Mars Attacks* oder *Starship Troopers*.

Schema 2:

Weltlich-materialistische Apokalypsen

	affirmativ	*indifferent*	*kritisch*
global	Klassischer Katastrofen-Film	Postapokalypse	
lokal		Serienkiller	
persönlich			

Mystisch-spirituelle Apokalypsen[2]

	affirmativ	*indifferent*	*kritisch*
global		Mystery & Horror	
lokal			
persönlich			

Religiöse Apokalypsen[2]

	affirmativ	*indifferent*	*kritisch*
global			
lokal			Religiöse Kritik
persönlich			

Apokalyptik und Postmoderne

Im Grunde ist jeder Schritt weg vom sicheren Hafen der 111er ein Schritt von der Moderne zur Postmoderne. Die Apokalypsen werden lokaler und privater, das Vertrauen in die Rettungs- und Heilungskraft des westlich-kapitalistischen Gesellschaftsmodells sinkt, die Gewissheit der rationalen Welterklärung und säkularen Vernunft schwindet.

Die Apokalypsen werden dabei auch weiblicher. Sind Frauen in der 111,

121, 221 meist nur Staffage, so werden sie mit zunehmender Entfernung von der 111 häufig zu zentralen Trägern der Handlung und der Lösung — Sarah Connor in *Terminator 2*, Mace in *Strange Days* oder Scully in *Akte X*.

Die Apokalypsen der Postmoderne sind immer schwerer zu erkennen, weil sie immer weiter an den 'normalen' Alltag der Gesellschaft und ihrer Individuen heranrücken. Es wird immer schwerer zu erkennen, dass man sich überhaupt in einer Apokalypse befindet. Ein Beispiel für diese unauffälligen Apokalypsen, in diesem Fall eine 333er, sehen wir uns jetzt an.

Szene 4
Ein Call-Center. In dichten Reihen sitzen junge Männer am Telefon. Alle tragen Jeans und graues T-Shirt und haben das Haar kurz geschnitten. Alle melden sich mit »Guten Tag, hier ist Bob Smith.« Sie verkaufen Haarpflegemittel. An eine Leinwand vor ihnen werden anspornende Slogans geworfen, die Glaubenssätze ihrer Firma: »Create desire«, »Everybody wants beautiful hair«. Ein Mann, der genauso aussieht wie die anderen, geht vor der Tischreihe auf und ab. Er kontrolliert die Angestellten. Er fragt einen der Männer, ob er heute schon einen Erfolg verbucht habe. Dieser verneint. Seine Haltung ist voller Angst.
(*Gehenna*, Chris Carter, 1996, 2. Folge der 1.Staffel von *Millenium*)

Die Renaissance des Teufels

Das Call-Center in Gehenna ist ein Sammelbecken für junge Männer, die an ihren Aufstieg glauben, ein typischer Sweat-Shop der Kommunikationsgesellschaft. Viele davon sind Immigranten. Betrieben wird der Laden von einer sektenartigen Organisation, die diesen Männern schrittweise jede Bindung an früher nimmt, jeden Kontakt zu ihrer Community und ihren Familien, jede Individualität und jede Skrupel. Wenn die Angestellten, die gleichzeitig Mitglieder sind, nicht mehr funktionieren oder die Leistung nicht bringen, werden sie weggeworfen, entsorgt in einer riesigen Industrie-Mikrowelle. Für Frank Black, den profiler von *Millenium*, enthüllt sich sehr bald, dass nicht weniger als der Teufel selbst hinter dieser Organisation steckt.

Der Teufel hat überhaupt eine beispiellose Karriere im Kino der späten 90er gemacht. Er tritt auf in *Im Auftrag des Teufels*, in *End of Days*, oder eben in *Millenium*. Eine bemerkenswerte Variante ist Die *Neun Pforten* von Roman Polanski, 1999, eine Adaption der Romanvorlage *Der Club Dumas* von Arturo Perez-Revert.

Der Protagonist, Lucas Corso, ist Buchjäger. Er besorgt rare, kostbare Ausgaben alter Bücher für reiche Sammler, die ihm astronomische Preise dafür bezahlen. Auch Corso ist ein Yuppie, skrupellos, bindungslos, desillusioniert, berauscht vom eigenen Erfolg. Für den Sammler Boris Balkan soll er die drei letzten Exemplare des Buches »Die neun Pforten in das Reich der Schatten« aufspüren und vergleichen. Zusammen eröffnen die drei Folianten tatsächlich den Weg, sich dem Teufel zu verschreiben.

Corso erhält Unterstützung von einer mysteriösen jungen Frau (er erfährt nie ihren Namen, auch im Abspann heisst sie nur »The Girl«). Corso hält sie nach und nach für eine Art Schutzengel. Wie ganz am Schluss deutlich wird, ist sie jedoch der Teufel, und Corso selbst ist es, der sich ihm verschreibt. Rückblickend wird plötzlich klar, dass dies die Quintessenz seines bisherigen Yuppielebens und seiner Werte ist: Unverwundbarkeit, Macht, schneller Erfolg, bequemer Sex, keine Bindung und kein Glaube an irgendetwas ausser sich selbst.

Polanski verkehrt dadurch das klassische Plotmuster ›Ein Mann erlebt Abenteuer und trifft die Frau seines Lebens‹ (dem die Romanvorlage letztlich noch verhaftet ist) in eine neue Plotidee: ›Ein Mann macht weiter und verfällt dem Teufel.‹ Man könnte auch sagen, Polanski verändert das alte Muster zur Kenntlichkeit.

Religion und Kritik

Was mich — als linken Atheisten — bei der Arbeit mit dem Apokalypsewürfel selbst überrascht hat, ist die häufige Koinzidenz von kritischer Absicht und religiöser Sprache, die definitiv einen Trend im Film der Jahrtausendwende markiert. Neben *Die Neun Pforten*, *Millenium*, *Im Auftrag des Teufels* (und dem »verfrühten« Vorläufer *Die Sieben Zeichen*) wäre besonders noch Stigmata zu erwähnen. Stigmata kommt ohne Teufel aus. Der Film verbindet Kritik an der Amtskirche (und allgemein an Hierarchien und akademischer Anmassung) mit Respekt vor den ›weltlichen‹ Menschen der Zeitenwende und der Hoffnung auf eine religiöse Erneuerung — zu einem nicht ganz gelungenen, aber auf alle Fälle sehr interessanten Mix.

Ich glaube nicht, dass der Trend zur neuen »religiösen Kritik« das Wiedererstarken religiöser Überzeugung markiert. Die Regisseure und AutorInnen können genausogut Atheisten sein. Was den Trend hervorbringt, ist die Suche nach einer Sprache. Es geht um eine Sprache der Kritik, die etwas leistet, was die überkommene linke Gesellschaftskritik (ob liberal oder marxistisch geschult) nicht hergibt, was aber für die 90er (und auch für heute) offenbar von zentraler Bedeutung ist.

Es geht um eine postmoderne Kritik, die gleichzeitig auch eine Kritik an einem allzubequemen Sich-Einrichten in der Postmoderne ist; eine radikalisierte postmoderne Kritik also. Es geht um Bilder von Schuld — davon, dass wir alle, wie wir hier sitzen, schuld sind an dem, was heute passiert. Es geht um Bilder davon, dass man sich entscheidet, jeden Tag, ob man will oder nicht. Es geht darum, wem man vertraut und was wirklich die eigenen Werte sind, denen man folgt. »Hey brother, hey sister, what is holy in your life?« singen The Cult. Die unauffälligen, privaten Apokalypsen dieser Filme handeln von existentiellen Entscheidungen mitten in diesem Alltag — ob man die Kraft dafür hat, zu handeln und seine Integrität zu wahren, oder ob man einfach weitermacht mit dem Falschen, und dem Teufel verfällt, einfach so, en passant.

Das ist aufregend, aber es ist auch unbequem. Ich weiss nicht, ob der beschriebene Trend sich fortsetzt — ob er eine andere Bildersprache findet, oder ob er wieder untertaucht, im Trommelfeuer nostalgischer Katastrofen, die nichts von uns verlangen als einen guten Trick. Wir können erst jetzt sehen, wie hemmungslos bequem und eben bloss ›indifferent‹ die letztlich harmlose Fortschrittskritik des postapokalyptischen Films war. Richtig schön unverantwortlich, bequem und patriarchal. Beachten Sie bitte bei dem abschliessenden Filmausschnitt, mit welcher Leichtigkeit und Selbstverständlichkeit der Mann die ›anderen‹ für die Zerstörung der Erde verflucht, obwohl die Apokalypse, in der er sich befindet, nicht nur von seiner eigenen Spezies verübt wurde, sondern sehr wahrscheinlich auch von seinem eigenen Land, seinem Geschlecht, Leuten mit einer vergleichbaren Ausbildung und Geisteshaltung, und er selbst sich gut unter denen hätte befinden können, die diese Apokalypse ausführten, wenn er nicht rechtzeitig durch einen Zeitsprung in die Zukunft versetzt worden wäre — entlastet gewissermassen durch die Gnade des späten Erwachens.

Szene 5

Die Kamera blickt von erhöhten Klippen auf eine Küste mit weissem Sandstrand herab. Ein Mann reitet ins Bild, spärlich bekleidet, eine gleichfalls spärlich bekleidete Frau hinter sich auf dem Pferd. Es handelt sich um Captain Taylor, der auf einer Reise in den Weltraum in ein Zeitloch geriet und auf einem fremden Planeten notlandete. Dort herrscht eine Zivilisation von Affen über Menschen, die wie Tiere gehalten, gejagt und für die Wissenschaft »untersucht« werden.

Der Mann reitet weiter. Ein zackiges Gebilde taucht am linken Bildrand auf. Der Mann hält inne und steigt ab. Er geht näher. Dann sinkt er in die Knie. Sein Gesicht verzerrt sich in ohnmächtigem Zorn. Von den Wellen umspült, schlägt er mit der Faust auf den Boden ein. Schliesslich sagt er: »Ich wusste es! Ich war auf der Erde, die ganze Zeit! Und ihr habt sie vernichtet! Ihr Wahnsinnigen!« Die Kamera schwenkt hinter den Mann, und wir sehen jetzt in der Totalen, was wir bis dahin nur als zackiges Gebilde

wahrnehmen konnten. Es ist die Freiheitsstatue, bis zur Hüfte im Sand versunken. Es ist zugleich die letzte Einstellung des Films.
(*Planet der Affen*, Franklin J. Schaffner, 1968)

Anmerkungen

1) Akte X und Millenium decken als Serien einen grösseren Bereich ab, je nach Folge, im Fall von Akte X ungefähr die Felder 122, 132, 222 und 232, im Fall von Millennium die Felder 123, 133, 233 und 333.
2) Im Falle »Mystery&Horror« ist das Sub-Genre weiter aufgefächert und erstreckt sich bis 122 und 232. Von einem Sub-Genre »Religiöse Kritik« lässt sich so noch nicht sprechen, es gibt aber eine auffallende Häufung gerade in den letzten Jahren; der Bereich erstreckt sich über 233 und 333.

Literatur

Sascha Westphal: The End is the Beginning is the ... Eine Geschichte unseres Lebens mit den Bildern der Apokalypse. In: ders., Millenium. Die zweite Staffel. Heyne Verlag, München 1998.

AutorInnen

▪ *Dietmar Dath*, Romanautor (Cordula Killt Dich u.a.), Kritiker. Schrieb für *Heaven Sent*, *Spex*, *de:bug* u.a. Lebt in Freiburg.

▪ *Kai Kaschinski*, Redakteur bei der *alaska - Zeitschrift für Internationalismus*, Dozent für Politische Ökologie und Evolutionstheorie, Bremen.

▪ *Usch Kiausch*, Science Fiction-Autorin, Kritikerin, Mitarbeiterin beim *Heyne Verlag* (u.a. regelmäßig Interviews fürs *Science Fiction Jahr*). Lebt in Mannheim.

▪ *Barbara Kirchner*, Kulturkritikerin, schrieb u.a. für *Spex*, *de:bug* und *Konkret*. Freiburg. *Fermis Paradox*, zusammen mit D. Dath, Vortrag auf dem *Loving the Alien*-Kongress, publiziert im gleichnamigen Tagungsband.

▪ *H.J. Krysmanski*, Professor für Soziologie an der Universität Münster. Leitet das *European Popular Science Project*. Dutzende von Publikationen. Netzgestützter Seminarverbund mit Ingrid Lohmann, *Government denies knowledge*.

▪ *Else Laudan*, Co-Geschäftsführerin und Programmchefin beim *Argument Verlag*. Verantwortlich auch für das *Ariadne*-Programm bei *Argument*, das mit der Reihe *Social Fantasies* SF-Romane junger AutorInnen publiziert und klassische SF-Romane wieder zugänglich macht. Mit-Herausgeberin von *Das Wort zum Mord - Wie schreibe ich einen Krimi?* (*Argument*, 1999).

▪ *Ingrid Lohmann*, Professorin für Historische Erziehungswissenschaft an der Universität Hamburg. Derzeitige Schwerpunkte: Bildungsgeschichte der Moderne und Postmoderne; Globalisierungsprozesse im Bildungsbereich. Mit-Herausgeberin von *Die Kultivierung der Medien*, *Leske + Buderich* 2000.

▪ *Petra Mayerhofer*, Spezialistin für feministische phantastisch-utopische Literatur. Betreibt die beste (und weitgehend einzige) deutschsprachige Website zum Thema. Lebt in Stuttgart.

▪ *Angelika Öhrlein*, Universitäts-Bibliothek Bayreuth. Science Fiction-Autorin (u.a. *Plejades-Trilogie*) und Malerin. Veröffentlicht ihre SF-Texte im Netz.

▪ *Alexandra Rainer*, Theater- und Kommunikationswissenschaftlerin. *Hollywoods märchenhaftes Frauenbild, Peter Lang Verlag*, 1997; *Gefährliche Planetengirls - Die Frauen auf der Enterprise, PD-Verlag*, 2000. Lebt in Wien und Berlin.

▪ *Dorothee Richter*, Kuratorin am *Künstlerhaus Bremen*. Arbeitet schwerpunktmäßig zu gesellschaftskritischen Ansätzen in der zeitgenössischen Bildenden Kunst. *female coalities, Katalog*, Bremen 1997; Mit-Herausgeberin von *Curating Degree Zero*, Nürnberg 1999.

▪ *Annette Schlemm, Zukunftswerkstatt Jena*, Autorin von *Dass nichts bleibt, wie es ist ... Philosophie der selbstorganisierten Entwicklung*, Band II, *Lit-Verlag*, 1999. Zuletzt Mitautorin der *Gegenbilder zur Expo* (*Freie Menschen in freien Vereinbarungen*, Reiskirchen 2000).

▪ *Erik Simon*, Science Fiction-Autor, Herausgeber, Kritiker, hat zuletzt einen Sammelband mit Alternativhistorien herausgegeben (*Alexanders langes Leben, Stalins früher Tod, Heyne* 1999) und mehrere Beiträge zur Geschichte der DDR-SF veröffentlicht (zuletzt im *Science Fiction Jahr 2000*, Heyne). Lebt in Dresden. Wartet auf Lichtjahr 8.

▪ *Christoph Spehr*, Mitarbeiter der *alaska - Zeitschrift für Internationalismus* und freier Autor, Bremen. *Die Aliens sind unter uns! Herrschaft und Befreiung im demokratischen Zeitalter, Goldmann*, 1999; *Gleicher als Andere. Eine Grundlegung der Freien Kooperation, Dietz* 2002.

Hinweis

Links zu den AutorInnen und Hinweise zum neuen Kongress *Out of this world 2* auf der Website: *www.outofthisworld.de.*

Out of this world 2

Kongress
zu Science Fiction, Politik, Utopie

Bremen, 31.05.-02.06.2002

Hinterher wissen es alle. Konnte ja so nicht weitergehen, war überfällig, schon seit langem nur mühsam aufrechterhalten, eine zäh verteidigte Zumutung usw. Vorher gehört es dagegen zu den bestgehüteten Geheimnissen der herrschenden Verhältnisse: Dass die gegenwärtige Welt nur eine von vielen möglichen Welten ist; dass sie sich ganz schön anstrengen muss als die einzige und alternativlose dazustehen; dass sie dies mit Gewalt, ideologischen Apparaten und auf unsere Kosten tut.
Aber wie sehen sie aus, die möglichen Welten? Wie kommt man dahin? Welche sind besser? Um welche sollte man lieber einen Bogen fliegen? Kann man das Gras schon wachsen hören? Oder muss das Alte noch viel greiser werden, bevor das Neue Platz hat? Und wie erkennt man es überhaupt? Wo gerade der alte Mist sich so gerne als der neueste Schrei tarnt? Science Fiction, Politik, Utopie: Verschiedene Methoden, darauf Antwort zu geben. Verschiedene Produktionsweisen des Neuen. Out of this world: Ein Streifzug durch die Randbereiche. Die Überlappungszonen. Ein Versuch, verschiedene Galaxien miteinander telefonieren zu lassen.

»Welcome to Utopia. This site is under construction.«

»You must obey the rules / you must be tame and cool
no staring at the clouds / you must stay on the ground
There must be something else / there must be something good / far away
far away from here / far away / nothing here's for good.«
(*Soundgarden*, *Boot Camp*)

Programm

Freitag, 31.05.2002

16.30 h *Eröffnung*, mit Space-Quiz-Show
18.00 h - 22.00 h *Workshop 1*:
Mars, here we come! Science Fiction und alternative Ökonomie
Wie werden in der Science Fiction alternative Ökonomien geschildert? Wie verhält sich das zu ökonomischer Kritik und Utopie in der politischen Diskussion?
mit: Annette Schlemm (Zukunftswerkstatt Jena), Stefan Merten (Oekonux), Ditlev Nissen (Utopiske Horizonter, Christiania/Kopenhagen), Christoph Spehr (alaska, Bremen), Babette Scurrell (Bauhaus Dessau)

Samstag, 01.06.2002

10.00 h - 14.00 h *Coffee-Seminar* zu Utopie und Science Fiction
15.00 h - 19.00 h *Workshop 2*:
Anares, revisited. Science Fiction und gesellschaftliche Utopien
Welche Aktualität haben utopische Gesellschaften in der Science Fiction, von den 70er Jahren bis heute, für unsere eigenen Vorstellungen von einer besseren, wünschenswerten Gesellschaft? Welche Bedeutung hat die Schilderung fiktiver, anderer gesellschaftlicher Ordnungssysteme für reale Alternativen?
mit: Frigga Haug (Inkrit, Berlin), Marcus Hammerschmitt (SF-Autor, Tübingen), Rüdiger Haude (Berlin), Bianca Gustafson (angefragt)
23.00 h *Space-Disco* im Friese

Sonntag, 02.06.2002

10.00 h - 14.00 h *Workshop 3*:
Space Women oder die mediale Gravitation des Patriarchats
Wieso dampfen die intergalaktischen Heldinnen der Science Fiction im Laufe der Handlung so oft wieder zu rührseligen Herdsusen ein? Wo bleibt eigentlich das Neue? Was passiert mit Geschlecht, Körper und Subjekt im 24.Jahrhundert? Ist posthuman besser gegen die Gravitation des Patriarchats?
mit: Alexandra Rainer (Wien/Berlin), Andrea zur Nieden (Freiburg)
16.00 h *Schlussplenum* (Kritik, Anregungen, Zukunft)

Ende ca. 17.00 h

Chill-Out Zone
Im Cinema, der Plüsch Side des Kongresses, befindet sich die Chill-Out-Zone. Hier laufen Samstag 10.30 h - 18.00 h und Sonntag 10.30 h - 16.00 h Science Fiction-Filme, Video-Produktionen, Originalfassungen und Lieblingsfolgen.

Erweitertes Programm
Parallel zu den Workshops können weitere Referate oder Diskussionen angeboten werden. Gerne können auch Videoproduktionen etc. vorgeführt werden. Alles bitte rechtzeitig anmelden und absprechen. Eine aktualisierte Veranstaltungsübersicht gibt es auf dem Kongress und vorher bereits auf der Website.

Veranstaltungsort
- Kommunikationszentrum Paradox, Bernhardstr. 12, 28203 Bremen
- Kino Cinema, Ostertorsteinweg 105, 28203 Bremen

Teilnahme-Beitrag
10 Euro. Keine Rabatte. Keine Gnade.

VeranstalterInnen
Rosa-Luxemburg-Stiftung, Berlin
in Zusammenarbeit mit Intkom, Bremen
und MedienCoop, Bremen

Kontakt
Verein für Internationalismus und Kommunikation e.V. (Intkom),
Bernhardstr. 12, 28203 Bremen, 0421-72034,
Christoph Spehr: yetipress@aol.com
Internet: www.outofthisworld.de

Materialien
- *Orange Book*, Reader mit weiterführenden Materialien zum ersten OOTW-Kongress in ansprechender Spiralbindung, 10 Euro incl. Porto, yetipress@aol.com
- *alaska Nr. 233* zum *OOTW 1*-Kongress, 3 Euro incl. Porto, redaktionalaska@vobis.net